数智传播系列教材

U0648806

数智传播与融合新闻实务

SHUZHI CHUANBO YU
RONGHE XINWEN SHIWU

陈 奕 金 璐 主 编

夏 青 李思思 邓国辉 副主编

东北财经大学出版社
Dongbei University of Finance & Economics Press
大连

图书在版编目（CIP）数据

数智传播与融合新闻实务 / 陈奕，金璐主编 . —大连 : 东北财经大学出版社，2025.7 . —（数智传播系列教材）. —ISBN 978-7-5654-5727-2

Ⅰ . G210

中国国家版本馆 CIP 数据核字第 2025198JG7 号

数智传播与融合新闻实务

SHUZHI CHUANBO YU RONGHE XINWEN SHIWU

东北财经大学出版社出版

（大连市黑石礁尖山街 217 号　邮政编码　116025）

网　　址：http://www.dufep.cn

读者信箱：dufep@dufe.edu.cn

大连天骄彩色印刷有限公司印刷　　东北财经大学出版社发行

幅面尺寸：185mm×260mm　字数：274 千字　印张：12.75　插页：1

2025 年 7 月第 1 版　　　　　　　　2025 年 7 月第 1 次印刷

责任编辑：时　博　赵　楠　　　　　责任校对：贺　力

封面设计：张智波　　　　　　　　　版式设计：原　皓

书号：ISBN 978-7-5654-5727-2　　　定价：45.00 元

教学支持　售后服务　　联系电话：（0411）84710309

版权所有　侵权必究　　举报电话：（0411）84710523

如有印装质量问题，请联系营销部：（0411）84710711

　　本教材是湖北高校省级一流本科课程"新闻学概论"和校级在线开放课程"融合新闻学"的建设成果，也是湖北省教育科学规划课题"面向媒体智能化的新闻学一流本科专业人才培养理念革新探究"（课题编号 2022GB057）和教育部产学合作协同育人项目"以课程思政为导向的'新闻学概论'一流本科课程建设探索"（课题编号 230706642291106）的阶段性成果

编写委员会

学术顾问：

　　张　昆

行业顾问：

　　郭小容

成员：

　　李　靓　熊　昊　曾　晓　杨水含

2022年11月，由美国OpenAI公司发布的聊天机器人程序ChatGPT上线，其作为新一代生成式人工智能工具暨大模型的典型代表，标志着人工智能新技术革命的到来，为数智传播提供了技术支撑。随后，国外发布GPT系列模型、生成式视频工具Sora，国内推出文心一言、盘古大模型等产品。2025年年初，DeepSeek更是震惊世界。可以说，人工智能和数字技术的迅猛发展集中体现了科技创新对社会发展的重大变革，也让数智传播成为新闻传播行业的主流，将新闻传播行业置于全局重塑情境之下。

媒介融合作为国家战略与科技创新碰撞交织，必然激荡起令人炫目的"火花"。技术变革的风暴呼啸而来，新闻传播行业既受到外界压力驱使被动求变，也应当主动直面挑战、积极求新。基于上述背景，本教材将媒介融合置于数智传播背景下，以人工智能和数字技术为依托，以融合新闻这一媒介融合的典型产物为核心，以"5W"传播模式为框架，以面向各级各类融媒体中心人才知识技能培养为根本，在对融合新闻发展历史和基本概念进行梳理厘清的基础上，围绕技术革新、内容提质、流程再造、结构重组、用户画像、产品样态等关键领域展开分析，勾勒融合新闻实务层面的整体面貌；重点介绍AI新闻、数据新闻、视频新闻等实践呈现、热点案例和对从业者的素能要求，同时提出与融合新闻相关的人文关怀、公共利益等深度思考，对融合新闻的未来趋势进行展望。希望为融合新闻生产与传播的高质量发展提供参考，助力数智新闻传播人才培养迈上新高度。

本教材吸收媒介融合、融合新闻等相关理论，紧扣数智传播时代背景与行业变化，以"强基导正引新"为理念，以"需求导向、数智赋能、校媒共编、科教融合"为思路，构建"思政统领、理论先行、实践贯穿"的内容体系，体现三个"突出"：一是突出学科交叉。以融合传播知识与技能为基础，聚焦包括人工智能在内的数智技术发展给融合新闻生产带来的深刻变迁，强化数智赋能、学科交叉，凸显"新文科"人才培养特色。二是突出产教融合。聚合校内外优质师资和行业骨干，与省级主流媒体、数字媒体业内领先企业深度合作，强化实践内容，将行业前沿和现实案例引入教材体系中，推动行业资源、产业资源向教学资源转化。三是突出人才需求导向。以新时代融媒体新闻传播人才培养为导向，梳理数智技术带来的新闻传播业务变迁和从业者能力变革，勾勒胜任数智传播要求的从业者面貌，为高校人才培养提供精准指导。

此外，为了帮助学习者掌握数智传播背景下融合新闻生产的相关知识，本教材立足数字化教材建设方向，按照"线上+线下""学习+练习""理论+实例"三重结合的思路设计了多样化内容。纸质版教材供学习者线下使用，教材各章节中插入"启智增慧"的二维码，提供"即测即评""案例撷珍"等内容；每章附有"本章要点""关键概念""综合训练"，帮助学习者回顾重点、启发思考。在阐述媒介融合、融合新闻等相关理论的基础上，本教材结合众多热点典型案例加以分析，提升学习者掌握理论并运用理论解决实际问题的能力。

本教材的编写分工如下：湖北经济学院陈奕老师设计内容大纲、组织协调分工并撰写前言、第九章和第十一章，湖北经济学院金璐老师撰写第一章、第三章和第十章，湖北经济学院夏青老师撰写第四章，湖北经济学院李思思老师撰写第五章，湖北经济学院李靓老师撰写第二章，湖北经济学院熊昊老师撰写第七章，湖北经济学院曾晓老师撰写第六章，湖北广播电视台新闻中心云端编辑部主任邓国辉撰写第八章，湖北经济学院杨水含老师负责整理校对。本教材由陈奕老师和金璐老师统稿。特别感谢湖北经济学院熊咏祺、方奕澜、陆雁彬、刘佳等同学在本教材编写过程中的辛苦付出。

此外，由衷感谢湖北经济学院新闻与传播学院的支持，本教材作为数智传播系列教材之一，也是学院学科专业建设的重要成果。值得一提的是，主编陈奕老师曾挂职湖北广播电视台融媒体新闻中心副主任，参与了省级主流媒体在数智传播背景下进行的融合新闻实践探索。本教材也是校媒、校地合作开展学科专业建设与人才培养的典型成果，在此向时任湖北广播电视台融媒体新闻中心主任的郭小容、副主任尹俊和龙科等一众领导和同事对本教材的大力支持表示衷心感谢。还要感谢全国百佳图书出版单位东北财经大学出版社的编辑团队在出版过程中的指导和帮助。本教材在编写中参考了大量资料，在此也向相关作者致以诚挚谢意。

因为时间精力和水平能力有限，本教材不可避免存在不足之处。热切期待各位读者不吝赐教，提出宝贵意见，编写团队将在后续修订中修正完善、不断优化。

编　者

2025 年 7 月

目　录

第一章　数智传播背景下融合新闻生产概述／1
第一节　媒介融合的发展类型与建构／2
第二节　融合新闻生产的四种态势／8
第三节　融合新闻生产的走向／12
第二章　数智传播背景下融合新闻生产的流程再造／19
第一节　技术影响下的平台变迁／20
第二节　新闻内容生产环节的变革／26
第三节　网络媒体用户画像的改变／30
第三章　数智传播背景下融合新闻生产的关键要点／36
第一节　融合新闻生产与新闻价值理论／37
第二节　融合新闻生产与报道理论／39
第三节　融合新闻生产与新闻策划／42
第四章　融合新闻策划／46
第一节　融媒体时代的新闻思维／47
第二节　融合新闻策划的理念／54
第三节　融合新闻策划的方法与过程／62
第四节　融合新闻策划方案的写作／69
第五章　数据新闻生产与传播／73
第一节　融合新闻生产与大数据／74
第二节　数据新闻的发展回顾／75
第三节　数据新闻的类型与生产方式／78
第六章　视频新闻生产与传播／82
第一节　融媒体时代主流媒体的转型／83
第二节　融合新闻短视频的生产特征／87
第三节　融合新闻短视频的传播策略／95
第七章　智能新闻生产与传播／100
第一节　人工智能对新闻生产与传播的影响／101
第二节　智能新闻的写作与应用／108
第三节　智能新闻生产挑战及规制策略／119

第八章　数智传播背景下省级主流媒体的实践探索 / 127

第一节　湖北广播电视台融合新品牌"长江云新闻"的沿革与建设 / 128

第二节　省级媒体融合突围的路径探索 / 130

第三节　湖北广播电视台新闻中心的经验启示 / 133

第九章　数智传播背景下融合新闻生产的组织结构 / 137

第一节　数智传播背景下媒介融合组织结构现状 / 138

第二节　媒介融合前后组织结构的比较 / 153

第三节　媒介融合的组织绩效测评 / 161

第四节　数智传播背景下媒介融合组织结构现存的问题及解决对策 / 165

第十章　数智传播背景下融合新闻生产的社会思考 / 168

第一节　融合新闻生产与人本主义 / 169

第二节　融合新闻生产与公共利益 / 173

第三节　数智时代的全能记者 / 177

第十一章　数智传播背景下融合新闻的未来趋势 / 182

第一节　融合新闻的制约因素 / 183

第二节　融合新闻的潜在矛盾 / 186

第三节　融合新闻的发展前瞻 / 188

参考文献 / 193

第一章
数智传播背景下融合新闻生产概述

■ 学习目标

【价值塑造】

理解数智技术对新闻传播领域的变革意义，树立媒介融合时代的新闻伦理观与社会责任感；培养批判性思维，在信息爆炸环境中保持对新闻真实性与公共价值的坚守，增强文化自信，适应全球化传播的无边界特性。

【知识传授】

掌握媒介融合的核心概念、发展类型（技术融合、所有权合并等）及融合新闻生产的四大态势，理解数智技术如何重构新闻生产流程，包括AI应用、跨界协作等前沿趋势，能分析典型案例（如中美主播"约辩"）的实践逻辑。

【能力培养】

提升跨媒介内容策划与制作能力，适应多界面信息编码需求；强化数据思维，运用技术工具优化新闻生产效率；培养全局视角，在传播效果泛化中精准引导舆论，并具备应对无预知后果的危机管理能力，最终实现从"单一技能"向"全能型"新闻生产者的转型。

随着互联网的日益普及、大数据技术的深入应用、人工智能的飞速进步，以及5G、物联网等前沿技术的不断发展，新闻传播领域正经历着前所未有的变革。这些技术的融合与发展，不仅极大地丰富了新闻的传播方式和渠道，更深刻地改变了新闻的生产模式和消费习惯。在这样的背景下，融合新闻生产应运而生，并逐渐成为新闻行业发展的主流趋势。它打破了传统媒体间的界限，实现了内容、平台、技术多方面的深度融合，为受众提供了更加丰富、多样、个性化的新闻体验。同时，数智技术的应用也使得新闻生产更加高效、精准，能够满足不同受众的需求。

在探讨融合新闻生产时，必须充分关注数智技术带来的影响。从新闻价值观的转变，到网络文化环境及网络语言的使用；从新闻采访的新变化，到新闻策划与发布的重要性，再到数智技术在新闻生产中的广泛应用，每个方面都与数智化时代紧密相联。本章围绕融合新闻生产的基本概念、发展态势以及关键要点进行深入剖析，旨在阐释数智化时代新闻生产的新变化。

第一节　媒介融合的发展类型与建构

一、媒介融合的概念界定

媒介融合打破单介质传播的局限，合并优势，实现任何人在任何时间、任何地点都能获取任意信息。文字、广播、电视等，都属于单介质线性传播载体，在单介质的传播环境下，获取信息会受到时间、地点、载体等的限制。

媒介融合是指在数字技术推动下，不同媒介生产者、生产内容、渠道和接受终端之间的传统边界日渐模糊，区域融合的轨迹日渐清晰的现象过程。这个定义中最重要的就是"过程"这两个字。

内容、平台、技术是融合新闻作品生产的三大要素。融合新闻的边界模糊，但内容依然是核心，在媒介融合时代，用户生成内容成为新闻生产的重要组成部分。媒体机构借助用户生成的内容来拓展新闻报道的角度，提高受众的参与感和互动性。内容生产除了以往的文字叙述，还包含新媒体技术呈现。

媒介融合的概念源自信息技术的发展。随着数字技术的发展和互联网的普及，不同的媒体形式如文字、图像、音频和视频不再是相互独立的存在，而是可以在同一个平台或设备上进行互动和融合。媒介融合的核心思想是通过整合不同媒介的优势，提供更加丰富、多样化、个性化的媒体体验。

媒体融合让新闻内容在不同平台上进行传播，读者可以通过多种渠道获取信息。在广告行业，媒介融合使广告可以在不同媒体上进行传播，更好地触达目标受众。在文化娱乐领域，媒介融合促进了影视、音乐、游戏等娱乐形式的交互和融合。在教育领域，媒介融合使教学可以更加多样化。在商业领域，媒介融合为企业营销提供了更多选择。

媒介融合的应用不仅改变了人们获取和传播信息的方式，也带来了便利。随着技术的不断进步，媒介融合必将在各个领域继续发挥重要作用。

纵观媒介融合的发展过程，可以简单分为以下几个阶段：

（1）多媒体阶段。在互联网技术的推动下，媒体开始以数字化的形式进行传播和储存，多媒体内容开始出现并且得到广泛应用。例如，报纸和杂志逐渐向电子平台转移，电视节目可以通过网络进行点播和在线观看。

（2）跨平台阶段。随着移动互联网的兴起，媒介开始跨越不同的平台进行传播，如手机、平板电脑等。人们可以在不同设备上获取和分享媒体内容，媒介开始进行真正意义上的融合。

（3）社交媒体阶段。随着社交媒体的快速崛起，用户不仅可以消费媒体内容，还可以参与到内容的创作和分享中。社交媒体的兴起让媒介融合更加深入到用户的生活中。

（4）虚拟现实与增强现实阶段。随着虚拟现实和增强现实技术的发展，媒介融合开始展现更加沉浸和交互的特性。通过虚拟现实和增强现实技术，用户可以与媒体内容进行更加深入的互动和体验。

二、媒介融合的发展类型

随着科技的快速发展和社会的进步，媒介融合成为传媒行业的发展趋势。这种融合不仅仅是技术层面的融合，更是内容、平台、终端和运营的深度融合。通过融合，各种媒介可以共享资源、协同操作，从而更好地满足用户的需求，提供更为丰富、多元化和个性化的内容。

传统媒体逐渐将新媒体作为新的传播渠道，通过建立网站、移动应用程序、社交媒体账号等跨平台运营来扩大影响力。这种类型的媒介融合发展主要体现在媒体机构将传统媒体与新媒体进行整合，形成全面、多样化的新闻传播模式。

其主要融合方式包括以下几种：

第一种是技术融合。媒介融合需要有一定的技术基础，依赖技术对信息的采集、制作和发布过程进行数字化处理。不同媒介之间互通共用、突破传统媒介的传播壁垒、传播渠道的整合与分发，都需要技术条件，要实现融合，就必须夯实技术基础。

2023 年 3 月 17 日，湖北经视播放了《惟楚有菜》节目（如图 1-1 所示），包含了现场采访与美食展览。该节目的采访、拍摄、剪辑、栏目制作、台词解说形成一体，通过技术融合，最终呈现出完整的内容。该节目后来被人民日报、央视频、学习强国等多家媒体转载。

图1-1　《惟楚有菜》节目播出画面

湖北广播电视台在技术层面的融合案例，实现了其在互联网技术日新月异、高速发展的时代中抓住发展契机，以先进、高效的技术为驱动力，走实、走快、走稳传统媒体与新兴媒体融合发展的战略步伐的目标。

第二种是所有权合并。这是一种较高层次的融合，属于媒介经营管理的内容，所有权的更替，会从上至下影响新闻业务。不断收购并进行所有权合并，最后就会形成一个庞大的媒介集团，通过所有权合并实现全渠道覆盖，为媒介融合提供了基础和条件。

启智增慧 1-1

融合发力，让"荆"彩好声音变成奋进最强音

湖北长江广电传媒集团在实现融合新闻传播矩阵的过程中，就采取了所有权合并的方式。这一策略旨在整合资源、优化配置，提高新闻传播的效率和影响力。首先，集团对旗下的各类媒体平台进行了全面梳理，明确了各平台的定位与特色。在此基础上，集团对具有互补优势的平台进行了所有权合并。例如，将传统广播与网络广播融合，形成全媒体广播矩阵；将传统电视与网络视频平台整合，构建全媒体电视矩阵。在所有权合并的过程中，集团注重发挥各平台的优势，实现资源共享。例如，传统电视媒体在内容制作方面具有优势，而网络视频平台则具有较强的传播力和互动性。通过所有权合并，集团将传统电视的内容优势与网络视频平台的传播优势相结合，实现了新闻内容的多渠道、精准化传播。同时，集团也注重技术创新，不断提升融合新闻传播的技术水平。例如，引入人工智能技术进行内容推荐，利用大数据分析用户行为，优化新闻生产和传播流程。这些技术的应用，不仅提高了新闻传播的效率，也提升了用户体验。通过所有权合并和资源整合，集团成功构建了融合新闻传播矩阵。这个矩阵不仅提高了新闻传播的效率和影响力，也提升了集团的竞争力。同时，这一案例也为其他媒体机构实现融合发展提供了有益借鉴。

2022年，三峡日报社、宜昌三峡广电台合并形成宜昌三峡新闻传媒中心（集团），如图1-2所示。集团所有权的合并包含产业合并、人员合并与平台合并等，意味着集团将融合报社与广电优质资源开展新闻传播活动。集团坚持传统媒体和新兴媒体一体化发展，建立以内容生产供给侧结构性改革为重点、先进技术为引领、创新管理为保障的全媒体传播体系，实现信息内容、技术应用、平台终端、管理手段共融互通。

图1-2   宜昌三峡新闻传媒中心（集团）挂牌仪式

　　第三种是战术性融合。其是指数字时代不同所有制下传统媒体之间、传统媒体与新媒体之间，在自愿互利的原则下，打破地区、部门等界限，在内容生产、共享、传播、营销等领域展开合作。与所有权合并不同的是，战术性融合更多是出于自愿，而不是被迫融合。比如，电视和网络的融合，是电视台主动打破电视传统媒体的界限，实现内容在网络上或是移动终端上的传播；再比如广播网络，广播和网络的联合能提高信息传播范围和效率，无论是运用声音作为介质开发新内容，还是把传统广播实现网络播放，融合传播效果都不错。

　　2017年全国两会期间，湖北广播电视台融合报道两会，新媒体与广播电视同频共振（如图1-3所示），搭建了北京全媒体演播室，组建了近百名编辑、记者和技术人员的"两会超级报道团"，所播发的不少作品出现"霸屏"之势，实现了很好的传播效果。

图1-3　湖北广播电视台融合报道现场讨论

　　电视、广播等传统媒体与网络相结合，实现更好传播效果的典型案例还有CCTV与腾讯合作推出的春晚直播活动。

　　CCTV作为中国重要的电视媒体之一，拥有广泛的观众和深厚的影响力。为了更好地传播春晚内容，CCTV与腾讯合作，通过腾讯视频平台对春晚进行直播，实现了传统媒体与网络媒体的有机结合。通过电视和网络两种渠道，更多的人能够观看到春晚，扩大了春晚的影响力。CCTV充分利用腾讯视频平台的优势，如大量的用户、高清的视频质量和流畅的直播技术，为观众提供了更好的观看体验。此外，春晚直播过程中还融入了互动元素，观众可以通过网络平台进行实时评论和投票，增强了观众的参与感和体验感。这种互动形式有助于吸引更多年轻人关注春晚，让传统媒体与网络媒体更好地融合在一起。通过合作和创新，传统媒体与网络媒体可以相互促进、共同

启智增慧 1-2

春晚背后的
"新技术"，腾
讯技术助力央
视频春晚"新
看法"

发展，产生"1+1>2"的传播效果。

　　除此之外，战术性融合还包括报纸与网络融合、报纸与广播融合、广播与电视融合等，但每种融合能取得怎样的效果，需要去思考与研究。比如，音频或者视频的内容直接移植到网络上效果不错，但如果把报纸的内容直接移植到网络或是移动终端上，呈现形式就会非常刻板，因为平面媒体与电子媒体的媒介符号差异巨大，所以，媒介融合是否能提升传播效果，需要在新闻业务上多思考。

　　第四种是组织结构性融合。这种融合方式跟新闻采集和分配方式有直接联系，媒介组织进行结构性融合后，传统媒体内部各层次、各部门之间的隶属和权利关系将出现重大变化。

　　这种融合类型以大众媒介为主体，通过消除不同媒介的界限来实现融合，已经成为媒体自我发展的重要路径。典型案例有烟台日报传媒集团的全媒体平台、广州日报报业集团的"中央编辑部"等，这些尝试都是为了实现资源的共享和新闻的增值，形成舆论合力。

　　2021年，湖北广播电视台融媒体新闻中心完成了组织机构改革，完全按照新媒体的需求进行人员配置，同时改革生产流程，建立了"链式融合传播"闭环生产新流程。中心"五个一"的业务链建设是工作重点，包括一个融合枢纽——湖北广播电视台新闻融合生产传播总枢纽，与台组相关广播、电视事业部形成"全台一盘棋"的新闻生产协同机制；一个新闻端口——以新闻为主导的融合服务端口长江云App（2020年湖北广播电视台启动长江云客户端升级改革，中心承担"1+4"新闻类垂直频道的内容生产）；一批电视栏目——具有全国影响力的主流新闻栏目，通过《湖北新闻》《湖北10分》《长江新闻号》等重点栏目窗口，讲述湖北故事、中国故事；承担湖北地区唯一一个新闻频道——公共·新闻频道的运营；一个学习编辑部——学习强国App湖北学习平台广电编辑部，负责该平台上省、市、县三级稿件的审核工作；一个政务发布平台——湖北发布，负责湖北权威的政务信息发布平台"湖北发布"的微信公众号、官方微博、头条号、抖音号等的内容生产和运营。由此构成湖北广播电视台的基本组织架构，展开融合新闻报道工作。

　　第五种是新闻报道的融合。其指传统新闻报道与数码技术、动漫技术、广告设计、绘画等相关学科进行融合，这种融合逐步推动新闻报道的工作方式在各个层面向纵深方向发展。如果说前面的融合类型都属于高层次或者比较抽象的融合方式，那么新闻报道融合就是操作性很强的、与新闻业务直接相关的融合方式。

　　新闻报道的融合包括文体上的融合和表达上的互动两个方面。常见的新闻文体如消息、通讯、评论、调查性报告等，写作方法都不一样，但阅读融合新闻报道的时候人们会发现，这些文体全部都杂糅在一起。比如公众微信号上的文章，很可能包括事件描述、事件评论、图片、视频，并且还可能设置了一些互动元素。在移动终端上，这样的文体融合与表达互动已经是常用的新闻报道形式。

【案例撷珍】

第32届中国新闻奖一等奖作品《"第一书记"黄文秀：青春之花绽放在扶贫路上》，以"文字+视频+漫画+互动H5"的融合形式，生动还原了扶贫干部黄文秀扎根基层、牺牲在脱贫攻坚一线的感人事迹。报道通过驻村工作日志影像、暴雨夜返村轨迹手绘漫画、村民口述短视频等多元叙事，立体呈现人物形象；同时创新推出"重走文秀路"H5互动产品，引导用户模拟扶贫工作路径并参与留言致敬，累计吸引超百万网友互动。该报道以技术赋能主旋律叙事，将人物故事转化为沉浸式共情体验，既通过多信源交叉印证强化事件真实性，又借助新媒体互动凝聚社会共识。

资料来源：作者根据相关资料整理。

第六种是新闻人的技能融合。传统"一专一能"型人才已逐渐适应不了媒介融合形势下新闻生产的需要，新闻从业者要在职业技能上融合，成为"一专多能型""全能型"甚至是"乐队指挥型"人才。

从宏观上来看，复合型的新闻人才需要具备的首先是外语能力，其次是计算机能力，最后是社交能力；从微观上来看，复合型的新闻人才除了要胜任传统的采写编评工作，还要能使这些生产内容适合不同的新闻发布渠道，这就需要掌握内容制作等技术。

湖北日报传媒集团为顺应时代发展，开发了新媒体平台App极目新闻，要求新闻从业者不仅要掌握基本的新闻采访知识，还需要掌握多媒体技术，能够适应报纸、网络、移动客户终端等多种媒介平台的编辑与发布工作。2023年，集团对全媒体记者的招聘考试中就包含了活动策划的试题，要求记者具备统筹布局的思维。试题如下：

"二、策划题（2个，每题20分）

1.为A县写一个近5年发展的宣传策划。

2.为2020年武汉防汛工作制作直播策划。

三、写作题（2个，每题25分）

1.消息改写：将提供的恩施州某乡镇直播带货的报道，改写成800字以内的消息。

2.新闻评论：中国高铁的发展变化情况（材料包括车票演变、里程数、商旅套票等）。"

进一步梳理近年来该集团在新闻从业人员招聘方面的举措，可以看出一些明显的变化：

1.更加注重多元化和包容性。越来越注重招聘来自不同背景、文化和领域的新闻从业人员，以增加新闻报道的多样性和包容性。在招聘过程中，更加强调应聘者的多元化背景和技能，如社交媒体使用、数据分析和可视化等。

2.更加注重数字化技能。随着数字化媒体的迅速发展，对新闻从业人员的数字化技能要求越来越高。在招聘过程中，更加强调应聘者的数字媒体技能。

3.更加注重专业能力和经验。对新闻从业人员的工作经验和专业能力要求越来越高。在招聘过程中，更加强调应聘者的新闻报道经验、写作和编辑能力、采访和调查能力等。

4.更加注重道德和职业操守。随着社交媒体的普及，虚假新闻和误导性信息越来越多，对新闻从业人员的道德和职业操守要求也越来越高。在招聘过程中，更加强调应聘者的诚信和自律能力。

5.更加注重考核绩效和实际工作表现。随着人力资源管理理念不断更新，对新闻从业人员的考核方式也在发生变化。除了传统的考核指标外，更加强调实际工作表现、受众反馈和业绩评估等绩效指标，以更好地激励和评价新闻从业人员的工作表现。

这些变化表明媒体在适应数字化时代的发展趋势、提高新闻报道质量和水平方面所作的努力。

除了招聘要求的变化外，该集团对于新闻从业者的考核方式也发生了一些变化。这些变化主要体现在以下几个方面：

1.绩效考核。为了激发新闻从业者的积极性，集团采用了绩效考核制度。通过对新闻从业者的内容质量、工作量、创新能力等方面的考核，给予相应奖励或激励。这种考核方式能够更好地激发员工的潜力，提高工作效率。

2.项目制考核。为了更好地评估新闻从业者的实际能力，集团采用了项目制考核方式，让员工在规定时间内完成一个具体的项目，根据项目的完成情况来评价员工的工作表现，这种方式能够客观反映员工的工作能力。

3.反馈机制。为了帮助员工成长，集团建立了完善的反馈机制。领导可以对员工的工作提出具体意见和建议，员工也可以通过反馈了解自己的优点和不足之处，从而提高自己的工作能力。

无论是哪种形式的融合，其核心都是为了更好地满足用户需求，提高传播效果和影响力。融合媒介发展类型体现了媒体在适应数字化时代新闻生产方式中的积极探索和创新，通过整合资源、拓展传播渠道、引入新技术等手段，提供多样化、多维度的新闻产品，满足受众多元化的需求。

第二节   融合新闻生产的四种态势

一、界面的多样化

界面是指信息传播者和信息接触者之间赖以建立和维系关系的接触面，包括硬界面和软界面。硬界面通常被认为是一种媒介形态，以载体的形式出现；软界面是指信息的表述方式，是一种媒介符号。例如，印刷媒体的硬界面是纸张，纸张是信息的载体；软界面就是适应报纸的信息编码方式，包括文字、图片等。

新闻在生产过程中，会采用不同的界面形式来呈现信息，以满足不同用户的需求和偏好。例如，新闻可以通过网页、手机应用、社交媒体等多个平台展示。图1-4是湖北广播电视台的网页界面。

图1-4　湖北广播电视台的网页界面

　　融合新闻生产与界面之间有着千丝万缕的联系，内容和信息编码的方式要与投放信息的界面相适应，才能达到良好的传播效果。从某种程度上来说，融合新闻生产的目标就是要不断适应界面的转换。

　　随着媒介融合的发展，不同的媒介相互交融，形成了丰富的界面，包括电子报、手机网络广播电视等，不同界面背后有着对信息接收方式截然不同的受众，融合新闻生产首先要面对的是界面的变化和创新。例如，在报道体育赛事时，媒体可以采用动感的界面设计，包括实时更新、实时比分、实时高清图片等。

　　在融合新闻生产过程中，要考虑到软硬界面同时转换。新闻生产者最容易犯的错误就是只注重硬界面的转换而忽略软界面，即信息的重新编码。比如，把报纸的内容直接平移到移动终端上是不会获得良好传播效果的，因为智能手机的受众不习惯报纸的软界面，即媒介符号和表达方式。硬界面的转换意味着受众群体的转换，每一种受众群体都有自己喜好的信息编码方式。比如，近几年很受欢迎的短视频，就是一种与移动终端适应良好的软界面。

用户在视频上停留的时间越短，越快划走，就说明用户对此类视频越不感兴趣，可以减少同类推荐。相反，用户在视频上停留时间越长，看完甚至反复观看，说明用户对这类视频越感兴趣，可以增加同类推荐。

短视频《逃出大英博物馆》，将文物拟人化，通过中国文物与海外工作的中国记者的互动，讲述了在大英博物馆中的中国文物期待"风风光光、堂堂正正回家"的故事，引发全网强烈共鸣与讨论。图1-5为《逃出大英博物馆》海报。

图1-5   《逃出大英博物馆》海报

界面的多样化具有视觉冲击性，能更好地吸引读者注意。短视频是硬界面的体现，通常时长在几秒到几分钟之间，能用很短的时间传递很多的内容，相对于长片来说更加短小精悍，内容简洁明了，更符合当下人们快速阅读、快速消费的需求。《逃出大英博物馆》以短剧形式在全网平台发布，一共3集，加起来不到20分钟，精要讲述文物回国故事，唤醒了国人对文物归国的渴望与爱国情怀。这部精品短视频唤起了国人的文化自信，彰显了博大精深的中华文化。

二、内容形态的复杂化

内容形态的复杂化指单一介质之间内容形态边界日益模糊，按照市场需求和受众类型进行糅合和细化后推送给特定对象。其包含以下几方面的内容：

一是多种素材形式的杂糅。融合新闻不仅是新近发生的事实的报道，更是一则新闻或一个热点话题背后庞大数据库的查询和链接，通常以新闻专题的形式呈现。杂糅型新闻报道使得与新闻事件相关的内容随时有可能被激活或推送，这就要求新闻生产者既要有历史观（即纵向思维），也要有全局观（即横向思维），明确新闻生产不再只是报道一件事，而是解释事件发生的原因、揭示事件可能产生的影响以及指出事件对受众生活的意义，以此来扩大受众阅读量和知识面，引导其对问题进行全方位思考。比如，湖北广播电视台制作的一些视频新闻专题内容十分丰富，通过超链接的方式激活了背后的庞大信息库，表达方式也多种多样，有长视频、短视频、文字、图片等。还有一些媒体会采用VR（虚拟现实）等技术，让用户沉浸在新闻事件的现场环境中，感受更加真实和生动的新闻体验。

二是互动功能的多样化。融合新闻的生产一定要注重互动，实现信息的互动、搜索、连接和共享，文脉的打通、梳理与整合，受众愿意互动甚至愿意将内容分享出去，才算达到了传播效果。例如，湖北广播电视台融媒体新闻中心在2021年湖北两会期间，重磅推出互动产品"民意带言小程序"，引发超60万网友关注。

三是新闻内容呈现形式的多样性和多媒体化。传统新闻一般只包含文字和图片，融合新闻还可以包括视频、音频、动画等各种形式。这样一来，受众可以通过更加多元化的方式获得信息，但也增加了新闻生产者的工作难度。受众在收看新闻的同时会选择自己感兴趣的内容，并将内容分享到自己使用的社交媒体中，这就是典型的互动和社交媒体相结合的现象。比如，通过微信公众号的后台数据可以非常清楚地了解内容的互动性，对这些精细数据进行分析，再对后续内容生产进行调整，就能实现更加良性的互动。

例如，湖北广播电视台在社交媒体平台上进行了多样化的直播活动，如综艺节目、新闻发布会等，用户可以通过社交媒体平台观看直播并与主播进行互动。通过社交媒体平台进行广告投放，能吸引用户关注和参与。提供互动电视服务，用户可以通过遥控器进行点播、回看、投票等互动操作，与电视节目实时互动。湖北广播电视台还开通了微信公众号，提供节目预告、活动报名、在线客服等服务，方便用户了解节目信息、参与活动和咨询问题。这些互动形式丰富了湖北广播电视台与受众的交流渠道，提升了用户体验和服务水平，同时也提高了其品牌影响力和粉丝黏性。

三、技术平台的高效化

技术平台的高效化主要表现为信息在整个媒介融合系统和新闻生产过程中更加顺畅、高效地传播和交流。比如，宜昌三峡新闻传媒中心和荆门九派通传媒中心组织结构调整后就构建了一个高效化的新闻生产技术平台，可以高效流通、迅速获取信息素材或是新闻成品，大大提高了新闻生产的效率和质量，同时降低了新闻生产的时间成本。又如，新闻生产者可以使用各种软件和工具来辅助编辑、排版和发布文章，人工智能技术也可以用于新闻生成和摘要提取，从而减轻新闻生产者的工作负担。一些媒体会采用智能语音识别技术将语音转化为文字，采用数据挖掘和分析技术，对大量数

启智增慧1-3

"民意带言小程序"刷爆朋友圈，这个话题上了榜首！

据进行分析和可视化；采用自动化新闻生产工具，快速生成新闻报道等，进而大大提高新闻生产的效率和准确性。

四、新闻生产者的全能化

随着技术的发展，新闻生产的过程变得更加复杂，新闻生产者需要具备撰写、编辑、摄影、视频制作等各种技能，甚至还需要具备跨文化交流的能力，以适应全球化时代的要求，同时还需要了解新闻行业的规律和趋势，以及相关的法律法规。只有具备多个领域的知识和技能，融合新闻生产者才能在竞争激烈的新闻市场中脱颖而出。

第三节　融合新闻生产的走向

随着数字时代的到来，融合新闻的生产和传播出现了许多新的特点，主要表现为生产者弱化、生产地点改变、传播范围扩展和传播效果泛化。这些特点的出现，使得新闻行业面临着前所未有的挑战和机遇。科技的不断发展让新闻的传播方式和渠道发生了深刻的变化，其内容和形式呈现出多元化的趋势，更加自由和灵活。这种无边界的特点，要求新闻从业者具备全球化的视野和多元化的内容创作能力，以满足不同国家和地区的受众需求。同时，随着新媒体的兴起，新闻的传播速度得到了极大提升，新闻从业者要具备高度的敏锐度和反应速度，能够及时获取和传播新闻。社交媒体的普及则使得受众可以根据自己的兴趣和需求选择新闻，可以参与到新闻的生产和传播中，这给新闻真实性带来了难以预知的危机。可以说，融合新闻生产的这些走向是数字时代新闻行业发展的必然趋势，它既带来了许多机遇，也带来了许多挑战。

一、生产者的弱化

生产者的弱化表现如下：

第一个表现就是信息传播的门槛降低。自媒体让每个人都可以传递信息，只要足够靠近信息源，就可以成为受众关注的焦点。在传统媒体时代，新闻的生产和传播通常是由专业的新闻机构完成的，它们具有权威性和公信力。但随着新媒体的普及，新闻生产和传播的去中心化趋势越来越明显，传统新闻机构不再是唯一的信息源，任何人都可以成为新闻的生产者和传播者。

第二个表现是传统媒体影响力降低。传统媒体曾经对受众有绝对的影响力，但信息传播结构日益扁平化的趋势出现后，使得包括自媒体在内的个体有可能比传统媒体更靠近信息源，从而导致传统媒体影响力减弱。同时，信息爆炸时代人们面临着海量信息的冲击与选择，信息来源的多样性导致新闻真实性变得模糊。传统新闻机构和专业人士的权威性受到挑战。

第三个表现是批判意识的觉醒和张扬。在信息来源较为匮乏的传统媒体时期，受众无法多方验证所获知的信息内容。到了互联网作为开放知识和信息平台的时代，很多受众带着批判性思维，从其他信息渠道去鉴别和考量相关内容是否客观全面。在融合新闻生产中，受众不再是被动的信息接受者，他们可以通过各种渠道发表自己的观点和意见，甚至参与到新闻生产中。值得注意的是，批判意识不只是质疑与否定，更不是走极端。真正的批判意识是一种质疑精神，是正向的、积极的，不是负向的、消极的。批判意识要求用全局的、历史的、发展的眼光来看待事物，避免以偏概全。

在媒介融合新闻生产中，媒体对事实和事件的报道通常会通过提供详细的信息、分析事件的背景和影响以及呈现不同观点等方式来引导受众进行批判性思考。尤其是深度报道时，媒体通过深入调查和分析，提供事件的全方位解读，帮助受众理解事件的复杂性和多维度。例如，对于一起社会事件，媒体不仅报道事件的表象，还会探讨背后的社会、经济和政策因素，引导受众思考更深层次的问题。在对比报道时，媒体通过对比不同地区、群体在同一事件上的立场和做法，帮助受众发现差异和问题，并引发批判性思考。例如，在报道教育问题时，媒体可以对比不同国家的教育制度和教育效果，让受众思考哪种制度更合理。在进行专家访谈时，媒体邀请专家学者参与讨论，提供专业观点和分析，引导受众从不同角度思考问题。在报道环境保护问题时，媒体可以邀请环保专家、经济学家和社会学家等，让受众听到不同领域的声音。在多元视角呈现新闻时，媒体呈现多元观点，包括不同利益相关方的声音，让受众自行判断和思考。例如，在报道一起争议性事件时，媒体会采访各方当事人、专家学者和公众，让受众自行分析事件的复杂性和影响。媒体还可以通过设置互动环节如评论、投票和调查等，鼓励受众参与讨论和表达自己的观点，培养其批判性思维。总之，媒体通过提供丰富的信息、多样的观点和深入的分析，可以帮助受众建立起批判性思维，从而更加全面和深入地理解和评价事件。

【案例撷珍】

第34届中国新闻奖获奖作品《河北河间"零彩礼"婚俗改革：让幸福回归本真》通过数据交互、场景叙事与参与式传播的融合创新，激活了公众对传统婚俗的深度反思与批判实践。该报道以动态数据模型直观揭示天价彩礼导致家庭负债率超180%、离婚率倍增等现实问题，用户通过滑动时间轴查看政策实施后储蓄率提升41%的对比数据，主动质疑"婚姻成本商品化"的异化逻辑。20对"零彩礼"新人的纪实影像中，"嫁女不是卖菜"的方言评议与"不要彩礼要尊重"的婚姻宣言，形成对攀比文化的直接解构，推动评论区67%的留言转向"爱情不该标价""面子婚姻害人害己"等价值批判。技术赋能的参与机制进一步将观念觉醒转化为公共行动：用户通过"婚俗改革地图"H5（HTML5界面）查询全国300余个示范案例，在模拟"说服长辈"的决策对话中建构批判思维，最终83%的参与者主动转发倡议，46%的参与者加入公共议题讨论。该案例表明，融合报道通过数据理性、伦理共鸣与行动路径的三维赋能，使受众从习俗的被动服从者升维为价值批判的主动建构者，其宣扬的批判意识既解构了传统痼疾，更重塑了当代婚姻文明的公共话语空间。

资料来源：作者根据相关资料整理。

生产者弱化是融合新闻生产的重要特点，反映了信息时代新闻生产和传播的新趋势，也对新闻行业提出了新的挑战和机遇。在面对这一趋势时，新闻从业者需要重新思考其在信息传播中的角色和定位，以适应新的媒体环境和社会需求。

二、生产地点的改变

传统媒体的新闻生产是以传播者为中心，以媒介机构为地点。随着社交媒体和移动设备的普及，新闻生产的地点和时间也发生了改变。新闻生产不再局限于传统新闻机构和编辑部，任何人都可以成为新闻的生产者与传播者。这种变化使新闻生产更加分散化，同时也带来了更多的不确定性和风险。新闻生产在很多时候以任意传播者为中心，以传播者所在的地点为地点。新闻生产逐渐强调要激发受众的力量，即新闻生产以传播者为中心向以受众为中心转换。要激发用户的力量，包括激发用户的反馈、互动，以及激发用户参与到新闻生产中去，甚至让受众来设置媒介议程。

例如，2024年年初爆火的"科目三"舞蹈从国内跳到国外。"科目三"舞蹈的动作并不难，从而为网友们的参与和模仿提供了机会。该舞蹈的音乐也为网友们提供了舞蹈二次创作的机会，使得舞蹈的夸张度更大，拍摄场景更多元，更吸引受众的注意力。"科目三"舞蹈的爆火体现了用户的积极反馈与参与。

收集用户反馈并重设媒介议程是融合新闻生产中的重要做法，能充分考虑受众需求和兴趣，提供更加贴近读者、观众和用户的内容，包括一些基本的方法步骤。第一，定期对用户进行问卷调查。媒体可以设计问卷，询问用户对已有报道和内容的满意度，以及对未来感兴趣的主题和报道。这些调查可以通过在线平台、社交媒体或邮件发送给用户。第二，监测社交媒体和互联网讨论。可以通过监测社交媒体和互联网上的讨论和反馈，了解用户的关注点与热门话题。第三，用户互动和参与。可以通过用户信箱、评论区、社交媒体等途径与用户互动，了解他们的意见和建议，由此帮助媒体更好地理解用户的需求和喜好。第四，利用数据分析工具。可以使用数据分析工具来评估不同主题和报道的受众反馈及点击率，这些数据可以提供定量和客观的反馈，辅助媒体做出决策。第五，建立用户顾问团或媒体顾问团。为了获取更加系统化的用户反馈意见，媒体可以设立用户顾问团或媒体顾问团，由用户或社会各界人士组成，提供有关媒介议程、报道和内容的反馈和建议，从而更好地满足用户需求，提高用户黏性和忠诚度。

湖北广播电视台近年来积极探索与用户互动的新方式，收集用户反馈，重新设置媒介议程。其主要做法包括如下方面：

1.建立反馈机制。在各平台开设观众留言区，定期收集观众对于节目的意见和建议。同时，开通热线电话和电子邮箱，方便观众随时提供反馈意见。

2.分析反馈数据。进行深入分析，找出观众喜好与节目的契合点，并根据反馈分析结果调整节目内容。

3.对节目内容进行调整。如果观众反映某档节目节奏拖沓，会对其进行剪辑，提高节目紧凑度。

4.增设热点话题。通过分析社交媒体的热搜榜和话题榜，了解当下观众关注的热点话题，并将这些话题融入节目中，提高观众的观看兴趣。

5.推广优秀反馈意见。对于提出有价值建议的观众，会在节目中进行感谢并采纳其建议，提高观众参与感。

通过一系列用户反馈措施，湖北广播电视台的观众满意度得到显著提高，收视率稳步上升，观众黏性增强。同时，该系列做法也为其他媒体提供了借鉴经验，充分体现了观众参与对于媒介议程设置的重要性。

可以看出，融合新闻生产地点的改变使得新闻生产更加灵活、快速和高效，同时也带来了更多的挑战和不确定性。在融合新闻生产中，需要更加注重信息的真实性和准确性，确保新闻产品的质量和可信度。此外，通过融合新闻生产，还有助于促进认知升级，为用户在"信息之网"上构建"知识之网"。

三、传播范围扩展

前述提到媒介融合的概念是指在数字技术推动下，不同媒介生产者、生产内容、渠道和接受终端之间传统边界日渐模糊，区域融合的轨迹日渐清晰的现象与过程。从这个定义可以看出，在媒介融合的过程中，媒体之间的边界日益扩展甚至"无边界"。地域媒介还是存在的，但绝对的地域媒介已经越来越少，呈现地域边界被打破的趋势。

"无边界"传播非常典型的例子是2019年中美主播"约辩"事件。在中美贸易摩擦紧张激烈进行之时，美国福克斯商业频道播出了一篇评论，主持人崔西·里根发表了许多不当言论，她称中国的繁荣是以美国的利益为代价，多次说中国人从美国"偷走了"数十亿美元。对于这样"公开抹黑中国"的行为，CGTN（中国国际电视台）发布了一期题为"中国不会接受不平等协议"的短视频评论。主播刘欣表明了自己的态度，驳斥了崔西·里根所宣扬对华"经济战"的言论，要求其用理性和事实说话。随后两国主播线上"约辩"（如图1-6所示），就中美贸易关系问题展开辩论，在这场"约辩"中，主播刘欣清晰明确地阐明了中国立场，展现出大国风范，引发全球关注。

图1-6　中美主播就贸易战"约辩"

随着互联网的发展，媒体突破了地域限制，使新闻信息能够更加广泛地传播，通过在线新闻网站、新闻应用、社交媒体等各种渠道传递给全球用户。任何人只要有网络连接，就可以通过社交媒体进行新闻信息传播。用户可以通过关注媒体机构、记者或相关话题，及时获取最新的新闻资讯，获取来自世界各地的新闻信息。此外，通过在线视频直播，媒体可以实时传输重要事件和新闻现场。无论观众身在何地，只要有网络，就可以观看到全球范围内的重大新闻。上述案例中，中美主播"约辩"属于媒体机构之间的跨国合作，使得新闻信息得以在不同地区传递。当然，在新媒体平台，媒介的准入门槛低，人人都可以生产内容，用户可以通过上传照片、视频和文字等形式，分享自己亲身经历的新闻事件，这种方式使新闻报道更加多样化和全面化。媒体突破地域限制的方式不仅使新闻信息更加全面，也为受众提供了更多的选择和观点。同时，媒体传递的信息也需谨慎辨别，避免误导和不实信息的传播。

但是也要注意，内容范围无边界也意味着受众的多样化，受众的多样化会带来多元化的意见。当不同文化、背景和观点的人群接触到同一信息或内容时，他们可能会产生各种各样的反应和反馈，从而形成多元化的意见。比如博主李子柒的视频通过社交媒体的推广，打破了地域的隔阂，使其在全球拥有了众多粉丝。又如，在全球范围内传播的电影、电视剧或新闻报道可能会在不同国家或地区引发不同的解读和讨论。同样，社交媒体上的热门话题或事件也可能吸引来自各种背景的人们参与讨论，他们的观点和意见会相互碰撞形成多样的看法，这种多元化的意见可能带来更多的视角和思考，促进信息的交流和理解。同时，也需要注意平衡不同意见之间的争论和冲突，以避免误解与分歧的产生。因此，需要更加关注受众的多样性和意见的多元化，努力促进有效的信息交流与理解。面对多样化的受众和多元化的意见，应该理性面对，同时建立强大的文化自信。另外，融合新闻生产的传播边界模糊也可能带来一些负面影响，如信息泛滥、虚假信息传播等。因此，在融合新闻生产中，需要加强信息监管和引导，提高公众的媒介素养与信息识别能力，以实现新闻生产的良性发展。

具体来说，"无边界"传播有如下优点：

1.多元化的信息传播。信息可以更快速、广泛地传播到各个角落，使人们能获取来自不同文化、地域和背景的信息，从而增加对世界的认知与理解。

2.全球化的交流与合作。人们可以跨越国界、语言和文化进行交流与合作，有助于加快全球化的进程，推动不同国家和地区之间的互动及共同发展。

3.创新与变革。模糊的传播范围可以激发人们的创新和变革精神，打破传统思维模式与框架，不断探索新的领域和可能性。这种创新和变革不仅限于科技领域，还可以涉及文化、艺术和社会各个方面。

4.商业机会的扩大。模糊的传播范围为企业提供了更广阔的市场和商业机会，可以通过跨地域的营销与推广，吸引更多的潜在客户，提高品牌知名度和影响力。

5.信息的透明度和公开性。模糊的传播范围意味着信息不再被局限在某个地区或群体内，而是被广泛传播和分享。这有助于增加信息的透明度和公开性，减少信息不对称的现象，促进社会的公平和正义。

总之，无边界的传播给人们带来了很多好处，促进了全球化进程、信息传播和创新发展等方面的进步。同时，也需要认识到其中存在的问题和挑战，如信息泛滥、隐私保护等，要采取相关措施加以应对。

四、传播效果泛化

在传统媒体时期，预判新闻传播效果并不难，因为受众面对的信息源较为简单，只有作为单一信源和绝对权威的传统媒体，受众几乎没有其他的信息来源可供比对和参考，信息报道的内容和角度都可控，传播效果不难预知。但在当前媒介环境中，受众的信息源众多，传统媒体、自媒体、意见领袖、人际传播等都成为了受众认知信息的来源，在这样信息全方位交互的传播过程中，受众会注意到什么细节，或者会从哪一个角度去看待事件，都很难预测，这种情况可以称为无预知后果。

在某些情况下，这种难以预测的传播效果会出现负面舆情。因此在进行融合新闻生产时，要特别注重细节把控和舆论引导，新闻报道中任何一个不起眼的细节都可能成为打开无预知效果的钥匙。很大一部分错误引导舆论的新闻报道案例往往都涉及媒体在报道过程中故意或无意地扭曲事实、偏袒某一方的观点、传播不实信息或夸大其词，从而导致公众对某一事件或议题产生误解或错误的认知。诸如此类的典型现象包括标题党、片面报道、情感误导、虚假新闻、隐瞒关键信息、偏见报道等。

【案例撷珍】

2023年，《人民日报》的《关注城市行道树》系列报道和浙江卫视的《危险的"伪翻新胎"》报道获得第33届中国新闻奖二等奖。《关注城市行道树》系列报道聚焦城市行道树的种植、养护、规划等问题，通过深入调查和广泛听取意见，引导公众关注城市绿化问题，推动了城市行道树的科学管理和优化。《危险的"伪翻新胎"》报道揭露了翻新轮胎行业的乱象，通过深入调查和持续关注，推动了相关部门的执法行动和行业整改。在融合新闻生产中，虽然可能出现传播效果泛化和失控的情况，但通过专业的调查和报道，可以引导公众理性看待问题，避免了舆论的过度发酵和偏离事实。这表明，通过精心的内容生产和有效的舆论引导，可以对传播效果进行有效控制，使其发挥积极的社会作用。

资料来源：作者根据相关资料整理。

由此可见，尽管融合新闻生产需要对不可控的传播效果进行合理引导和管理，以避免可能的风险与负面影响，但也存在潜在的好处，主要包括如下方面：

1.内容创新性。由于预料之外的传播效果，新闻报道可能激发更多的创意和独特视角，使内容更具吸引力。

2.扩大影响力。边界模糊化的传播可能使新闻报道触及原本未预期的受众，从而扩大新闻的影响范围。

3.深化互动性。由于与受众的"意外"互动，新闻工作者可以更深入地了解受众的需求和反馈，进而改进报道方式。

4.强化品牌认知。"意外"的传播效果有时能提高新闻机构的知名度，有助于品牌形象的塑造。

5.提高危机应对能力。面对突发的、不可预测的传播效果，新闻机构和工作者能锻炼危机管理与应对能力。

6.激发内部团队协作。在处理无预期的传播效果时，团队成员间可能需要更多的协作和沟通，有助于增强团队凝聚力。

7.提升新闻工作者的专业素养。在应对不可预测的情况时，新闻工作者需要快速反应、准确判断，有助于提升其专业素养和综合能力。

放眼未来，媒介融合将继续发展和演变，并可能导致融合新闻生产出现如下趋势：

（1）AI（人工智能）技术深度应用。AI技术将深入融合新闻生产领域，通过自然语言处理、图像识别、推荐系统等技术，提供个性化媒体服务和内容推荐。同时支持自动化创作和智能编辑，加速媒体内容的生产与发布。

（2）跨界融合。不同行业和领域的媒体将进一步交叉，如新闻、娱乐、教育等领域的融合，让用户可以在同一个平台获取不同类型的内容。

（3）跨设备互联。随着物联网的发展，媒介融合将更加深入人们的日常生活中。各种设备将通过互联网、物联网连接，在不同场景下实现信息流动与传播。

（4）视听融合与交互体验。媒体的视听融合将更为紧密，为用户提供更丰富多样的体验。同时，虚拟现实（VR）、增强现实（AR）等技术将继续突破，用户可以享受更沉浸、交互和个性化的体验。

本章要点

1. 媒介融合的概念：在数字技术推动下，不同媒介生产者、生产内容、渠道和接受终端之间的传统边界日渐模糊，区域融合的轨迹日渐清晰的过程。

2. 融合媒介的发展类型：（1）技术融合；（2）所有权合并；（3）战术性融合；（4）组织结构性融合；（5）新闻报道的融合；（6）新闻人的技能融合。

3. 融合新闻生产的走向：生产者弱化、生产地点改变、传播范围扩展和传播效果泛化。

关键概念

媒介融合　技术融合　组织结构性融合　融合新闻生产的走向

综合训练

1. 你认为媒介所有权合并对融合新闻生产有什么样的影响？

2. 请用十分钟时间，构思一篇题为"人工智能时代的文明重构"的专题报道，思考一下这个专题可以利用哪些媒介渠道？可以分为哪几个板块，每个板块所需的内容信息是什么？注意运用界面的差异、信息的杂糅、互动与分享等。

3. 请举例说明融合新闻生产的走向，用具体新闻事件来分析每一种走向。

即测即评1

第二章
数智传播背景下融合新闻生产的流程再造

■ 学习目标

【价值塑造】

强化马克思主义新闻观，在技术赋能中坚守新闻真实性原则，警惕算法偏见与信息茧房的社会风险；培养社会责任意识，理解数智时代新闻工作者在引导舆论、服务公共利益中的使命担当；树立创新与伦理并重的职业理念，在流程再造中平衡技术效率与人文价值。

【知识传授】

理解数智传播的核心特征及其对新闻生产的影响，掌握融合新闻生产的基本概念与发展趋势；熟悉流程再造的理论框架，了解数智技术（如大数据、AI、云计算）在新闻选题、采集、编辑与分发中的应用逻辑；掌握融合新闻生产的多平台协作机制，了解跨媒介叙事与用户参与式生产的关键环节。

【能力培养】

能够运用数智化工具（如数据分析平台、自动化写作系统）完成新闻线索挖掘与内容生成；具备设计融合新闻生产流程再造方案的能力，优化传统新闻生产的线性模式；提升跨团队协作与全媒体内容运营能力，适应"一次采集、多元分发"的融合新闻生产场景。

随着数智传播的兴起，融合新闻生产的流程再造成为传媒领域的重要议题。本章深入探讨技术影响下的平台变迁、新闻内容生产环节的变革以及网络媒体用户画像的改变，揭示数智传播背景下融合新闻生产的新趋势与新挑战。通过剖析跨媒体、智能媒体等概念，以及 UGC、PGC、PUGC、OGC、MGC 等生产模式的兴起，旨在为读者提供全面而深入的洞见，助力传媒行业把握未来发展方向。

第一节 技术影响下的平台变迁

在网络出现之前，人们获取信息主要是通过报纸、广播、电视等传统媒体以及口耳相传的方式进行。自网络媒体出现之后，人们获取信息的方式从通过特定存在的媒介形态转变为随时、随地、随需自由搜寻。

网络媒体时代，人们对内容的获取渠道和方式都发生了巨大的变化（如图2-1所示），跨媒体、融媒体的内容消费成为主流。人们对不同平台、不同介质、不同形式的感知开始模糊，特别是借助技术的手段，已经开始探讨超出自我的感知范畴，由现实感知向虚拟现实（VR）、增强现实（AR）甚至混合现实（MR）迈进。随着新技术的发展，诸如物联网等虚拟概念逐渐成为现实。

图2-1 人类信息获取方式的变迁

网络媒体已深刻融入人们日常工作和生活中，未来人们对其形态不断开发、更新的同时，必将引起一系列连锁效应，个体生活随之改变或重塑。纵览由网络媒体引发的媒介融合发展过程，可以按跨媒体、智能媒体和社交媒体的脉络进行梳理。

一、跨媒体：为媒介融合打破区隔壁垒

跨媒体的这个"跨"，本身就意味着打破一定的体制束缚，实现媒体机构之间的打通。在互联网出现之前，破除封闭或半封闭运行的、与行政关系对应的"媒体

块"的成本很高，难度也很大，但互联网的出现让不同地区之间的媒介资源整合成为可能，信息沟通的成本降低，搭载互联网的新兴媒介形态更是一波接一波地出现。

2001年，中国加入世界贸易组织（WTO），传媒市场的竞争格局发生变化，西方传媒巨头纷纷进入中国传媒市场。在这样的大环境下，受西方媒体集团兼并、联合、重组、集团化以及与网络媒体结盟向数字化、网络化方向发展等启示，一些专家学者便将"跨媒体运作""跨媒体经营"视为中国传媒做大做强的战略选择。

从本质上来说，跨媒介是不同结构属性的媒介之间的一种"合作"。这里的合作有多种表现方式，最多的就是新媒体与传统媒体之间的合作，这是典型的跨媒体运作。需要注意的是，跨媒体不是简单地把市面上现有的媒介都囊括进来进行内容生产与发布，而是强调不同媒介既关联又独立的一种逻辑。随着媒介边界的模糊，兼容性问题慢慢被解决，不同媒介之间的合作能够自然展开。不同媒介的信息生产不是重复，而是补充和强化。

2023年杭州亚运会开幕式就是一个横跨电子媒体、网络媒体和移动媒体的鲜活案例。其通过多种介质传播文字、图片、音频和视频等多样化信息，为全球观众提供了多元化的融合新闻视听盛宴。图2-2为杭州亚运会"点亮百城千屏"活动。

上海国际传媒港　　重庆观音桥 大融城

广东 深圳星河 cocopark　　四川成都春熙路

辽宁沈阳中街　　浙江绍兴马拉松主题公园

图2-2　杭州亚运会"点亮百城千屏"活动

【案例撷珍】　　**杭州第19届亚运会成功举行，跨媒体总阅读播放量超5亿次！**①

　　心心相融，爱达未来。2023年9月23日，杭州第19届亚运会开幕式在杭州奥体中心体育场成功举行。开幕式以"潮起亚细亚"为主题，徐徐铺展开"国风雅韵""钱塘潮涌""携手同行"三个篇章，寓意着新时代的中国正与亚洲、世界交融激荡，奔涌向前。

　　全媒体多屏视听矩阵，全景直播开幕式盛况。9月23日，中央广播电视总台作为赛事持权转播商和主转播机构，共派出4500余人的工作团队，投入央视综合频道、新闻频道、财经频道、体育频道、体育赛事频道、奥林匹克频道、4K/8K超高清频道等11个电视频道，央视新闻、央视频、央视网、央视体育等7个新媒体平台，中国之声、环球资讯广播、南海之声等6个广播频率同步直播开幕式盛况，将一个个精彩瞬间印刻在海内外受众的脑海中，让人感受到诗画浙江的无穷魅力和体育文化的交相辉映。

　　截至9月24日7时，杭州第19届亚运会开幕式现场直播及相关报道在总台全媒体多平台的跨媒体总阅读播放量超5.03亿次，总台新媒体多平台直点播总阅读播放量达3.04亿次。其中，电视端总台多个频道全国网并机总收视率为6.96%，累计观众收视人次达1.99亿次。总台亚运会开幕式直播微博话题累计阅读量超6.12亿次。伴随直播，全网留言开启刷屏模式："《我爱你中国》一响起，就热泪盈眶""如诗如画的忆江南""历史底蕴与科技感完美结合""电视技术和艺术呈现已然遥遥领先""杭州亚运会开幕式赢麻了"。

　　资料来源：作者根据相关资料整理。

二、智能媒体：带来媒介平台的挑战与机遇

　　随着智能时代的全面到来，科技水平不断提升，智能媒体和智能传播已成为新闻传播行业的热点，也成为学界的研究重点。越来越多非传统意义上的平台正在成为跨界媒体，并开始在新的媒体市场中占据一席之地。人工智能、物联网、云技术等先进手段为跨界媒体提供技术支持，未来媒介将在呈现方式上发生极大改变，比如便携化、穿戴化，人体自身也可能以某种方式与媒介结合成新的系统。

　　智能媒体是受人工智能技术应用和影响而形成的媒体形态，根据目前比较公认的界定，智能媒体指依托高速移动互联网、大数据、云计算、传感器等信息技术的支持，能够自主感知用户需求，针对特定的时空和场景，动态向用户推送所需信息，从而实现技术驱动、人机协同、智能传播、精准高效的媒体形态。典型代表有机器人写作、AI主播、聊天机器人、智能音箱、智能电视、人脸识别等。值得一提的是，这些产品的出现带有智能的基因，但并不是完全意义上的智能媒体，或者说现阶段的智能媒体更多表现为"弱人工智能"。同时，传统媒介的伦理原则和理念规范受算法、大数据、人工智能等技术冲击，逐渐发生解构与重构。因此，应当理性看待智能媒体，可以无限畅想、热烈讨论，同时也应该拥有批判和审慎的眼光。

---

① 佚名. 6.12亿次！全球目光聚焦"梦想天堂"［EB/OL］.（2023-09-25）［2025-05-08］. https://news.hbtv.com.cn/p/2807142.html.

智能媒体带来融合新闻生产三方面的变化如下：

首先是算法驱动，运营高效。是否运用算法技术，是区别媒体是否"智能"的分水岭。在新闻传播活动中应用算法技术，使"媒体大脑"能根据事先设定的程序进行自主运行，从而实现信息数据的自动采集、新闻文本的机器制作、媒介产品的定向分发、平台机器人与用户之间的交流等功能，达到机器部分替代人类脑力的效果，让媒体具有了人工智能。

其次是人机协同，深度互联。关于智能媒体的研究，排在第一位的是"人工智能"，人工智能技术使连接与协作趋向多维，机器能"洞察人心"，媒体体现出高度的类人性。在传统媒体时代，记者现场取证，新闻生产各阶段独立，记者、编辑各司其职，要投入大量人力和物力。但在智能媒体时代，人机协作甚至机器写作代替传统人力写作，逐渐成为主要的写作方式，全能型人才更受青睐。人不再是势单力薄的内容生产者，而与计算机、智能机器一同参与信息传播全过程。

最后是精准传播，自主进化。在智能媒体时代，"人工智能+媒体"在新闻传播领域的各种实践已经显示出高度的拟人化、类人化特征，特别是基于大数据的定向分发技术，极大地提升了传播的精准性。经过人工智能技术的演进，媒体不仅具有自主感知外部环境、自主选择关键信息、自主判断传播对象的能力，而且还能基于大数据自主学习、自我成长。

智能媒体本质是算法驱动的媒体形态，是在技术助力下能够更懂人类需求的信息服务介质，智能媒体让媒体平台不再是简单的载体中介，而是可以根据人的变化而变化的媒体，促使媒体由简单的生产者向服务者转变。从这个层面上来看，智能媒体是跨媒体的更高阶形态，跨媒体是打破媒介之间的隔阂，而智能媒体将致力于打破产业之间的隔阂。

【案例撷珍】　　　　　　人工智能赋能保康融媒体中心①

各位观众晚上好，今天是2022年12月19日，农历十一月廿六星期一，欢迎收看保康新闻……19日，AI虚拟主播"乐乐"正式亮相保康县融媒体中心（见图2-3）。《保康新闻》一播出，便被细心的观众第一时间发现。于是惊呼道，"太逼真了，还以为《保康新闻》换新主播啦！"这是保康县融媒体中心利用新华社——新华智云科技有限公司媒体人工智能平台，赋能县级媒体建设的一次大胆实践，也是AI虚拟主播首次亮相《保康新闻》。

"依托真人主播原型打造的虚拟主播，具备了和真人主播一样的播报能力，省去了大量的拍摄以及剪辑工作。"保康县融媒体中心主任涂纪东表示，虚拟主播首次"出镜"非常成功，语态鲜活、播报流畅、情感表达立体，让人耳目一新。

①　保康融媒体中心：新闻主播陆续"中招"，AI主播及时"补位"！人工智能赋能保康融媒体中心［EB/OL］．［2022-12-21］．https：//news.hbtv.com.cn/p/2332548.html.

图2-3　保康新闻AI虚拟主播"乐乐"

资料来源：作者根据相关资料整理。

三、社交媒体凸显主流导向

网络的普及让人们重新思考媒体的价值、形态及运作方式，原本拥有信息主导权和话语权的传统媒体开始重塑自身定位，从观望、尝试到主动融入，传统媒体纷纷与社交媒体结合，继续发挥其影响力。社交媒体也因为主流媒体的融入而表现出更明确的主流导向，这是当前融合新闻生产中的典型现象。

无论是传统主流新闻媒体还是新媒体运营者，都已意识到社交媒体作为当前网络的重要组成部分，能在内容扩散和价值引导中发挥积极作用。从社交媒体本身来看，用户习惯与文化的逐渐形成也在反推平台调整策略。除了内容生产方面的主流化，社交媒体对于用户行为的影响也越来越大。

从人民日报网络版创刊，到社交媒体兴盛带来的主流媒体矩阵式传播、平台化发展，互联网深刻影响着主流媒体融合发展的方向与路径。党和国家也从顶层设计层面对媒体融合发展作出一系列战略部署。《关于推动传统媒体与新兴媒体融合发展的指导意见》指出，要加快建设形态多样、手段先进、具有强大传播力和竞争力的新型主流媒体。《关于加快推进媒体深度融合发展的意见》强调要尽快建成一批具有强大影响力和竞争力的新型主流媒体。从"你中有我、我中有你"到"你就是我、我就是你"，在媒介技术应用与媒介环境变迁双重影响下，主流媒体在发展观念、机制流程等方面全方位植入互联网基因，与互联网的融合发展已经从表层相融转向更深层次的形态、业态、生态相融，平台化发展趋势不断凸显[1]。

---

[1]　于璇，于宁，焦月．嵌入、细分与连接：主流媒体平台化发展趋向与创新路径［J］．现代视听，2023（10）：5-9．

【案例撷珍】　　　　　　**次元壁破了！B站与主流媒体的跨界合作**①

　　"关注年轻人"已经成为主流媒体心照不宣的着眼点，主流媒体利用B站等平台拓展主流话语的表达空间，在年轻群体与主流文化之间架起沟通的桥梁。

　　2017年1月，"共青团中央"入驻B站，宣称"别当团团不上B站"，以独特的语言风格和视频内容占据青年文化阵地。2019年10月1日，中央广播电视总台旗下官方B站Up主"央视频"对国庆阅兵进行了现场直播。同时，B站对国庆阅兵进行了实时用户推荐，无论是PC端还是手机端，用户都可以在阅兵当天，在B站首页界面获取阅兵直播的实时信息，国庆阅兵当日"央视频"的直播在B站收获千万观看量，百万条直播弹幕。"共青团""央视频"发布的阅兵方队短视频也凭借新中国成立70周年的全民热议取得了理想的传播效果。这些代表官方意识形态的媒体将年轻一代作为传播对象，是适应新时代与时俱进的选择。

　　2019年，B站与人民日报客户端、中国军事网等多家主流媒体共同发起硬核动画"追梦者"（如图2-4所示）等多项主题征集活动。对主流媒体来讲，移动互联网时代，大众的信息获取渠道和内容偏好都发生了翻天覆地的变化，继续以新闻性、严肃性的内容融入Z世代存在一定难度。想要进行"年轻化"转型，将B站视为宣发的重要平台是很好的选择。同时，B站在与主流媒体进行内容合作的过程中，保留了二次元产品内核进行内容创新，在稳定二次元核心受众的基础上，寻找与视频用户相契合的主流文化形式，做到形变质不变。在媒介融合的大背景下，主流内容的传播已不再局限于传统主流媒体，B站一类的平台同样可以做到对公共信息的实时跟进和传播，向用户输出有温度、有深度的内容。

启智增慧2-1

《追梦者》

图2-4　人民日报客户端携手B站推出动画《追梦者》

资料来源：作者根据相关资料整理。

①　宋佳. 对小众媒体主流化趋势的探讨——以哔哩哔哩弹幕网站为例［J］. 今传媒，2020（12）：29-31.

第二节　新闻内容生产环节的变革

　　传统新闻内容生产环节是从策划、采写、编校到印刷、发行的一体化流程，很多时候都按"三审三校"制度进行，采、写、编、印、发作为新闻内容生产的核心环节，保证了新闻内容生产的质量，传统新闻内容生产环节如图2-5所示。网络媒体的发展特别是技术驱动带来的媒介融合趋势，使新闻内容生产的诸多环节都发生了明显变化，融合新闻生产与传统新闻生产有了很大不同。

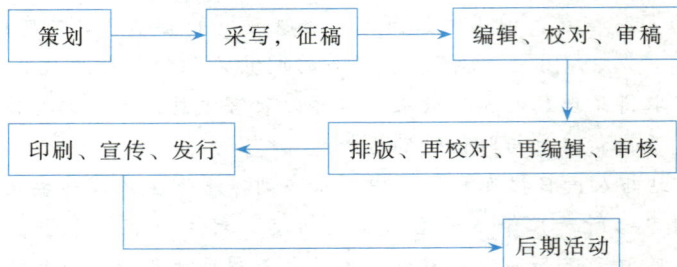

图2-5　传统新闻内容生产环节

一、UGC、PGC、OGC、PUGC和MGC模式兴起

　　随着媒介融合的纵深发展，信息传播的双向性日益明显，用户可以在媒介融合平台上自由发表信息和观点，有些意见甚至成为主流媒体内容生产的素材。新闻信息传播传播者和受众的角色产生了根本性变化，逐渐出现了UGC、PGC、OGC、PUGC及MGC模式。

　　UGC（user-generated content）也称UCC（user-created content），即用户生产内容，泛指以任何形式在网络上发表的由用户创作的文字、图片、音频、视频等内容，是Web2.0环境下一种新兴的网络信息资源创作与组织模式。它的发布平台包括微博、博客、视频分享网站、维基、在线问答、SNS等社交媒体。

　　PGC（professionally-generated content）也称PPC（professionally-produced content），即专业生产内容，生产创作主体由专业精英构成，其发展历程早于UGC，生产程序偏向专业性，内容质量可控性更强，对生产者知识背景和专业资质的要求较高。社交媒体兴起后，部分专业内容生产者既是平台的用户，也以专业身份（专家）贡献具有一定水平和质量的内容（如资深用户的点评）。在内容创作方面，体现为更加专业化、优质化、垂直化、具有平台核心价值的内容。

　　OGC（occupationally-generated content）即职业生产内容，主要指具有一定知识和专业背景的行业人士生产内容，并且这些人会领取相应的报酬（如部分新闻网站雇用的内容编辑）。生产主体主要是来自相关领域的职业人员，他们对内容产出严格把控，尽力满足用户需求，其创作行为属于职责义务，是履行人事契约的体现。

　　PUGC（professional user generated content）即专业用户生产内容，以UGC形式产出相对接近PGC的专业内容。PUCC模式是UGC、PGC模式发展中逐渐演化出的一种全新生产模式，率先由国内数字音频领域提出，后延伸到视频内容生产领域，被认为是"互联网短视频长远发展的趋势"。PUGC短视频既满足了用户对专业化、高品质内容的需求，又达到了贴近性且个性化的效果，满足了短视频用户的多种需求，极大提升了短视频平台内容的品位。YouTube、B站是目前全球PUGC较为集中的社交视频内容网站，其中B站已经在内容战略上明确转向"建设PUGV（professional user generated video）社区"。

MGC（machine-generated content）即机器生产内容或技术生产内容，指机器依托AI、大数据、云计算等技术参与内容生产的采集、加工和审核环节，帮助完成文字、图片、视频等内容生产工作。2017年12月，在成都举行的第五届中国新兴媒体产业融合发展大会上，新华社发布了中国第一个媒体人工智能平台——"媒体大脑"（如图2-6所示）。同时，"媒体大脑"生产的第一条MGC（机器生产内容）视频新闻——《新华社发布国内首条MGC视频新闻，媒体大脑来了!》发布。这条时长2分8秒的视频由"媒体大脑"[1]中的"2410（智能媒体生产平台）"系统制作，计算耗时只有10.3秒。MGC新闻是运用人工智能技术，由机器智能生产的新闻。首先通过摄像头、传感器、无人机等方式获取新的视频、数据信息，然后经由图像识别、视频识别等技术让机器进行内容理解和新闻价值判断。依托大数据的"媒体大脑"将新理解的内容与已有数据进行关联，对语义进行检索和重排，以智能生产新闻稿件。人工智能还将基于文字稿件和采集的多媒体素材，经过视频编辑、语音合成、数据可视化等一系列过程，最终生成一条富媒体[2]新闻。

启智增慧2-2

新华社发布
"媒体大脑"

图2-6　新华社发布"媒体大脑"

二、新闻信源普遍化

媒介融合时代"人人都拥有麦克风"，意味着所有用户都可以发出自己的声音，

---

① 新华社发布的"媒体大脑"提供基于云计算、物联网、大数据、AI（人工智能）等技术的八大功能，覆盖报道线索、策划、采访、生产、分发、反馈等全新闻链路。
② Rich Media的英文直译是具有动画、声音、视频或交互性的信息传播方法，包含流媒体、声音、Flash、Java、Javascript、DHTML等程序设计语言的形式之一或几种的组合。

而这个声音被众人听见的概率较传统媒体时代要大得多。

传统新闻内容生产过程中有一个重要的信息采集环节，这项工作通常由媒体工作者来完成，借助走访、调查等方式来获取第一手信息，受众被动接受信息的特征十分明显。技术的迭代改变了这一现状，媒体工作者如果想要调查和了解新闻事实，除了传统手段以外，海量网络信息会被推送到记者面前，由其通过自身专业视角来评判信息的真伪与可信度，梳理新闻线索及逻辑。对于用户而言，想要知悉所关注领域发生的新闻和其他信息，可以自己决定信息的来源渠道是微博、微信、抖音、网页还是报纸或电视，甚至可以在每一个具体的平台中进一步细化信息类型。

随着技术的发展，物联网开始出现。在物联网时代，传感器作为"触角"延伸到社会各个角落，被广泛应用于智能基础设施建设的各个方面，一些重要的公共信息从难以捕捉到被作为数据留存下来，为公共新闻的生产提供优质、丰富的信息来源。每个用户每天都会产生海量信息，通过智能家居、智能医疗、可穿戴设备等终端感知记录个体的生理、行为等数据，这些数据信息包含人们的日常起居，描绘了完整的生活场景。一旦这些信息被有效整合起来，一个巨大的信息网络便呈现在各大平台中，这些信息不仅是对新闻生产资源的极度扩充，还能提供个性化的精准信息服务，由此驱动新闻生产流程的变革。

从用户的角度看，每个人的新闻兴趣点都是不同的，当这种技术能够全面应用于人们的生活时，用户可将自己拥有的传感设备放置于自身感兴趣的相关领域，理想情况下用户甚至可以直接通过技术定制自己所需的新闻，过滤冗杂的信息来源。《5G时代中国网民新闻阅读习惯的量化研究》指出，受访者每天获取新闻信息的渠道方面，72.25%来源于微信群，39.02%来源于抖音，26.61%来源于今日头条，20.03%来源于微博，纸媒、电视和其他只分别占到0.68%、6.56%和4.24%。其提出了对未来信息获取和网络使用的五个趋势：第一，以纸媒和电视媒体为代表的传统媒体日渐式微在业界和学界已达成一定共识。第二，智能手机是新闻阅读使用最多的终端，占99.82%，接近100%。第三，用户对微信平台中的新闻信息的信任度高源于其强联系的传播逻辑。第四，微博的使用热度明显下降。第五，网民对目前重大新闻热点事件态度呈现出高度理性的特征。上述五个方面都显示出未来新闻信息获取的方向会一定程度上被整合、分化，再整合及再分化，而信息的来源将变得更为多元。

三、新闻内容两极化

传统媒体环境下主要的内容生产模式是OGC，即职业内容生产模式，进行新闻生产的都是正式的新闻媒体工作者，当然也包括一些与内容密切相关的职业群体，如医生、律师等，他们生产的内容因为专业性而具备较高的可信度。互联网的出现将分散在世界上的单个个体联系起来，并且给他们提供了可以"畅所欲言"的平台，以他们为主的内容生产模式就是UGC，即用户生产内容。PGC则是随着各种媒体平台的不断涌现而专门服务或从事这一平台内容生产的群体，是专业的内容运营者。PUGC则结合了PGC和UGC的混合模式。MGC则是机器生产内容，也就是智能时代可能会大量出现的内容生产方式。

目前网络媒体中也涌现了一批以原创为内容主体的自媒体平台，深受用户的欢迎。以上这些新闻内容的形式，从本质上来讲都是媒体生产内容依据目前主流的媒介平台作出的调整。随着受众阅读习惯的进一步改变，新闻内容可能会呈现两极化的趋势，具体表现为针对专业媒体的极度专业深度化与针对个人领域的完全私人定制简洁化。

技术进步赋权了用户，事实上也培养了用户，只要有信息便能获取用户关注的红利期已经过去。现在的用户对信息内容质量的要求越来越高，复制粘贴平移式的信息内容生产已经不能满足用户需求。内容的专业性与深度将会变得越来越重要，而基于算法实现的个人内容的精准推送和定制化将成为未来的可拓展方向。小红书通过搭建生活方式分享内容生态，建立了内容营销产品矩阵。小红书以"年轻人的生活方式平台"为核心定位，通过短视频、图文等形式构建了UGC驱动的社区生态，其中90后、00后用户占比超过70%，日均笔记发布量突破300万篇。平台创新性地采用"社区+电商"双轮驱动模式，在UGC内容基础上引入明星达人PGC和专业创作者PUGC，形成金字塔式内容结构，其中头部KOL贡献爆款内容，腰部KOC提供真实测评，普通用户则构建了庞大的长尾流量池。通过智能推荐算法（覆盖100+用户兴趣标签）和沉浸式信息流，平台实现了内容与用户的精准匹配，使种草转化率较行业平均水平高出3倍。同时，小红书独创的"笔记+商城"闭环设计，让用户在浏览真实测评后可直接跳转购买。2023年，该平台GMV突破2 000亿元，印证了其从社交到商业的高效转化能力。这种以信任为基础的内容电商模式，正在重新定义Z世代的消费决策路径。2020年小红书内容生态及内容营销布局如图2-7所示。

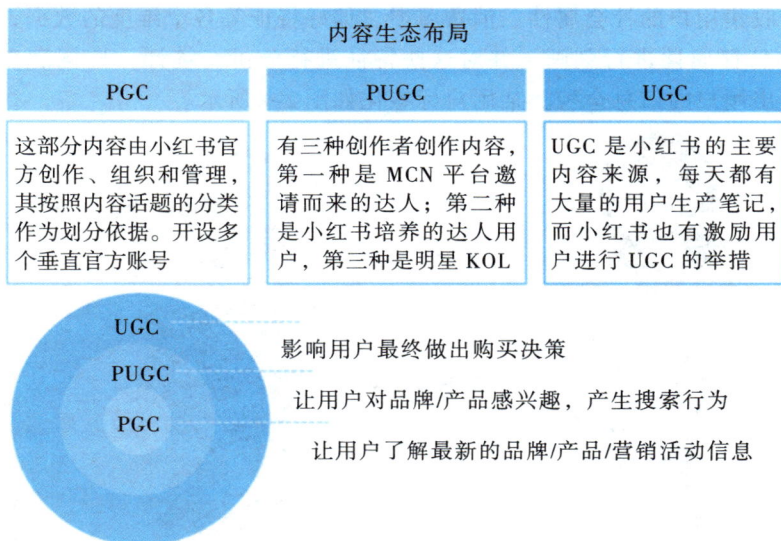

图2-7　2020年小红书内容生态及内容营销布局

四、内容呈现的移动化、多样化

移动化已经成为当下内容消费的主要方式，"手机在手，全球我有"这句话并不夸张。不仅是手机，各种终端产品也都伴随着人身体的位移而表现出鲜明的移动消费特征。这里的移动性不是简单体现为内容消费打破空间的限制，而是内容消费表现出与空间的匹配性，即"场景"概念。"场景"意味着地理位置的变化带来内容消费的变化，不同地理位置适合不同的内容，比如在公共交通上的内容消费倾向不同于居家的内容消费，在逛街时的内容消费不同于聚会时的内容消费。当移动设备精准定位到用户身处的场景，内容的组合推动方式就会发生变化，这就是移动化的整体认知。

多样化是对于内容消费终端的一种理解，人们日常关联到的任何设备都可以成为内容呈现的平台，这些不同的平台有其特有的内容呈现方式，随着这些终端越来越多，内容呈现方式也会远远超出人们的预期。为迎合当下用户的媒介使用习惯和阅读习惯，内容生产偏向碎片化、浅显化、视频化、游戏化、娱乐化，复杂冗长的文本开始以图文混杂或视频形式呈现，活泼浅显的网络话语得到广泛使用，交互、HTML5（简称 H5，是构建 Web 内容的常用语言描述方式）、虚拟现实等技术的发展更是增加了获取信息的趣味性和参与感，减轻了受众的阅读负担。

启智增慧 2-3

《无界·长安》 科技与非遗共舞，演绎古今交融的盛世华章

第三节　网络媒体用户画像的改变

用户画像，即用户信息标签化，是在网络时代经常被提及的概念。它是真实用户的虚拟代表，是建立在一系列真实数据之上的目标用户模型。通过用户调研去了解用户，根据目标、行为和观点的差异，将他们区分为不同的类型，从每种类型中抽取出典型特征，赋予名字、照片、若干人口统计学要素、场景等描述，就形成了一个人物原型。换句话说，用户画像又称用户角色，是一种勾画目标用户、联系用户诉求的有效工具。通过收集用户的社会属性、消费习惯、偏好特征等各个维度的数据，进而对用户或者产品特征属性进行刻画，并对这些特征进行分析、统计，挖掘潜在价值信息，从而抽象出用户的信息全貌。某用户标签化如图 2-8 所示。

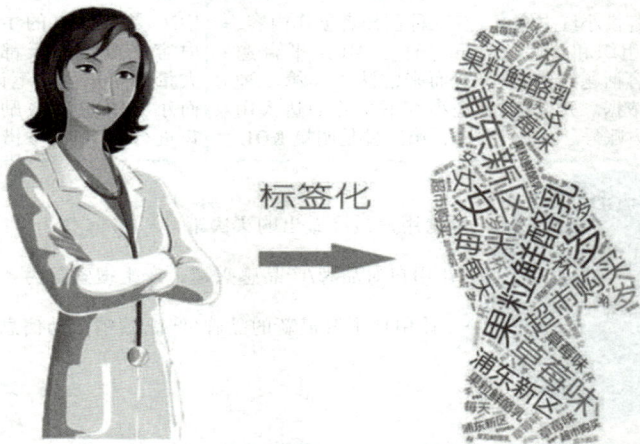

图2-8　某用户标签化

作为日益成熟的数据分析工具，用户画像全面细致地抽象出用户的信息全貌，可

以了解并跟踪用户需求变化，分析用户需求变化的根本原因，从而进行精准营销。因此，一般提到用户画像都会考虑围绕某一产品来展开。根据分析需求的不同，用户画像既可以围绕单个个体展开（即单个用户画像），也可以围绕群体展开（即群体用户画像）。

一、用户画像的特征

用户画像其实就是对用户打标签，一般分为三种类型：统计类标签、规则类标签、机器学习挖掘类标签。统计类标签是最为基础也最为常见的标签类型，例如，对于某个用户来说，其姓名、性别、年龄等数据可以从用户注册数据中得出，该类数据构成了用户画像的基础。规则类标签基于用户的行为以及规则，在实际开发画像的过程中，运营人员对业务更为熟悉，数据人员对数据的结构、分布、特征更为熟悉，因此规则类标签的规则由运营人员和数据人员协商确定。机器学习挖掘类标签是机器通过学习挖掘产生，根据用户的行为和规则进行预测和判断。该类标签需要通过算法挖掘产生。

用户画像的内涵包含以下方面：

第一，用户画像是用户真实数据的虚拟代表，是具有相似背景、兴趣、行为的用户群在使用某一产品或者服务时所呈现出的共同特征集合。

第二，用户画像是经过静态和动态属性特征提炼后得出的"典型用户"，是具有某种显著特征的用户群体的概念模型。

第三，用户画像更加强调用户的主体地位，更加凸显用户的特定化需求。

用户画像具有三个特征，即标签化、时效性和动态性。用户画像的实质就是标签化的用户全貌，通过用户数据的收集处理，可以提炼出用户标签，进而生成用户画像。用户数据中的动态属性随着用户的行为、兴趣偏好变化而变化，用户动态信息随时都在变化，由此生成的用户画像时间越久，价值越低。用户标签存在着滞后问题，需要及时追踪其变化进行提炼，这就是时效性特征。随着用户数据的不断更新和变化，相应的用户特征和提炼的用户标签也在不断发生改变，构建的用户画像需要不断更新迭代才能更加精准地描述特征。

用户画像一般应用于如下方面：精准营销、数据应用、用户分析、数据分析。其中，精准营销是运营最常用的，其可将用户群体切割成更细的粒度，辅以短信、推送、邮件、活动等手段，采取关怀、挽回、激励等策略。数据应用体现在生产数据产品方面，广告的投放就是基于一系列人口统计的标签。用户分析也是了解用户的必要补充。在产品投入市场初期，产品经理通过用户调研和访谈的形式了解用户。在产品用户量扩大后，调研的效用降低，这时候就要辅以用户画像配合研究。通过数据分析可以精准定位目标用户，提升客户忠诚度。

二、构建用户画像的方法

如何构建用户画像是一个十分复杂的问题，需要经过细致和深入的数据采集、数据挖掘和建模来实现。用户画像模型的构建可以分为三个部分，即数据采集、数据挖掘及过滤、标签提取及重组。构建用户画像流程图如图2-9所示。

```
                         ┌─ 数据类型 ─┬─ 直接数据
                         │           └─ 间接数据
            ┌─ 数据采集 ─┤           ┌─ Python
            │            └─ 采集方法 ─┼─ 八爪鱼爬虫软件
            │                        └─ 访谈法
            │            ┌─ 挖掘内容—举趣挖掘、主题挖掘
            │            │            ┌─ 聚类（组间聚类法、正二进制法、K 均值算法等）
用户画像模型 ─┼─ 数据挖掘及过滤 ─┤    ├─ 分类
            │            │            ├─ 关联规则
            │            └─ 挖掘方法 ─┼─ 决策树
            │                        └─ 协同过滤
            │            ┌─ 重组内容—行为标签、社会标签、兴趣标签等
            └─ 标签提取及重组 ─┤
                         └─ 重组方法—标签评分、共现耦合、TF-IDF 算法、社会
                                    网络分析方法
```

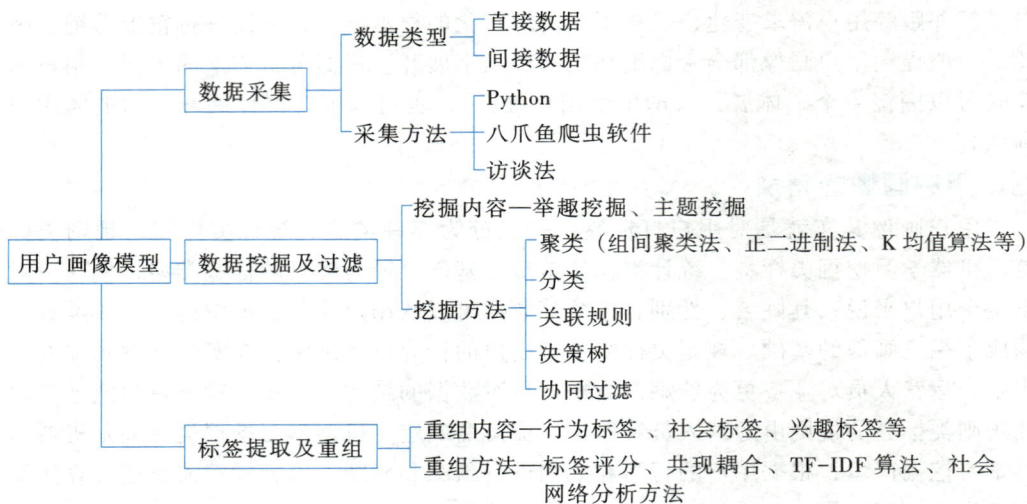

图2-9　构建用户画像流程图[①]

　　用户数据是用户画像的基础，用户数据越全面准确，用户画像的刻画就越接近真实用户。对于用户数据，既可以通过一些传统的调研访谈获取，也可以通过一些技术手段和工具直接从网络中获取。通过采集多视角数据，对同一对象从不同层面或者采用不同方法进行数据描述，可以让数据呈现出多态性、多源性和高维异构性等特点。对于网络上存在的数据，有些是用户直接给出的、比较显性的数据，而有些需要通过推断和逻辑关联得出，属于比较隐性的数据。数据既包括用户网络行为数据，也包括用户内容偏好数据或用户交易数据，无论是哪种数据，对于用户画像的构建都是至关重要的。当前，用户数据真实性、可靠性等方面尚缺乏系统而深入的研究。以视频网站账号为例，针对多人共用同一账号而产生的兴趣、行为方面的偏差，可能会在用户画像构建的真实性方面产生一定的错误。

　　在数据采集技术方面，往往需要借用不同工具和方法进行，国内外学者运用自编程序、八爪鱼爬虫软件、深度访谈等方法开展了相关研究。在数据挖掘和过滤方面，有聚类、分类、关联规则、决策树、协同过滤等方法，聚类和分类的算法能够更好地将用户划分为具有相似特征的群体，关联规则是基于对象的相似性进行数据关系构建。有研究发现，用户画像模型构建过程中常用到数据挖掘算法，如向量空间模型等。在标签的提取与重组方面，多数学者采用关联规则、标签评分、TF-IDF算法、社会网络分析等来构建用户兴趣模型；在用户属性特征分析方面，常采用数理统计、数据挖掘以及机器学习等方法。

　　在获取了一定量的数据之后，就要对数据展开深入挖掘。这个环节是用户画像构建的核心，可以把数据与数据之间的关系梳理出来。用户画像可以挖掘用户数据之间的关系，将用户画像结果应用到精准信息服务、精准营销等领域来实现其价值。有研究指出，基于大数据挖掘技术，可以从用户行为、用户社交数据、用户标签集这三种途径提取用户画像标签，从而构建用户画像，实现个性化的高质量服务。

① 　徐芳，应洁茹. 国内外用户画像研究综述［J］. 图书馆学研究，2020（12）：7-16.

　　标签提取与重组后就可以构建最终的用户画像。一个用户可以用非常多的标签来对其进行描述，这些标签分别来自用户的基本属性、行为特征、兴趣爱好、心理特征、社交网络、购买能力等方面，掌握这样一个标签化的用户有助于进行精准信息服务和精准营销。用户画像模型的构建离不开各种算法与技术的支持。

　　标签的提取与重组直接影响用户画像结果的准确性，标签权重的不同会使得用户画像模型存在差异性。标签是对采集的用户数据进行挖掘与过滤，提取目标用户群的特征，用高度精练的词语对这些特征进行标识，具有语义化、短文本化、专一性等特点。标签出现的频率与用户兴趣有明显的关系。用户画像标签需要按照一定的标准进行划分和等级的排列，从分类的角度来讲，用户标签可以分为用户行为标签、社会网络标签以及兴趣标签等。用户行为标签包括点击频率、浏览时间长短、搜索记录、评论等。用户社会标签包括用户角色、用户关系网、个体与群体的关系等，用户兴趣标签包括用户的兴趣偏好、历史偏好、兴趣转变等。从等级排列的角度看，用户行为可以分为一年内的行为、一个月内的行为、一周内的行为、一日内的行为等。社会网络可以分为个人与群体的关系、个人与社会的关系等。兴趣可以分为当前兴趣以及潜在兴趣。

三、网络媒体用户画像的改变

　　随着互联网的普及，网络媒体用户的画像发生了显著改变，网络媒体用户画像的改变趋势如图2-10所示。

● 随着互联网的普及，人们对网络媒体使用者的看法经历了从受众到用户的转变，网络媒体用户的总体数量持续增长，以个人作为基本单位的用户特征被放大，具有相近喜好的个体重新组合形成新的用户群体，代替了以往一言概之的受众，网络媒体用户的画像发生了显著改变

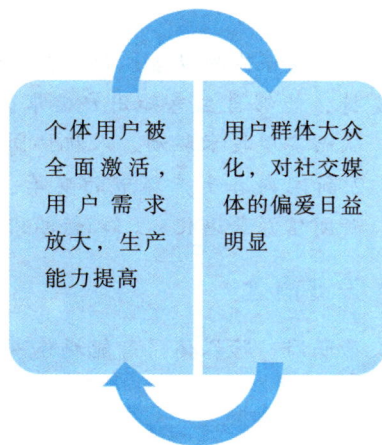

图2-10　网络媒体用户画像的改变趋势

（一）个体用户被全面激活，用户需求放大

　　现在分析群体时很少使用受众这个词，而是称之为用户。从受众到用户，产生的变化就是个体用户被全面激活，用户需求被放大。

　　用户画像的改变并不代表人的改变，用户画像的改变实质上意味着需求的变化，意味着用户变迁。在传统媒体时代，媒体将所有的受众无差别地当成一般大众看待，受众不能决定在什么平台获取什么内容，对平台和内容的选择都十分有限。

网络的出现打破了原有的传媒生态，传播场域也有了明显的变化，受众已经具备了一定的内容生产与传播能力。当下受众的构成十分复杂，不但性别、年龄、民族、职业、兴趣不同，而且因为所处社会环境、社会地位和群体属性不同，他们对事物的立场、观点和看法形态各异，对信息的需求自然也千差万别。随着网络媒体信息承载量和发布量剧增，每个人的需求逐渐由隐性转向显性，原本被忽视和隐藏的需求被展现在各种各样的网络平台上。"积极的受众"成为传播场域中不可忽视的力量，每一个微博用户、微信用户、抖音用户都可能成为被关注的对象，他们生产的内容都有可能成为群体性探讨话题。

（二）用户群体大众化，对社交媒体的偏爱日益明显

随着互联网的普及，网络媒体的用户群体已实现了大众化。既然大众选择了社交媒体，也就意味着其生产方式和内容特征具有鲜明的社交平台属性，不属于传统意义上的新闻内容。用户群体在互联网形态下有了新的意义，即具有类似个性化需求的分众的聚合，这一视角下的用户特征侧重于群体内个体的偏好习惯研究。

受众在表达意愿的同时，他们的身份也在发生转变，即由普通"受众"开始向具有社会意识的"公众"转变。他们不仅将自身的喜怒哀乐鲜明地呈现在新媒体上，还行使着监督他人、评议社会的权利。

总之，未来的网络媒体会在平台、内容生产、用户等维度发生重大变化。用户创造内容的Web2.0模式会与传统的新闻编辑"把关人"模式并存，社交媒体、跨界媒体将逐步成为主流媒体。

◆ 本章要点

1.智能媒体的概念：指依托高速移动互联网、大数据、云计算、传感器等信息技术支持，能够自主感知用户需求，针对特定的时空和场景，动态向用户推送所需信息，从而实现技术驱动、人机协同、智能传播、精准高效的媒体形态。

2.新闻内容生产环节的变革：（1）UGC、PGC、OGC、PUGC和MGC模式兴起；（2）新闻信源普遍化；（3）新闻内容两极化；（4）内容呈现的移动化、多样化。

◆ 关键概念

物联网　跨媒体　智能媒体　社交媒体　新闻信源　技术平台　新闻生产　人工智能

◆ 综合训练

1.技术影响下的平台变迁体现在哪些方面？

2.跨媒体定义是什么？

3.智能媒体有哪些特征？试分析智能媒体的未来走向。

4.如何建设形态多样、手段先进、具有强大传播力和竞争力的新型主流媒体？

5.如何理解"这是人人都拥有麦克风的时代"？

6.UGC、PGC、PUGC、OGC、MGC有什么区别？请进行解释。

7.请阐述用户画像的定义。

8.尝试通过简单调查或者访谈的方式，分析抖音平台上老年群体的用户画像，由此思考应该生产什么样的内容，应当通过怎样的方式触达这些群体。

9.网络媒体用户画像如何改变？

10.试论述积极的受众与媒介信息的建构之间的关系。

11.新媒体传播对"积极受众"的建构体现在哪些方面？

即测即评2

第三章

数智传播背景下融合新闻生产的关键要点

■ **学习目标**

【价值塑造】

理解数智时代新闻价值观的演变与核心内涵，树立以受众为中心、服务公共利益的职业理念，强化对真实性、互动性、社会责任的认知，培养适应媒介融合环境的新闻伦理观。

【知识传授】

掌握融合新闻生产的关键要点，包括新闻价值理论的更新（比较、发展、整体、互动观点）、报道理论的发展（人情味表达、网络语言应用、舆论引导）以及新闻策划的分类与实施方法（周期性/临时性、预知性/突发性），理解技术对新闻生产流程的重塑作用。

【能力培养】

提升在虚拟空间中挖掘新闻线索、整合多源信息的能力；强化故事化叙事、网络化表达及舆情分析技巧；培养针对重大事件的策划思维，实现分众化传播与多平台协同报道的实践能力。

在信息化高速发展的数智时代，媒介环境正经历着翻天覆地的变化。互联网的普及、大数据的应用、人工智能的崛起以及5G、物联网等新技术的不断进步，使得新闻传播的方式和渠道日益多样化，融合新闻生产已成为新闻行业发展的主流趋势。传统的新闻价值理念和报道方式在当下的媒介环境中正面临着诸多挑战和变革，亟需重新审视和思考。

数智技术的应用不仅改变了新闻的生产流程，也重塑了新闻的传播格局，让新闻更加个性化、互动化和智能化。本章将深入探讨融合新闻生产的关键要点，包括新闻价值观的转变、网络文化环境及网络语言的使用、新闻采访的新变化、新闻策划的重要性以及数智技术在新闻生产中的应用等方面。

第一节 融合新闻生产与新闻价值理论

本节内容将围绕传统的新闻价值理论在新的新闻生产环境下的变化与发展展开。新闻价值是判断一个事实能否成为新闻报道对象的重要标准，传统的新闻价值特征一般包括时新性、接近性、重要性、显著性、趣味性和人情味。

时新性，指新闻事实是新近发生的，不为人们所知的新鲜事。

接近性，指新闻事实在地理、心理、年龄、性别、兴趣等方面与受众接近。

重要性，指新闻事实具有的为多数人所关心的社会意义。

显著性，指新闻事实所涉及的人物、地点等因素为众人所瞩目。

趣味性，指新闻事实因为新奇，为人们所未料及，引起受众的兴趣。

人情味，指新闻事实极具人情味，能引起人们的感情共鸣。

事件符合越多的新闻价值特征，它的新闻性也就越强，就越值得被报道。在开始本节内容之前，先提出以下问题：

第一个问题：传统的新闻价值理论在当下的媒介环境中还适用吗？

答案是需要调整。在自媒体时代、在用户力量崛起的当下、在不起眼的细节就能打开未知传播效果的今天，如果还固守传统的新闻价值判断标准，会导致新闻生产过程中丢失许多重要的新闻线索，因此新闻价值理念需要进化。

第二个问题：传统的新闻价值理论缺失在哪里？

答案是传统的新闻价值理论是一个完全的新闻生产者视角。也就是说，它并没有把受众的想法纳入到标准之中，一个事件是否具有新闻价值，完全是由新闻生产者来判断的，议程设置的权力掌握在新闻生产者的手中。但在当下的媒介环境中，信息的重要性和信息的编码形式是因人而异、因境况而异的，传统的新闻价值观并没有体现这些差异。

第三个问题：当下什么样的事实是最有新闻价值的？

答案其实已经包含在前两个问题中了，那就是新闻价值的判断必须注重受众视角，也就是说，新闻生产者要想受众所想、急公众之急，把受众关心的问题列在新闻报道的首位。虽然主流媒介的设置议程功能不能丢弃，但也应当让受众参与到议程设置中来。

　　由此可见，媒介融合时代的新闻价值观至少应当包括四个方面，分别是比较的观点、发展的观点、整体的观点和互动的观点。

1.比较的观点

　　新闻价值从来都不是绝对的、僵硬的，而是相对的、变化的。新闻价值的标准是众多的新闻素材、新闻线索和信息相互比较之后而做出的权衡判断和选择。

　　什么事情是最具有新闻价值的，这不是一个僵化的判断标准，而是比较出来的。

　　那么怎么做好比较呢？首先，需要掌握大量的可供比较的信息资源，如果掌握的新闻素材不够，比较和筛选的结果也是经不起推敲的；其次，要综合考虑传播者、传播渠道、受众需求和新闻本身价值等因素，而且比较和筛选的标准也不是固定僵化的，与社会情境、受众心态等息息相关；最后，要用高质量的分众化的信息生产出优质的新闻，也就是说渠道和信息呈现形式要相互搭配。此外，凸显新闻价值并非单纯为了追求点击率和收视率。新闻报道的本质是为了传递信息、服务公众利益，因此在凸显新闻价值时，必须始终坚守客观、真实、公正的底线。只有在保证新闻报道真实、公正的前提下，才能更好地发挥新闻价值的引领作用。

2.发展的观点

　　新闻价值不是既定的，是一个从无到有、由模糊到清晰、由传统到现代，不断变化的过程。随着媒介环境和社会环境的改变，传统新闻价值观必然要转向现代新闻价值观。要用发展的观念去看新闻价值观，应该做到以下几点：

　　第一，要以开放、革新、发展的姿态迎接冲击和挑战，勇于做出改变。如前文所述，融合新闻生产从所有权到组织结构、从内容生产到媒体人的技能要求都发生了深刻的变化，作为新时代的媒体人，要有开放的心态，积极接受新鲜事物、努力锻炼各项业务技能，才能更好地适应不断变化的媒介环境。

　　第二，要尊重受众的需求，获知、激励、实益和娱乐是当下受众的需求。尊重受众的喜好、选择和判断，放弃自我中心的想法，让受众参与到议程设置中来。

　　总之，在新媒体环境下，需要不断更新对新闻价值的认知，深入挖掘信息的内涵和价值，注重与受众的互动和反馈，不断提高新闻的质量和价值，为受众提供更有价值的新闻报道。

3.整体的观点

　　整体的观点是指对新闻价值的思考要有整体观和全局观，从完整性和统一性的视角来分析问题和解决问题。在判断事件新闻价值的时候，传播者视角、受众需求视角、可能出现的舆情、是否有细节导致传播效果失控等，都是需要仔细考量的。

　　新闻价值观是整体的，涵盖了新闻报道的各个方面，包括新闻的选择、报道的角度、信息的呈现以及对新闻事件的解读。除了事件本身的价值意义，还需要考虑这个事件对整个社会心理和社会发展是否会有影响。媒介辟谣的尴尬无力、舆论监督与公共关系运作的矛盾等一系列媒介现象，都让媒体人认识到依据整体的观点来考量新闻价值的迫切性和必要性。

【案例撷珍】

第34届中国新闻奖获奖作品《"我们看不见，就让更多人看见我们"——盲人全国人大代表王永澄履职记》深入讲述了盲人全国人大代表王永澄履职的故事，展现了他为盲人群体发声、推动社会进步的努力与担当。从传播者视角来看，媒体通过细腻的笔触和深入的采访，将王永澄的履职经历生动地呈现给受众，有效传递了正能量。从受众需求视角出发，这一报道满足了公众对弱势群体权益的关注，引发了社会对盲人群体生存状况的广泛思考。在舆情方面，该报道得到了积极反响，许多读者表示被王永澄的故事所感动，并对盲人群体的权益保护有了更深的认识。该报道在新闻选择上聚焦于盲人人大代表这一特殊群体，报道角度新颖，信息呈现丰富，对王永澄的履职故事进行了深入解读。这不仅体现了事件本身的价值意义，也对整个社会心理产生了积极影响，让更多人关注到盲人群体的权益保障问题，推动了社会的发展与进步。这一报道充分体现了新闻价值观的整体性。

资料来源：作者根据相关资料整理。

4.互动的观点

互动是新闻价值的体现。新闻的价值不仅在于传递信息，更在于引发思考，推动问题的解决，而这种价值的实现，离不开与受众的互动。互动可以让新闻从单纯的信息传递变为思想的交流、观点的碰撞，真正实现新闻价值。在当下的媒介环境中，原本没有新闻价值的事实，经过社交媒体的一番围观质疑讨论分析之后，可能突然成为新闻热点，这就是互动的力量。是否具有互动的可能性，公众是否会去围观、质疑、讨论和分析，已经成为衡量一个事实是否具有新闻价值的重要标准。

启智增慧3-1

电视"套娃"
收费该退场了

媒体人要充分利用互动抓取新闻点，熟悉网络舆论的生成机制，必要时可以抛出话题，发起互动，制造舆论声浪，让大众充分参与讨论某个事件或者某种现象，帮助推动社会的良性运行。这也这是议程设置的一种方法。

第二节　融合新闻生产与报道理论

本节继续探讨在融合新闻生产中，传统报道理论是如何发展和更新的。

一、人情味的报道和故事化的表达

融合新闻生产的报道与传统媒体时期是有差别的，传统媒体时期受众可选择的媒介渠道不多，所以新闻报道只需要提供受众所需的信息即可，如今新闻报道除了传递信息，更重要的是要有人情味和故事化的表达，以此来吸引受众、引发共鸣和做好舆论引导。

1.人情味的报道

适度的人情味可以增强新闻报道的生动性和可读性。传统新闻报道往往以客观事实为基础，通过严密的逻辑和文字组织来进行叙述。这种表达方式有时会显得枯燥，难以引起受众的兴趣。适当的时候在报道中加入一些具有感染力和亲和力的语言和描述，能够让受众更容易产生共鸣和情感上的反应，从而提高受众对新闻的关注度和阅读意愿。有人情味的报道侧重于表现新闻中人性的相关内容，同普通人的思想情感紧密相联，人文意蕴较为浓厚。新闻报道中要有人，这一点是十分重要的，通篇的宏大叙述只会让受众感到乏味，要通过有血有肉的人物和故事描写，实现报道与受众的情感共鸣。

人情味的写作方式可以让新闻报道更加贴近人心、引发共鸣。如何进行人情味的新闻报道呢？人情味的报道需要关注人的情感、人的故事和人的命运，通过挖掘新闻事件中人物的内心世界、情感纠葛和命运波折，来增加报道的感染力和吸引力。因此，在写作中，首先就是要选取适当的新闻题材。选取那些能够引起读者共鸣、关注人类情感和生活的新闻题材，例如社会热点问题、人物故事、情感纠葛等。还要注重细节描写。通过对人物的外貌、语言、动作、心理等方面的描写，让读者更加深入地了解人物的内心世界和生活状态。最后要突出情感色彩。通过对人物情感的描写和表达，让读者更加深入地了解人物的内心世界和情感体验。此外，人情味的报道也需要关注新闻事实的准确性和客观性，避免过度渲染或夸大事实，确保报道的真实性和可信度，用通俗易懂的语言表达情感和观点，同时保持客观、中立的态度。

2.故事化的表达

如今，人们对于新闻的需求在不断变化，单纯的消息报道已经无法满足受众的需求，其更希望了解新闻背后的故事。通过故事化的手法，可以将新闻事件中的背景、经过、结果等元素生动地呈现出来，提高新闻的可读性和可信度，让受众更加深入地了解新闻事件的来龙去脉，将新闻中的价值导向更加自然地传递给受众。新闻学本身就是关于采集和讲述故事的学问，把一个事件讲得有故事性，就能够吸引受众，这个方法其实无论是在传统媒体时期还是融媒体时代，都是十分重要的。当然，要讲好故事，首先就需要对事件本身、事件发生的原因、事件可能的发展方向以及事件可能造成的影响有充分认知。

图3-1是"医生短缺的现象日益严重"新闻线索思维导图，将这张图作为新闻写作的思路和依据，就可以更好地讲述"医生短缺现象日益严重"这个故事。

二、网络文化环境以及网络语言的使用

随着互联网的普及，网络语言逐渐成为人们生活中不可或缺的一部分。网络语言以其独特的表达方式和幽默感，受到了广大网友的喜爱。在当下媒介环境中，许多新闻线索是从网络舆论中打捞出来的，主流媒体的很多报道内容也跟网络热点有关，因此，如果希望报道可以被受众接纳，媒体人就要融入受众中去，就要充分了解网络文化环境并适当使用网络语言。

事实上，当下很多网络用语都已收入官方的表述中，这是融合新闻生产给新闻表述和新闻语言带来的重要变化。

2024开年，哈尔滨爆火出圈，"尔滨"的亲昵称呼在各大社交平台迅速传播，连续登上多个热搜、热榜。在瑞士达沃斯举行的世界经济论坛上，瑞士国家旅游局局长马丁·尼德格尔在接受中国媒体采访时，对中国哈尔滨冬季旅游的火爆表示惊叹，并用中文"喊话"哈尔滨。面对遥远又亲切的"喊话"，哈尔滨市文化广电和旅游局局长回应说，我国的哈尔滨市和瑞士有着相似的纬度和冰雪资源，但有着不同的四季风光和人文景观，希望未来双方能有更多合作，欢迎瑞士的朋友们到哈尔滨游玩。两个冰雪世界的"隔空喊话"引发网友热议。

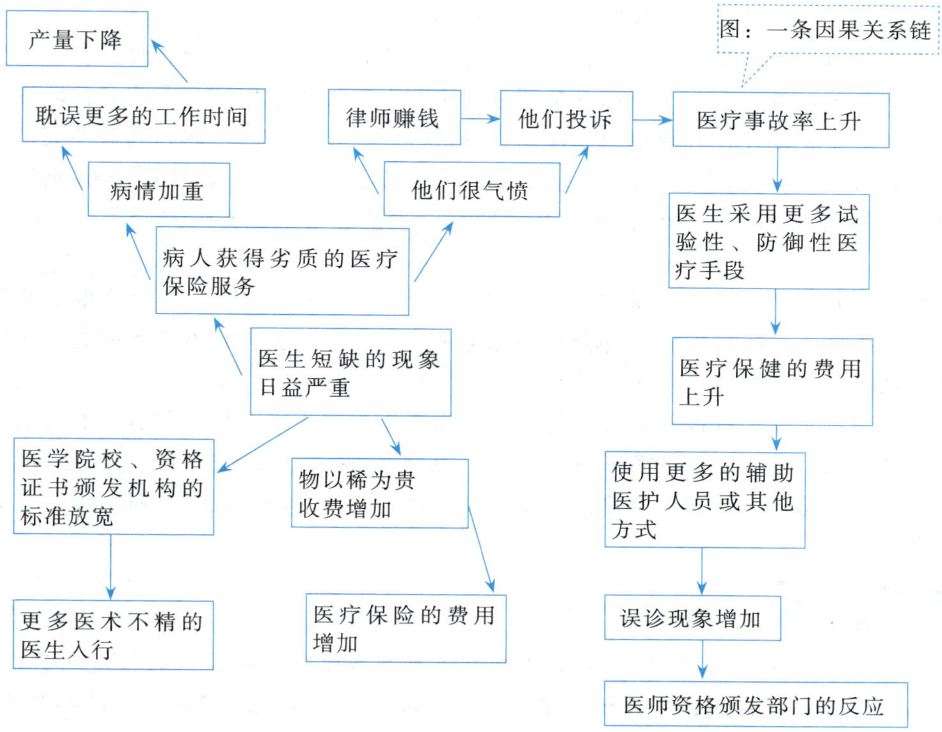

图：一条因果关系链

产量下降

耽误更多的工作时间　律师赚钱 → 他们投诉 → 医疗事故率上升

病情加重　他们很气愤

医生采用更多试验性、防御性医疗手段

病人获得劣质的医疗保险服务

医疗保健的费用上升

医生短缺的现象日益严重

医学院校、资格证书颁发机构的标准放宽　物以稀为贵收费增加

使用更多的辅助医护人员或其他方式

更多医术不精的医生入行　医疗保险的费用增加

误诊现象增加

医师资格颁发部门的反应

图3-1　"医生短缺的现象日益严重"新闻线索思维导图

对于网络语言对新闻语言的影响，应该用积极的心态去看待，当然，也要把握好尺度。媒体在报道中运用网络语言时，一方面应当尊重网络语言的流行性和表现力，适当运用网络语言来增加文章的可读性和趣味性；另一方面也应当注重语言的规范性和准确性，避免因语言的随意性和不规范性而影响新闻报道的严谨性和权威性。同时，对于一些过于生僻、难以理解的词语，应当进行适当解释和说明，以确保受众能够正确理解。

三、重视网民观点并做好舆论报道

当下的新闻生产和传播是人人都可以参与的，因此主流媒体在对某个事件进行报道的时候，不能仅从自己的角度出发，而应当把网民观点和社会舆论作为新闻报道方向和维度的重要考量，并在报道中推动网络舆论的表达与传播，当然也要注意舆论引导。

对于媒体而言，做好舆论报道的有利之处包括如下方面：

首先，可以实现社会和经济效益的双丰收。媒体帮助民意表达与传播，让公众更加准确地了解事件真相，避免虚假信息的传播和社会恐慌的产生，推动社会问题解决，就会得到受众的关注和喜爱，媒介的声望得以提升，以此为基础就能获得相应的经济收益。因此，关注网络舆论并将其作为一种报道素材，是当下新闻生产者的必备素养。

其次，可以使新闻生产者获得主动权。舆论报道要求新闻生产者主动向受众靠近，这可以帮助媒体打破被动等待受众选择的局面。

再次，可以提升媒介公信力，这一点对于主流媒体而言是十分重要的。一个事件之所以引起公众的广泛关注，通常是因为其中存在多种相矛盾的观点或利益冲突，这时候媒介就要主动发挥其舆论引导作用，分析事件、化解矛盾、调和利益冲突，把舆论引导到有利于社会运行的方向上去。一个全方位、冷静、审慎的舆论分析报道，不仅可以帮助受众更好地认知和解读社会问题，也能够极大地提升媒介在受众心中的地位。

最后，做好舆论报道有助于维护社会稳定和促进社会发展。在舆论报道的过程中，新闻媒体通过各种方式引导公众的思考和讨论，帮助公众理性看待问题，缓解社会紧张情绪。在这样的环境下，公众可以更加积极地参与到社会事务中来，提出自己的意见和建议，从而提高社会民主化程度，这对于建设更加开放、包容、和谐的社会具有重要意义。同时，通过舆论报道，可以传递正能量，弘扬社会主义核心价值观，优秀的舆论报道还能够提供有价值的建议和启示，为政府决策提供参考，促进社会的发展和进步。

启智增慧 3-2

谢谢你，为湖七拼单！

【案例撷珍】

长江日报大武汉客户端获第 34 届中国新闻奖新闻专栏一等奖的报道《第一眼》通过创新舆论引导模式，充分体现了重视网民观点与舆论报道深度融合的典范价值。栏目团队主动与武汉公安、地铁、消防等一线单位建立常态化协作机制，同时开发"第一眼"线上投稿平台，发动普通市民成为"全民拍客"，实现了从"等新闻上门"到"新闻找上门"的转型。在 2022 年武汉暴雨救援报道中，平台收到市民拍摄的 237 条短视频素材，记者迅速核实并联动交警部门疏导积水点，既避免了虚假信息传播，又通过真实画面引导公众理性应对灾害。这种"技术赋能 + 全民参与"的舆论引导模式，不仅让主流媒体在突发事件中掌握舆论场主动权，更通过公开透明的信息呈现增强了社会互信。数据显示，该栏目相关报道的社交媒体互动量同比增长 143%，官方账号粉丝忠诚度提升至 87%。正如评委点评所言："当每个人都能成为信息源时，主流媒体唯有构建开放协作的舆论生态，才能真正实现'看见真相、看见力量、看见希望'的传播使命。"

资料来源：作者根据相关资料整理。

第三节　融合新闻生产与新闻策划

本节分为两部分内容：一部分是融合新闻生产，另一部分是融合新闻策划。

一、新闻生产的采访理论

传统的新闻采访基础理论是"五勤"论，主要包括如下方面：

手勤是强调采访记录的重要性。好记性不如烂笔头，录音笔、电脑、传统的纸笔都可以作为记录的工具，新闻工作者要勤奋笔耕，多写多练，不断提高写作水平。

眼勤是强调观察的重要性。新闻工作者要善于观察、发现新闻线索。比如记者被邀请到采访对象的办公室进行采访，是否能从采访对象的穿着、言谈举止和办公室陈设等细节中观察到采访对象的特点，从而进行有针对性的沟通和提问？这种能力是可以培养的，它需要人际交往的经验以及大量的阅读来支撑。

嘴勤或耳勤是强调信息获取的重要性。新闻工作者要善于沟通，与采访对象建立良好的关系。根据采访环境和采访对象的特点，要么多问，要么多听，通过选择合适的方式来获取最多的信息。

脑勤是强调思考的重要性。新闻工作者要学会聆听，在采访中要根据采访氛围和采访对象的状态，不断进行思考，并调整采访的节奏与重点等。

腿勤是强调获取一手资料的重要性。在条件允许的情况下，新闻工作者要争取多接近新闻现场，贴近实际、贴近生活、贴近群众，了解最新动态，重视一手资料的获取，才能进行翔实的报道。

传统的新闻采访"五勤"论，在任何时候都需要媒体人谨记在心并不断优化。在融媒体环境下，新闻事件的产生与发酵经常在虚拟空间中完成，新闻首发地的改变让采访空间和方式也变得多样化起来。比如，通过大数据获知舆论风向、浏览受众的发言获取信息等，甚至利用这些内容挖掘出新闻线索等，都可以作为传统新闻采访的补充。

现在的新闻从业者应该在虚拟空间中提高自己的新闻敏感性，摸清网络传播的规律，在新闻最有可能出现的地方抢占先机。不断提高信息筛选能力，从海量信息中挖掘出有价值的内容，才能为受众提供高质量的新闻报道。还要进行互动与引导，利用虚拟空间的互动性，加强与受众的沟通，引导舆论向积极方向发展。

自媒体的兴起也是对传统新闻采访的补充。虽然"五勤"很重要，但在实际的新闻工作中，即便记者再勤奋，也不可能做到十全十美，比如不可能在第一时间到达每一个新闻现场，即便是到达了，也不一定有获取新闻素材的机会。有了自媒体之后，任何人在任意地点都可以发出任意信息，如果有人比记者更接近事发点，记者就可以利用其素材，同时还可以参考自媒体人的报道角度了解受众的兴趣点所在。所以，自媒体的兴起弥补了传统采访方式可能造成的采访不周全的问题。

第34届中国新闻奖获奖作品《外卖小哥一通电话，北京这个小区154个单元楼装上新号牌》通过外卖小哥的观察和反馈，揭示了社区管理中的盲点，并推动了问题的解决。这一案例充分体现了自媒体在新闻采访中的补充作用：普通公众通过自己的视角捕捉到传统媒体难以触及的细节，为主流媒体提供了新的线索和报道方向。传统媒体在整合这些素材时，不仅丰富了报道内容，还通过公开透明的呈现方式增强了社会互信，提升了传播力和社会影响力。

除此之外，自媒体的新闻报道还可以改变新闻视角。2020年，央视新闻新媒体联合各大电商平台、生活服务平台和社交平台，发起"谢谢你为湖北拼单"大型公益行动，通过直播带货、网购等方式，倡议网友通过购买湖北的生鲜、农副产品，助力湖北经济。4月6日晚间，总台央视主播通过直播间连麦的方式，推广包括热干面、莲藕汤、茶叶在内的16款湖北农副产品，这场公益直播吸引了上千万人观看，总计观看次数1.22亿，累计卖出价值4 014万元湖北商品。

　　综上所述，当下新闻采访的第一个变化就是采访更多是在虚拟空间中进行，并进行新闻线索的挖掘；第二个变化就是要学会重视新闻当事人，通过自媒体平台了解他们的看法，熟悉他们的表达，利用他们的独特视角与个性化表达丰富新闻报道内容。

二、融合新闻生产的策划理论

　　新闻策划是新闻生产过程中非常重要的一环，尤其针对重大新闻事件的报道，对报道节奏、内容、舆论引导和报道角度等，要有一个宏观的把握，这就需要新闻策划的提前安排和布局。

　　首先，要注意区分策划新闻与新闻策划这两个概念。要注意的是，策划新闻是一个制造事件的过程，指通过人为的干预和策划，制造出某些具有新闻价值的议题或事件，以吸引媒体和公众的关注。其目的是宣传某种观点、形象或产品，实现特定的传播目标。策划新闻往往需要借助一定的公关手段和媒体资源，通过精心组织和安排，使议题或事件成为公众关注的焦点。在这个过程中，人为干预的痕迹较为明显。

　　新闻策划是对已经发生或即将发生的事件进行报道过程和方式的策划，根据新闻事实的客观规律和传播规律，对新闻报道进行科学规划和合理安排，必须以新闻事实为依据，以客观存在为基础。其目的是更有效地传播新闻，提高新闻报道的质量和影响力。

　　当今媒介环境复杂、受众分众化明显、传播渠道多样化，使得新闻策划变得非常的重要。如何发挥各个渠道的优势，是需要提前计划的，这种提前的布局和安排可以使新闻生产变被动为主动。

　　新闻策划可以按几个方式来进行分类：按运行时态分为周期性和临时性，按事件发生状态分为预知性和突发性。

　　这两个分类方式是互相对应的，周期性对应的就是预知性，临时性对应的就是突发性。虽然预知的不一定是周期的，但在新闻策划中，凡是可以预知的事件，策划起来都是相对容易的，比如对全国两会、奥运会等的报道，可供准备的时间充足，也有经验可以借鉴。

【案例撷珍】

启智增慧3-3

中国共产党第二十次全国代表大会报道策划

　　2022年10月16日，中国共产党第二十次全国代表大会在京开幕。中央广播电视总台主创团队历经数月艰苦努力，调配精干力量、集中优质资源，多次现场踏勘、视频推演、细化方案，确保报道高质高效、万无一失。同时，多组编辑同步作业，合理安排分段制作审看，极短时间内完成全片编辑制作，确保新闻准确、安全播出。该报道庄重恢宏地展现了中国共产党第二十次全国代表大会开幕的历史时刻，新闻画面工整、结构清晰、制作精良。

　　资料来源：作者根据相关资料整理。

　　临时性或突发性事件的新闻策划比较有挑战性，也许是从未发生过的事情，或者发生得太突然完全来不及准备，比如突发性的重大新闻事件。临时性或突发性事件也是有经验可以借鉴的。如果媒介组织能够经常演练突发性新闻事件的应急策划方案，在突发事件到来的时候就可以更加从容地面对。

本章要点

1.对比传统的新闻价值特征，媒介融合时代的新闻价值观有了一定变化，至少包括4个方面：比较的观点、发展的观点、整体的观点和互动的观点。

2.融合新闻生产中传统报道理论的发展和更新包括以下方面：人情味的报道和故事化的表达、网络文化环境以及网络语言的使用、重视网民观点、做好舆论报道。

3.当下新闻采访的变化包括如下方面：一是采访更多是在虚拟空间中进行，并进行新闻线索的挖掘；二是要学会重视新闻当事人，通过自媒体平台了解他们的看法，熟悉他们的表达，利用他们的独特视角与个性化表达丰富新闻报道。

4.新闻策划是对已经发生或即将发生的事件进行报道过程和方式的策划。

关键概念

新闻价值　故事化表达　虚拟空间　新闻策划

综合训练

1.以本章的思维导图为例，找一个核心主题进行思维导图的制作。

2.找一篇舆论报道，分析其内容，找出优秀和缺失的地方，并给出改进意见。

3.融合新闻生产的新闻策划与传统媒介时期相比出现了什么样的变化？

4.融合新闻策划的优势有哪些？

即测即评3

第四章
融合新闻策划

学习目标

【价值塑造】

理解"真相守护、责任同行"的融合新闻内核，通过典型案例剖析和互动实践，树立新闻工作者服务社会、守望公平的使命感；强化数智技术浪潮中对马克思主义新闻观的坚守，以导向性原则策划正能量作品，培养行业自豪感，树立"内容向善、技术向正"的责任意识。

【知识传授】

知晓融合新闻策划的核心知识，包括融媒体时代的新闻思维以及资源通融、内容兼融、宣传互融的内涵；领会融合新闻策划理念和语态个性化、形式多样化、交互参与性的转型逻辑；掌握融合新闻策划的流程规范，包括选题调研、多平台分发到效果评估的全流程标准，以及基于真实性、精确性原则的应用场景。

【能力培养】

通过系统性训练，形成融合新闻策划的标准化理念（导向性、真实性原则的核心地位），能精准区分多元传播平台特性（传统媒体、社交媒体、垂直平台的内容适配逻辑），掌握策划的全流程制定能力，助力成为具备跨平台统筹力、技术驾驭力、创新执行力的融合型新闻传播人才。

在融媒体时代，新闻传播格局正经历着前所未有的变革，信息传播呈现数据驱动和个性化推荐的发展趋势，使传播效果得到进一步提升，催生出更加开放、多样化、互动性强的传播环境，这为新闻策划带来了新的挑战与机遇。融媒体时代的新闻策划，不仅要求媒体人具备全新的新闻思维，更需要他们深刻理解并掌握新的策划理念与方向，为适应未来的新闻传播实践奠定坚实基础。

第一节　融媒体时代的新闻思维

融媒体时代的新闻传播最大的变化来自媒介生态。融媒体是一种媒体融合的概念，涵盖了各种媒介呈现出的多功能一体化的发展趋势。狭义上的融媒体指的是不同媒介形态的融合，广义上的融媒体则涵盖了媒介功能、传播手段、所有权、组织结构等众多要素的融合，最终达到资源通融、内容兼融、宣传互融、利益共融的终极目标。

融媒体时代的新闻传播则是在媒介融合的趋势下，将新旧媒介相融合后产生新型的信息传播和媒介运作模式，通过建立新型、互补的媒介关系，形成多媒体融合平台，让社会媒介的传播形态获得全面升级。

一、融媒体时代新闻思维概述

思维是在特定物质结构中以信息变换的方式对客体深层远区实现穿透性反映的、可派生出或可表现为高级意识活动的物质活动[①]。由此可以将新闻思维界定如下：新闻传播主体在新闻传播过程中用已感知的具体事实和抽象的理性事实，遵循一定的认识规律和认识程序，对客观世界进行有意识证实活动的反映过程。不难看出，新闻思维是一种动态的、不断变化的过程，在新的时代背景下必然会产生新的变化，形成新的特点。

（一）新闻思维的时代背景

在融媒体时代，新闻思维正经历着前所未有的变革，这一变革是由多重因素共同推动的，其中最为显著的是数智技术的快速发展、受众信息需求的变化以及信息传播渠道的融合趋势。

1.数智技术是新闻思维变革的驱动力

数智技术即数字化与智能化的技术结合，其已成为推动新闻思维变革的关键驱动力。伴随着移动互联网、大数据、人工智能等新型技术的应用，新闻思维呈现出智能化的新特点。智能化不仅是技术的进步，也是新闻传播方式和思维模式的革新。

AIGC（生成式人工智能）技术如自动化写作等，正在改变着新闻的生产方式；大数据分析技术不仅可以协助新闻人挖掘新闻线索、分析社会现象，还可以用于优化新闻推送，实现新闻的个性化推荐；云计算和云存储让新闻制作更为灵活高效，新闻记者可以随时访问存储在云端的资料和档案，提高了新闻工作的效率和响应

---

① 赵光武. 思维科学研究［M］. 北京：中国人民大学出版社，1999：130.

速度。

智能技术影响着新闻业的各个方面，从内容生产到传播方式，都实现了前所未有的革新。新闻思维智能化也是融媒体时代技术创新与传媒行业发展的必然结果，同时也呼唤着新闻行业和新闻从业者积极转变思维，适应新的技术变革，不断创新新闻产品，提高信息服务能力。

2.受众需求是新闻思维变革的牵引力

在新闻传播领域，受众需求始终是推动行业发展和思维变革的关键因素。随着时代的演进和科技的进步，受众对于新闻信息的需求也在不断演变，这种需求的变化直接牵引着新闻思维的转变和创新。

（1）时效性需求日益增强

媒体技术的发展不断加快受众对信息的时效性需求。融媒体时代的受众对信息获取的期望已不再是以每周、每天或每小时来计算，而是达到了"即时性""实时性"的标准。

（2）个性化需求不断提升

多媒体的信息获取渠道让受众不再依赖某一个或某一类媒体平台，更偏向于根据自己的使用习惯、兴趣偏好选择信息内容、信息接受时间和接受方式。

（3）信息内容标准不断提高

依托微博等社交媒体的信息传播方式，受众被大量充斥其中的简单事实信息所累，渐渐不再满足于一句话或一段话式的新闻报道，更希望了解新闻背后的深层次原因、影响以及未来趋势，对新闻内容的深度和广度提出了更高要求。

3.渠道融合是新闻思维变革的加速器

媒介技术极大地丰富了媒体的种类和传播渠道，在数字化背景下，传统媒体渠道（如报纸、电视、广播等）与新媒体渠道（如互联网、移动应用、社交媒体等）之间逐步进行内容、平台、终端、服务等多方面的融合，旨在打破不同媒介之间的界限，呈现出多屏合一、多媒体并存的特点。

渠道融合意味着从内容传播角度，一则新闻可以通过电视、报纸、网站、社交媒体等多个渠道同时发布，实现内容的共享与互补；从媒介形态角度，信息发布的平台可以支持包括文字、图片、视频、音频等在内的多种媒体格式，满足不同受众的信息接受需求；从运营角度，新闻的采集、编辑、发布等流程可以整合和优化，构建成统一的新闻生产流程，提高新闻报道的效率和准确性。

如今，新闻思维不能再局限于单一的媒介形态，而是需要充分利用各种媒体平台的优势，形成跨平台、跨媒介、跨终端的内容整合思维和信息整合发布思维。

（二）新闻思维的变迁

融媒体时代新闻从业者面向的是全新的时代背景，受众群体需求发生了颠覆性的变化，媒介技术快速发展，媒介格局瞬息万变，融媒体时代的新闻思维与传统新闻思维在思维模式、报道内容、用户交互、创新能力和新闻伦理等方面都存在显著的不同。

1.从单一到多元

传统新闻思维侧重于单一媒体形式的新闻报道。比如，报纸属于文字类新闻报道，广播属于声音类新闻报道，电视则是声画结合的新闻报道模式。这些新闻报道通常遵循线性、单向的叙述模式，内容生产、管理和分发过程相对独立。

融媒体时代新闻报道更强调多元融合，包括技术融合、内容融合、渠道融合、功能融合和管理融合等。新闻报道需要具备全媒体意识，单一媒介形态的报道形式已经不能满足受众需要，新闻报道的内容要求能够满足多平台发布的需求，能够以文字、音频、视频、动态图片等多元化的方式在平台上呈现。

2.从信息传播到场景化体验

传统的新闻报道内容多受限于版面、播出时间等因素的限制。报纸版面的有限性，决定了此类新闻报道只能以文字报道为主，才能保证新闻内容的最大化呈现。电视新闻则受到播出时长的制约，限制了多媒体元素的使用频率。在报道内容的选择上，传统新闻报道会把更多机会让渡给重大事件或高新闻价值的内容。

融媒体时代的新闻报道数量几乎不受限制。以秒为单位的更新频率，可以容纳更多的信息内容，更多元化的信息呈现形式。无论是文字、图片还是音频、视频、动态图表，有助于完整、准确地呈现新闻信息的呈现手段都被广泛应用于新闻报道中。此外，虚拟现实、增强现实等现代化技术手段的加入，为受众提供了沉浸式的新闻体验，让新闻报道变得更具有场景化和体验感。

3.从模式固化到策划创新

传统媒体如报纸、电视等，经过长期的发展，已经形成了相对固定的报道模式和风格，这些模式和风格在历史长河中逐渐固化为新闻报道的既定框架和流程。同时，受到技术和资源的限制，传统的新闻思维可能更注重新闻的时效性、准确性等基本要素，而忽视了新闻的创新性和策划性。

融媒体时代多样化的传播环境和个性化的受众需求，要求新闻传播工作能够整合各种资源，优化传播效果，以便确保信息的精准触达，提高传播效率；能够创新报道形式和栏目设置，吸引更多受众的关注和参与，提升媒体的知名度和影响力；能够挖掘更多新闻线索，深入剖析新闻事件，提升新闻报道的深度和广度，增强媒体的公信力和权威性。

二、融媒体时代新闻思维的表现与应用

媒介技术的不断升级，带来了受众对信息需求的新变化，新闻思维也逐渐从传统单一、线性的思维模式脱离出来，呈现出新的特点。

（一）融合思维

融媒体的核心是融合。其并不是简单的合并或者新旧媒体的相互渗透，而是基于协同发展理念，形成传统媒体与新媒体的优势互补，实现内容、平台、人力等多种资源的全方位整合，让传统单一媒介的竞争力，转变为多媒体共同的竞争力，全面提升媒体服务水平。

这样的思维要求新闻从业者具备跨界整合和创新应用的能力。不仅要充分了解不同媒体形态的传播特点，还需要熟练掌握并灵活运用文字、图片、音频、视频等多种

信息内容的表达形式，并将其有机融合到新闻报道中，以满足不同终端用户在不同场景下的多样化信息需求。

【案例撷珍】

2023年，国家新闻出版署公布了"第三届中国报业深度融合发展创新案例"[①]，这些创新案例充分反映了我国报业融合发展向纵深推进取得的新进展新成效。新京报全媒体传播矩阵是全媒体传播建设类的优秀案例之一。

新京报建设形成的"一报一刊两网三端四阵"全媒体传播矩阵，是以新京报App为内容分发中心和枢纽，将内容传播延伸至微博、微信、抖音、快手、今日头条、百度百家号等社交平台，拓展核心平台传播矩阵、短视频传播矩阵、头部商业平台传播矩阵三大移动传播矩阵，不断对接新的传播平台和渠道，构筑起一报（新京报）、一刊（《北京BEIJING》杂志）、两网（新京报网、千龙网）、三端（新京报客户端、贝壳财经客户端、论法有方客户端）、四阵（微博矩阵、微信矩阵、视频矩阵、音频矩阵）的全媒体传播矩阵平台，打通"报、刊、网、端、微、屏"，实现了优质新闻内容产品的全媒体、立体式、多元化、多平台共享分发，将信息内容、技术应用、平台终端、管理手段共融互通，催化融合质变，放大一体效能。

在新京报全媒体传播矩阵的建设案例中，可以清晰地看到新闻的内容生产方式、环节、流程都被一一重塑，传统媒体时代的新闻报道模式已经被打破，原有的新闻产品形态被完全颠覆。在这个矩阵中，新闻内容的形态具备了适配诸如报纸、电视、网页、客户端、移动屏等终端信息形态的特点，新闻传播的平台不仅容纳了传统媒体与新媒体两种形态，更延伸到社交媒体平台。新京报全媒体传播矩阵结构图如图4-1所示。

启智鬙慧4-1

第三届中国
报业深度融合
发展创新案例
全单

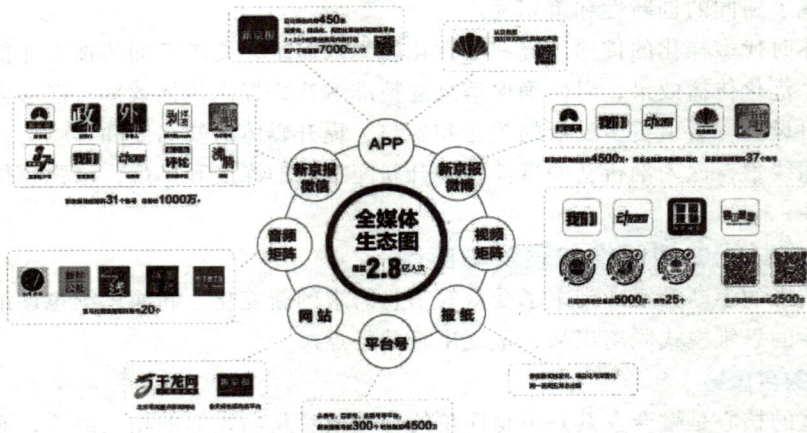

图4-1   新京报全媒体传播矩阵结构图[②]

资料来源：作者根据相关资料整理。

① 国家新闻出版署. 国家新闻出版署关于公布第三届中国报业深度融合发展创新案例的通知》[EB/OL].（2023-06-15）[2025-05-08]. https://www.nppa.gov.cn/xxfb/tzgs/202306/t20230615_717910.html.
② 佚名. 新闻8点见 | 新京报社社长刘军胜：打造媒体深度融合新样本 [EB/OL].（2021-11-11）[2025-05-08]. https://news.hexun.com/2021-11-11/204726254.html.

（二）数据思维

数据思维是一种基于数据来思考、决策和行动的思维方式，强调以数据为基础，通过量化、关联、预测等手段来揭示事物的本质和规律。在新闻传播领域，数据思维要求新闻工作者具备收集、分析、解读和应用数据的能力，以数据为驱动，提高新闻报道的准确性和时效性。

1.应用数据分析技术提升传播精度与广度

通过数据挖掘技术，新闻工作者可以从海量信息中快速准确地发现新闻线索，提高新闻报道的时效性和准确性。例如，通过社交媒体上的热议话题、网络搜索趋势以及各类公开数据库的信息变化等，可以发现用户关注的热点话题和事件，预测、挖掘并证实可能的新闻事件或社会现象，从而及时跟进报道。

利用数据分析工具和技术，对用户的阅读习惯、兴趣偏好、地域分布、活跃时段等进行深度挖掘，以洞察用户的内在需求和行为模式，形成用户画像和新闻内容特征描述，从而实现内容生产的精细化与精准化。

基于数据洞察，新闻工作者可以针对性地策划、制作和推送相关的深度报道或者专题内容，甚至可以进一步优化发布时间和呈现形式，以最大化满足目标用户的阅读期待和体验需求。

2.数据可视化改善新闻内容的体验感

可视化是将数据信息和知识转化为一种视觉表达形式①。在融媒体时代，可视化成为新闻传播最重要的手段与方式。

（1）数据图形化。其是将抽象的数字转化为直观的视觉元素，如柱状图、折线图、饼图等，使读者能够迅速捕捉到关键信息点。这种直观的呈现方式降低了理解门槛，即使是缺乏专业背景的读者也能轻松理解复杂的数据关系。

《图解 | 一票难求的上影节，近十年怎样走过?》（如图4-2所示），是一篇由 AI 全程辅助的数据新闻。通过抓取网页信息，获取上海电影节十年片单数据，使用 AI 对上海电影节近十年历程中的影片进行了多个维度的数据解析，最终报道以图文结合的方式呈现。在展示数据时，使用了信息分级的方式，将重要信息与数据进行重点呈现，数据图表形式活泼，色彩和谐，可观赏性强，确保了良好的受众阅读体验。

（2）数据影视化。其是将数据通过影视化的方式进行呈现和表达，使得原本可能抽象、复杂或难以直接理解的数据信息以更加直观、生动和具有吸引力的影视形式展现出来。

---

① 周宁，陈勇跃，金大卫，等.知识可视化与信息可视化比较研究［J］.情报理论与实践，2007（2）：178-181；225.

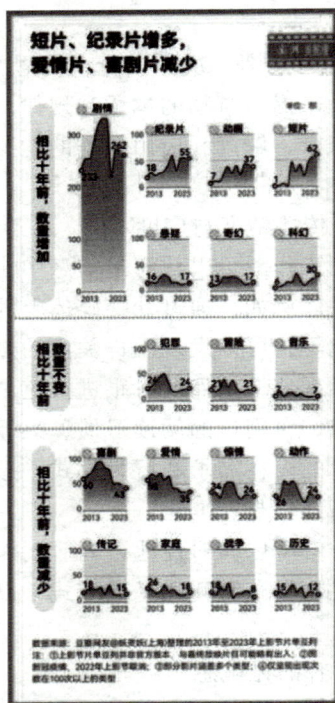

图4-2　《图解丨一票难求的上影节，近十年怎样走过？》报道中的部分图表①

【案例撷珍】

启智增慧4-2

数读中国创新——从海底15 250米到高空3.5万公里

《数读中国创新——从海底15 250米到高空3.6万公里》就是典型的数据影视化新闻作品。整个视频采用三维CG动画形式，以高度为数据分析维度，从深海到深空，盘点了"蓝鲸2号"、"奋斗者号"、"深地一号"、中国锦屏地下实验室、江门中微子实验室、高海拔宇宙线观测站"拉索"、珠穆朗玛峰高程测量、天宫空间站、"羲和号"、北斗全球卫星导航系统等一系列我国科技创新发展的成果。视频画面精致，制作精良，更重要的是这部视频类的新闻作品有着对信息分析的独特视角，非常具有感染力。作品发布后阅读播放总量突破250万，依托该作品所创建的微博话题阅读量达到2 555万，产生了积极的传播效果。

资料来源：作者根据相关资料整理。

（三）互动思维

融媒体时代即时性的信息传播特性，使新闻传播进入了一个全新的实时化阶段。社交媒体的出现和发展，赋予了受众表达看法的空间与权力。因此，受众不再仅仅满足于知晓信息，而是更希望参与到信息的传播和讨论中来。互动思维鼓励受众分享自己的观点、经历和见解，形成信息的共享与共创。这种开放、包容的传播模式不仅丰富了新闻内容，还促进了社会的多元交流和共同进步。

---

① 陈志芳，卫瑶. 图解丨一票难求的上影节，近十年怎样走过？[EB/OL].（2023-06-09）[2025-05-08]. https://www.thepaper.cn/newsDetail_forward_23389958.

对于新闻媒体而言，互动性能够促使信息传播跨越不同的媒体平台，实现信息的互通和共享。这不仅可以提高新闻传播的效率和覆盖面，同时也能促使媒体与受众建立起更加紧密的联系和信任关系，提升品牌影响力和用户忠诚度。

在这个背景下，新闻媒体的角色不再仅仅是信息的筛选者和传播者，而是要能设计并运营实时更新、动态反馈的新闻产品，以此提升用户参与感，营造更加鲜活、生动的新闻体验。

1.用互动思维进行内容设计

互动思维在新闻报道的内容层面主要表现如下：

（1）设置互动话题。通过在新闻报道中设置具有争议性、热点性或贴近民生的话题，引导受众进行讨论和互动。

（2）提供互动渠道。在内容传播平台上开放在线问答、弹幕评论、讨论社区、留言板块等丰富多元的互动渠道，让受众能够方便快捷地进行互动反馈。

（3）丰富互动形式。不仅要在新闻信息发布平台开展实时互动，还可以考虑利用微博、微信、抖音等社交媒体平台，鼓励受众分享自己的观点、经历或制作相关素材等UGC内容，丰富新闻内容的表现形式。

2.用互动思维创新叙事方式

融媒体时代的技术进步为新闻叙事提供了多种创新的可能。

【案例撷珍】

《2021，送你一张船票》是一部创新互动的新闻作品。这部作品不仅在形式上采用了海报、互动H5、手绘长图、微博互动话题、专版文章、"百年红色之旅"抽奖等多种叙事形态，更重要的是它使用了观看互动、游戏互动以及参与互动相结合的形式，用户可以答题闯关，可以"发射"神舟，还可以挑选背景生成配有自己头像和唯一序号的建党百年纪念海报，形成具有裂变传播效果的UGC内容。该作品的互动创新获得极其轰动的传播效应，成为建党百年报道中"破圈刷屏"的现象级作品，作品总浏览量超过5亿次，"转评赞"117万次，8 500多万个独立设备生成分享海报，报道传播周期长达6个月。

资料来源：作者根据相关资料整理。

启智增慧4-3

2021，送你一张船票

（四）用户中心思维

新闻传播的用户中心思维是伴随着融媒体时代受众地位的提升而出现的一种新的思维模式。

1.从受众到用户

从受众到用户的身份蜕变背后，是技术赋能下的主动意识的激发和引导，也是传播权力的转换。

在传统媒体时代，媒体机构掌握着话语权。传统媒体如报纸、电视、广播等掌握着信息传播的主导权，它们决定了传播什么内容、何时传播以及如何传播。受众主要依赖媒体机构提供的有限信息，自主选择信息的权力是有限的。此时，受众的反馈机制是相对滞后的，往往难以及时有效地影响媒体的内容制作和传播策略。因此，传统媒体时代的受众在信息传播过程中处于相对被动的地位。

在融媒体时代，新的信息终端层出不穷，当这些终端被纳入到新闻媒体的产品集群中后，受众的角色发生了改变。他们成为手机上网用户、网站客户、电子阅读器使用者等形形色色的"用户"。数字技术让不同媒体的信息内容成为了菜单选项，虽然受众依然在接受新闻媒体提供的信息内容，但与之前不同的是，他们可以主动选择自己感兴趣的内容。社交媒体为受众提供了信息表达的渠道，他们可以评论、分享、点赞甚至自己创作内容，主动参与到信息生产和传播的过程中。受众的主动性行为也构成了融媒体时代新闻媒体重要数据资源的一部分。因此，"以用户为中心"的思维特点是新闻媒体适应时代发展和受众需求变化的必然选择。

2.用户中心思维的应用场景

在融媒体时代，简单向用户推送媒体内容显然已经无法满足用户日益增长的多元化、个性化需求。新闻媒体需要与用户建立一种更持久的互动关系，让用户能持续关注和消费其提供的新闻产品。新闻媒体不仅要寻找用户，还要了解用户需求以便培育用户的忠诚度。

（1）实现个性化推送。依托先进的机器学习算法，根据用户的阅读习惯、兴趣偏好以及实时互动情况，实时调整并推送个性化的新闻内容，实现千人千面的精准送达，从而提高用户体验及用户黏性。

（2）构建用户画像。借助大数据技术，追踪用户的阅读历史、点击行为以及互动反馈，构建用户画像，精准把握其兴趣点和价值取向，依据用户需求优化内容和推送策略。

（3）协同内容生产。鼓励用户从单纯的新闻接收者转变为新闻生产的参与者。通过搭建起用户生成内容的通道，完成对用户生产内容的科学引导、组织与运用，从而形成UGC内容采集与PGC专业生产相融合的多元化新闻生态。

第二节　融合新闻策划的理念

在新闻报道中，往往需要提前对可能发生的新闻事件进行预判甚至策划新闻报道活动。在数据驱动和个性化推荐技术迅速发展的背景下，催生出更开放多元的信息传播环境，融合新闻策划在内涵、理念及思路上都有了新的变化。

一、新闻策划释义

国内新闻传播学者蔡雯曾提出，新闻策划在办报工作中具有越来越显著的地位和作用。[①]新闻策划的提出，曾在学界引起过不小的争议。历经漫长的论辩之后，最终达成了共识——新闻策划是作用于新闻事件之后的新闻生产，并不能干涉或引导新闻事件的发生进程和结果，更不能改变新闻事实的性质，即新闻策划不是对事实的策划，而是对事实的显现。[②]

新闻策划包括活动策划、报道策划以及媒体运作策划等。其是新闻工作者为了实

① 蔡雯. 报纸策划：当代新闻学新课题［J］.中国记者，1993（3）：18-20.
② 谭诚训. 新闻策划中新闻事实的生产机制［J］. 当代传播，2007（4）：97-98.

现特定的目标而进行的对选题、角度、呈现形式等要素进行的统筹谋划活动，需要综合考量客观要素、现实条件，实现对新闻素材最大化开发和利用，从而达到传播效果的最大化。

虽然新闻策划工作不会独立显现出来，但深度报道、系列报道、热点追踪等多个领域都有新闻策划工作的身影。借助新闻策划工作，能够有效增加新闻的亮点，并帮助受众在短时间内获得有效信息，使整个活动更加统一、规整。

在融媒体时代，新闻策划的核心并没有发生本质的变化，其仍是在保证新闻真实、客观性的基础上，通过提前的策划工作，为受众提供更好的新闻报道服务。

（一）传播语态追求个性化

传统媒体的新闻生产经过较长的历史发展时期，已经逐步形成相对成熟的新闻写作模式和表达语态。新闻报道在结构上往往遵循一定的叙事结构，如倒金字塔式、时间顺序式等；新闻语言则需要遵循一定的语法规则和修辞技巧，以确保信息传递的准确性和权威性；新闻语态通常要求简明扼要，能够用精炼的语言概括新闻事件的核心要素。这种语态虽然确保了信息的标准性和公信力，但在一定程度上忽略了受众的多样性和个性化需求。

随着社交媒体、短视频平台等新兴媒介的兴起，新闻语态逐渐向个性化、平民化、口语化转变。新闻策划更加注重与受众的贴近性，采用更加亲切、生动甚至幽默的语言风格，以吸引不同群体的注意力。同时，利用大数据和人工智能技术分析用户偏好，实现新闻内容的个性化推送，满足不同受众的差异化需求。这种个性化的传播语态不仅增强了新闻的可读性和可看性，也促进了媒体与受众之间的互动和共鸣。

【案例撷珍】

广播新闻作品《郭建雄种植"黑金刚"成"网红"》围绕农民重视土地、发展粮食生产、增加农民收入、实施乡村振兴战略等宏大主题展开，具有鲜明的时代感。在语言表达上，采用的是用通俗接地气的群众语言，比如"说朴实憨厚的西海固人勤劳智慧、办法多，一点也不假"。同时，作品还使用了大量的现场同期声，比如对村民采访的同期声"我一看这洋芋品质好，一斤三块几，我明年也带动我们庄的老百姓多种些……"等，以群众亲身实践见证创新创业对促进转变发展方式、助力脱贫攻坚的重要性，具有很强的说服力与感染力。

资料来源：作者根据相关资料整理。

启智增慧4-4

郭建雄种植
"黑金刚"成
"网红"

（二）呈现方式追求多样化

传统媒体的新闻呈现受到媒介技术的限制，形式相对单一，纸质媒体主要以图文结合的方式呈现信息，广播是典型的声音媒介，电视则是使用音频与视频等基本元素的组合去表达信息。虽然这些元素在信息传递上各有优势，但整体上缺乏创新和灵活性，难以满足受众日益增长的多元化需求。

融媒体技术打破了传统媒体的界限，实现了文字、图片、音频、视频、H5、VR/AR等多种媒体形式的深度融合。新闻策划者可以根据新闻内容和受众特点，灵活选择或组合多种呈现方式，打造更加丰富、立体、沉浸式的新闻体验。例如，通过 VR 技术让受众身临其境地感受新闻现场。这种多样化的呈现方式不仅提升了新闻的传播效果，也拓宽了新闻的表达空间。

启智增慧 4-5

复兴大道
100号

【案例撷珍】

融合新闻作品《复兴大道100号》就融合了文字、画面、声音、动画、AI交互等多项网络信息技术，为受众提供了沉浸式信息接收体验。作品以丰富多元的场景与细节，记录百年征程。制作的长图在手机端长50余屏，覆盖300多个历史事件和场景，包括5 000多个人物、400余座建筑，并实现了长图、H5、SVG（可缩放矢量图形）交互、线下互动体验馆等多元形式呈现。在SVG海报的50余屏内容中，多处增添了动态设计，比如起义中飘扬的党旗、抗战时举起的枪杆、开国大典锣鼓喧天、东风号巨轮扬帆起航……在H5中则每一屏都增添了动画元素，如湘江战役中炸弹激起巨大的水花、长征过雪山时呼啸的寒风、第一颗人造卫星发射升空……此外还融入了文字、声效、AI换脸技术，构筑出视觉、声场、触控等多维感官的立体式观览场景。

资料来源：作者根据相关资料整理。

（三）传播模式追求交互性

在传播模式上，传统媒体以单向传播为主，即媒体向受众传递信息，受众则被动接受。虽然传统媒体也设有读者来信、热线电话等互动和信息反馈渠道，但互动程序复杂，信息损失大，即时性较差。

融媒体技术赋予了新闻传播新的交互性特征。新闻策划者通过社交媒体、评论区、直播互动等功能，实现与受众的实时互动和反馈。受众不再仅仅是信息的接受者，更成为新闻生产和传播的参与者。这种交互性不仅增强了新闻的时效性和贴近性，也促进了媒体与受众之间的深度沟通和信任建立。同时，基于用户反馈的数据分析，媒体可以及时调整新闻策划方向，优化传播策略。

比如，《复兴大道100号》融合新闻作品的线上交互程序设计就十分有趣，用户通过点击长图中的"放大镜"，获取相关信息，认识重点人物和事件；通过上传头像照片实现AI换脸，可以"打卡"地道战、北京申奥等不同年代，以指尖交互、照片打卡促成用户连接。

（四）传播平台追求融合性

传统媒体的传播平台相对独立，无论是报纸、广播还是电视都各有其专属的传播渠道和受众群体。这种分割的传播格局限制了媒体之间的资源共享和优势互补。

融媒体时代强调"一次采集、多种生成、多元传播"的理念，即新闻素材通过一次采集后，根据不同媒体平台的特性和受众需求进行加工处理，实现多渠道、多终端的同步或异步传播。这种融合性的传播平台不仅提高了新闻资源的利用效率，也扩大了新闻的传播范围和影响力。同时，媒体之间通过跨界合作和资源共享，形成了优势互补、互利共赢的媒体生态。例如，主流媒体与商业平台合作推出新闻产品，既保证了新闻内容的权威性和公信力，又借助商业平台的流量优势实现了更广泛的传播覆盖。

【案例撷珍】

融合新闻作品《复兴大道100号》将线上线下传播平台进行了互动融合。线上长图H5通过人民日报新媒体渠道发布，浏览量超1.2亿，点赞量超290万，微博话题阅读量近3.5亿，全网首页首屏转载，形成了相关内容全网点击阅读量超10亿的优质传播效果。在线下，该作品创新实景展陈模式，打造互动体验馆，精心设计10个展区，还原不同时代的历史画面和生活体验。该作品还同步覆盖了多元场景，诸如交通工具、户外大屏、办事场所等，构建了跨平台、跨场景多维传播矩阵。

资料来源：作者根据相关资料整理。

二、融合新闻策划的理念变迁

（一）传统的新闻策划理念

1.新闻门类与内容策划

传统媒体通常有不同的新闻门类，如政治、经济、文化、社会等。在新闻策划中，需要根据受众的兴趣和需求，策划具有吸引力和影响力的新闻。具体来说要选择合适的话题、事件和人物，进行深入调查和报道。

2.新闻报道的角度和风格策划

传统媒体在策划新闻报道时，需要考虑如何突出新闻的独特性和选题重点，同时符合媒体自身的定位和风格。这包括采用客观、中立的报道方式，或者借助评论、专访等增加报道的深度。

3.特殊报道形式的策划

除了常规的新闻报道外，传统媒体还可以策划一些特殊的报道形式，如专题报道、系列报道、调查报道等。这些策划可以更好地满足受众对深入、系统信息的需求，提供更独特和有价值的内容。

4.发布渠道和时机策划

在发布新闻时，传统媒体需要选择合适的发布渠道和时机。不同类型的新闻适合在不同的媒体平台发布。同时，在重大新闻事件发生时，还需要充分考虑新闻的及时性和紧迫性。

5.受众互动的策划

在新闻策划中，传统媒体越来越重视受众的参与和互动。通过引入受众的意见、评论、投稿等形式，可以增加新闻报道的多样性并提高新闻报道的可信度，让受众更加有参与感进而培养受众的忠诚度。

（二）融合新闻策划理念

随着数字技术的广泛应用，融媒体时代的新闻策划理念发生了多方面的变化，新闻工作者需要不断创新，适应变化，以更好地满足受众需求，提升新闻策划效果。

1.重塑新闻价值

新闻传播的直接目的在于追求新闻对人及由人而组成的社会的价值，即新闻对人与社会的效用或意义①。这种传统的新闻价值观，并不会随着数字技术的全面深入而被颠覆，反之新闻价值的观念将在不断调试中加以维系、传承发扬。数字新闻业的核心价值系统可以被描述为三个系统的整合：客观现实的反映系统、公众活动的实现系统、社会公共性的维护系统。

相比传统媒体时代，融媒体传播时代在一定程度上加剧了新闻传播的多重结构性矛盾，具体表现如下：

（1）海量的内容生产与专业性、权威性不足的矛盾，由此带来信息泛滥和虚假报道混杂的传播现状。

（2）多元化的内容与观点碎片化之间的矛盾，新闻报道和追踪出现了断层和失衡。

（3）时效性不断攀升的传播速度与受众选择日趋困难之间的矛盾，让受众获取有意义、有价值的信息过程越来越艰难。

（4）互动多样的传播方式与思想性、价值性不足之间的矛盾。

融媒体时代的新闻策划要更加重视新闻价值，重新审视新闻价值，发挥新闻策划重塑新闻价值、解决多重结构性矛盾的重要作用，保持新闻的专业性和权威性，提升受众对新闻的信任度；促使新闻媒体关注更广泛的领域和议题，平衡报道的内容，使受众获得更全面的信息；帮助新闻媒体准确定位目标受众，生产符合受众需求的内容，提高受众的留存率和活跃度，从而实现社会效益和经济效益的统一。

2.精准化定制新闻内容

在融媒体时代，新闻工作者从内容生产角度进行新闻策划需要综合多方面的因素，以确保内容的高质量、独特性和吸引力。

（1）以受众需求为基础确定策划主题。开展市场调研，通过多种渠道和方式获取受众反馈信息，深入了解受众需求和市场趋势，以此确定合适的内容主题。

（2）突出新闻报道的独创性。在内容生产层面，新闻策划要注重新闻价值的挖掘，凝练出独特的新闻视角和新闻表达，以此吸引受众的注意力。

（3）创新多样化的报道形式。新闻策划要不断创新，勇于尝试新的新闻报道形式，不断适应新媒体环境的变化，以保持新闻报道的活力和吸引力。

3.强化交互性新闻传播方式

在融媒体时代，新闻策划活动需要结合新闻传播规律、技术创新和社交媒体互动等，通过应用多种科学技术和采用跨界合作等方式，促进受众参与新闻内容生产与传播，实现新闻内容的不断创新，提高新闻传播的社会效果。

（1）针对不同平台开展新闻策划。充分利用各平台的特性，创作适合不同平台特点的互补性内容；利用平台与平台间的连接，开展信息的互动交流，实现信息跨平台传播。

（2）创新应用新的数字技术为新闻传播服务。新闻策划要有效利用人工智能技术，帮助新闻传播实现内容推荐和个性化定制。还要发挥社交媒体的平台传播力，利用社交圈层开展新闻话题的传播，提高受众的参与度。

---

① 杨保军.论新闻的价值根源、构成序列和实现条件［J］.新闻记者，2020（3）：3-10.

（3）加强合作，整合新闻资源。融媒体时代的新闻策划如果只局限于单个媒体，必然会影响到信息传播的广度和深度。只有加强跨专业、跨行业的深度合作，联合各方拓展传播渠道，创造新的内容形式，扩大资源利用范围，才能提升新闻传播的品牌影响力。

三、融合新闻策划的基本原则

新闻策划影响新闻产品的最终呈现效果，因此需要遵守一定的原则，保障策划活动科学有效地展开。其主要包括如下原则：

（一）导向性

无论在哪一个历史时期，新闻策划活动都必须遵守国家法律法规和媒体伦理准则，以坚定的政治立场宣传社会正能量，紧跟社会发展趋势，营造正面健康、积极向上的社会氛围。

新闻策划坚持的导向包含如下方面的内容：

1.政府政策导向。这体现在策划内容应符合政府政策的要求，配合政府政策的宣传，符合政府政策的方向。

2.民众心理导向。受众的价值观、心理和情绪等，也是新闻策划要坚持的导向内容。

3.全球发展导向。符合人类发展需求的普遍规律，比如环保、公益、科技创新等，都可以成为具有新闻价值的策划内容。

从表4-1能清晰地看到导向性在新闻策划中的体现。这些新闻专题中，有以贫困乡村小女孩实现人生梦想为切入点，展现国家脱贫攻坚伟大成就的新闻作品《溜索女孩的人生之桥》，也有表达社会主义现代化建设高质量发展理念的《"无钢"济钢重返500强》。

表4-1　　　　　　　第33届中国新闻奖一等奖的新闻专题作品示例

作品类型	作品名称	作者	报送单位
新闻专题	溜索女孩的人生之桥	戴玲燕、姜超楠、魏玉卿、王、李折、许宵鹏	江苏省广播电视总台
新闻专题	"无钢"济钢重返500强	韩信、王兴涛、孙娟、毛馨、宋、董晓	山东广播电视台
新闻专题	重庆山火突发，他们逆行而上——人民的英雄，英雄的人民！	张一叶（张勇）、刘颜、白永茂、曾雯、佘振芳、宋煦、谭周	重庆华龙网
新闻专题	总书记来信	集体	湖南广播电视台
新闻专题	新时代答卷	集体	新华社客户端

（二）真实性

新闻策划的真实性原则建立在新闻的真实性本质之上。真实是新闻的本质和生命，新闻的真实有局部真实与整体真实之分，也有客观真实与主观真实之分。但总的来说，新闻策划就是挖掘出新闻事实的客观真实与整体真实，寻求最佳方式展现给受众的过程。新闻策划是对事实当中具有新闻价值的部分的策划。新闻策划的真实性原则包含以下方面：

1. 对显性事实的报道策划

显性的新闻事实是由新闻要素构成的，是可以在不同传播平台上接收到的具有新闻价值的事实信息。如果不对缺乏生长能力和表达能力的"弱事实"进行新闻元素的整合和催化，这些事实就会被忽略和搁置，无法进行广泛传播。因此，显性事实的报道策划主要针对分散的"弱事实"加以开发，将其加工成具有新闻价值的新闻报道，最终实现信息传播的最大化。

例如，《人民日报》以数据可视化形式刊发专版《中华大地全面建成小康社会》（如图4-3所示）。整版以全面建成小康社会构建逻辑框架，从科教、文化、社会等角度进行指标分解，收集整理并突出展现了最能体现群众获得感、幸福感、安全感的16组数据，整个报道全面、准确、贴近、直观。

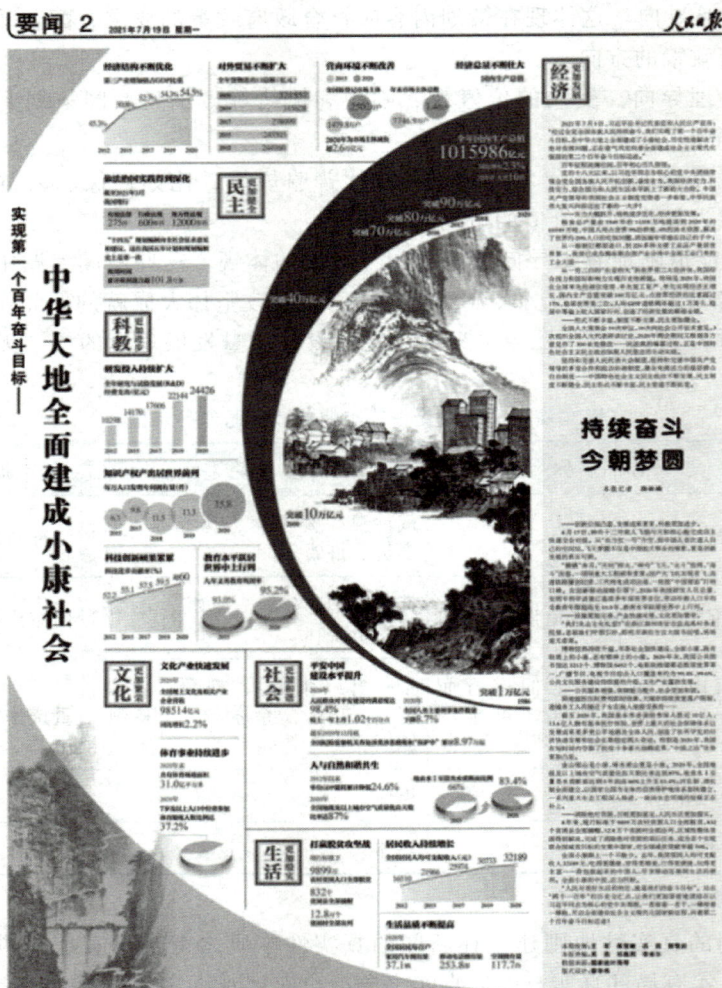

图4-3 2021年7月19日《人民日报》要闻二版截图

2.对隐性事实的深度挖掘

信息中的隐性事实指的是隐藏在显性事实背后的社会背景、深层次原因以及作用影响等需要经过精心策划、科学判断、系统采访和调查才能被挖掘出来的深度新闻信息。对隐性事实的深度挖掘能够更好地为受众提供有深度的内容，保障新闻品牌的影响力和公信力。

【案例撷珍】

新华社记者在《"东北黑土保护调查"系列报道》采访过程中，两赴中国黑土核心区，行程上千公里，冒险暗访揭开黑土盗卖产业"黑幕"。通过暗访黑土盗挖者、售卖者、绿化公司人员、知情村民等人员，调查网络黑土卖家，梳理黑土盗卖完整产业链条，掌握了大量一手素材及黑土盗卖线索；与当地恶势力斗智斗勇，突破重重困难，采访了自然资源、公安、财政等部门，完整还原了黑土盗卖产业关键环节及巨大需求催生的利益集团。正是由于全面的策划布局和协调安排，才让这篇有深度高质量的新闻作品得以最终呈现，并取得了刷屏级的传播效果。

资料来源：作者根据相关资料整理。

启智增慧4-6

新华全媒+｜盗挖屡禁不止、环境遭破坏、电商售卖无监管……谁来保护东北黑土资源？

3.对已知会发生但还未发生的新闻活动的策划

此类策划主要是针对一个已知会发生但还未发生的新闻事件（如重要会议、科技产品发布会、体育赛事、社会公益活动等），策划一个新闻活动，需要细致规划以确保报道的全面性、及时性和影响力。

【案例撷珍】

2021年，《新华日报》推出庆祝建党百年"奋斗百年路 启航新征程"主题宣传、党史学习教育宣传报道的创新策划。这次策划从独家报史与党史上的重要事件、重要人物的交汇点入手，解读历史、关联当下，以新闻手法激活党史资源，解码党的初心，实证伟大"建党精神"。报道方式有数据爬取，爬别梳理3 000多期老报纸，用"治史"态度挖掘老报道；有实地访谈，赴武汉、荆州、重庆、太原、阳泉、沁县、左权、延安等地，重访重大事件现场，寻访当事人及其亲属，实现了从"昨天的新闻"到"今天的历史"再到"今天的新闻"的连续跨越。此次策划成就了一次成功的专题报道活动。

资料来源：作者根据相关资料整理。

启智增慧4-7

号角催征——解码《新华日报》老报纸里的百年初心

（三）精确性

融合新闻策划的精确性首先体现在精准化的用户分析上。在融媒体时代，人们的注意力资源变得尤为宝贵。因此，新闻专题策划必须精准定位，以满足特定受众群体的需求。信息的精准性不仅能够提高新闻的传播效率，还能提高受众对新闻内容的信任度和满意度。

其次在新闻报道的资料收集过程中，借助数字技术和新媒体平台能够快速地收集到大量数据，但策划人员需要进行深入的调研工作，以确保信息的精准性，包括对相关新闻事件的全面了解、对受众需求的深入剖析以及对现有报道资源的充分整合。

在融媒体时代，技术手段的运用也是提升新闻专题精准性的重要途径。例如，利用大数据和人工智能技术来分析用户行为、预测用户兴趣、优化推荐内容等；利用虚拟现实（VR）和增强现实（AR）等技术来创新报道形式、提升用户体验等。这些技术手段的运用可以使新闻专题更加精准地满足受众需求，提高传播效果。

（四）参与性

融合新闻策划的参与性原则是指在融媒体时代，在新闻策划过程中充分考虑并促进受众的参与和互动，以增强新闻报道的吸引力、影响力和传播效果。这一原则体现了融媒体环境下新闻传播方式的变革和受众角色的转变。

新闻在策划中，设置各种互动机制，如在线调查问卷、用户留言评论区、社交媒体互动等，鼓励受众参与新闻话题的讨论和反馈。这些互动机制不仅可以拉近媒体与受众之间的距离，还可以为新闻报道提供丰富的素材和观点。

新闻在报道的资料收集中，要关注用户生产内容的应用。融媒体时代，用户生成内容成为新闻报道的重要组成部分。新闻策划可以积极引导和利用用户生成的内容，如用户拍摄的照片、视频、撰写的博客等，丰富新闻报道的形式和内容，提高新闻报道的吸引力和可信度。

新闻在发布和传播过程中，要利用大数据和人工智能技术，通过分析用户的阅读习惯和兴趣偏好，为用户推送符合其需求的新闻内容，提高用户的参与度和满意度。还可以利用社交媒体平台，建立新闻社区或社交媒体群组，形成共同的兴趣爱好和话题讨论。

第三节　融合新闻策划的方法与过程

与传统的新闻相比较，融合新闻变化的是技术支撑下的用户思维、融合创新、垂直对应、互动交流、沉浸满足，但新闻策划的关键是把握好"时、度、效"三个核心点，这是不变的。

新闻策划的"时"指的是对新闻报道时机的准确把控。这种时机性不仅关乎新闻报道的社会影响力，还直接影响到新闻报道的有效性。新闻策划要有足够的新闻敏感性，选择最佳的、能产生最大新闻效应的实施时机。新闻策划的"度"指的是新闻报道的尺度和分寸，也就是新闻策划中对叙事结构的设计，包含新闻的深度和角度，体现了新闻策划的方向性和重要性。要把政治方向摆在第一位，坚持党性和人民性相统一，以正面宣传为主。要认真评估新闻价值、社会影响，既不小题大做、又不大题小做，做到报道规模与新闻题材相匹配，帮忙不添乱，让正能量更强劲、主旋律更高昂。新闻策划的"效"指的是新闻报道的传播效果，即传播力、影响力、引导力和公信力。要通过不断创新的新闻传播方式、灵活变化的新闻表达形式、数智技术的综合应用以及富有创意的传播设计，为用户营造更完美的视听体验，同时提高用户的参与度。

一、融合新闻策划的方法

融合新闻策划要结合主题、叙事结构、内容表现及平台应用四个方面展开。

（一）主题

主题永远是报道或产品的出发点，是报道或产品的灵魂所在。

1.从话题中凝练主题

主题不仅是新闻报道的角度，更反映出记者对新闻信息理解的深度。融合新闻策划是从具有新闻价值的事件话题中聚焦凝练出主题，从现象中挖掘本质，从具象的载体中升华出思想和情感。

新闻事件本身只是承载主题的具象内容，无论报道的内容是人、事抑或物，报道的本质都是通过这些具象内容折射出背后的思想、观念、精神，而这才是新闻策划要把握的主题。

林业碳汇作为当前应对气候变化最经济、最现实的手段，在实现碳中和的过程中发挥着重要作用。《老唐卖"碳"记》是安徽广播电视台2021年制作播出的一则广播新闻专题报道。该作品以直接经办该项工作的宣城市林业局工作人员老唐为切入点，用讲故事的方式回顾了安徽省林业碳汇第一单的探索过程，用具象的人物形象和故事情节勾勒出安徽省探索林业碳汇交易的初步尝试，让生态环境保护这一宏大命题有了详细的注脚。

启智增慧4-8

老唐卖
"碳"记

2.从背景中深挖主题

主题与时代、国家、社会的大背景紧密相关。只有立足于广阔的视野，新闻报道才具有典型意义和示范效果。如何从背景中深挖主题，有如下思路可循：

（1）用小故事承载大主题

大主题是指那些关乎国家发展、社会变迁、文化传承等具有普遍性和深远影响的议题。这些议题往往宏阔而抽象，难以直接触及人心，需要用具象的人物形象和事件去承载；而小故事往往聚焦于个体或特定场景，以其生动性、真实性和贴近性，能够迅速抓住受众的注意力，激发情感共鸣。它们像是一扇窗，让受众得以窥见更广阔世界的细微之处，感受到人性的光辉与社会的脉动。因此，小故事不仅是吸引受众的手段，更是传递深层信息的载体。用小故事承载大主题，能够将大主题拆解为具体可感知的片段，帮助受众深刻理解其背后的意义和价值。

例如，第32届中国新闻奖三等奖的新闻作品《一条"机器鱼"遨游万米深海》是一则典型的科技报道。新闻内容是对之江实验室和浙江大学团队的最新研究成果即一项深海探测机器的发明报道。但报道并不仅仅局限于对这项科技发明的介绍，而是将视角放到了创新驱动发展这一报道主题上，很好地诠释了我国科研力量在前沿科学方面的不懈追求与努力。

启智增慧4-9

一条"机器
鱼"遨游万米
深海

（2）从地域性题材中凝练全国性主题

从地域性题材中凝练出全国性主题，是一种高效且富有深度的主题凝练方式，旨在通过局部视角展现全局意义，增强新闻报道的影响力和社会共鸣。本地的题材要放置到全国的视野中判断分析，而全国性的选题则需要在本地故事或典型事件中找到最佳结合点。也就是说，题材可以是本土化的，主题则需要具有全国性。

地域性题材通常指的是发生在特定地区、反映当地社会经济文化状况的新闻报道素材。这些题材往往具有鲜明的地域特色、文化背景和时代烙印，但同时也蕴含着国家、社会及人民共通的情感、经验和挑战。具有引领性、示范性、典型性的本地题材中，往往能找到与全国性相关的主题意义。反之，地域个案虽然在本地有一定的报道价值，但却不具有普遍性特点，不可复制。

对于地域性题材而言，在策划阶段就要充分提升视野，跳出地域的局限，赋予全国性的主题，使其具有一定的影响力。

《老表们的新生活——鸟哥"打"鸟》这部新闻专题作品从名称来看，"老表"是外省对江西人的昵称。这是一档典型以江西地域题材为报道对象的专题。作品创作于2021年，也是中国共产党成立100周年和脱贫攻坚战的全面胜利之年。这么重大的时间节点，作品主创团队经过实地探索和反复讨论，最终将报道主题定为聚焦脱贫攻坚和乡村振兴的人物专题。

《鸟哥打"鸟"》是这个系列的第二期作品，获得了第32届中国新闻奖一等奖。作品讲述了江西婺源县农民余鹏海发现家乡生态变美、珍稀鸟类增多后，趁势当上职业"鸟导"的故事。他先后带过30多个国家的上千名观鸟爱好者在婺源拍鸟，由此脱贫致富。这是江西农民在生态产业化道路上的一次有益尝试。这则作品中的主角虽然是江西人，但却有着中国乡村振兴之路上千千万万个"新农民"的身影。一位农民放下锄头、拿起望远镜，成为远近闻名的"鸟哥"。他识字不多，却通过自学认识了全国近一半的鸟类；他从没学过英文，却带着国外观鸟爱好者四处拍鸟。通过这位鲜活生动的"鸟哥"，让人们看到了中国农村的新生活样态，也看到了中国广袤的农村中，逐渐兴盛起来的与传统农民有反差的农村新职业、新身份、新业态，彰显了我国在脱贫攻坚和乡村振兴奋斗路途上取得的累累硕果。

3.在内容中强化主题

主题是新闻报道内容选择的根本依据。主题不仅限定了报道的内容范围，还决定了报道的基调，影响新闻报道的呈现方式。新闻策划的过程要始终围绕主题展开。主题一旦设定，就成为了新闻报道叙事的主线、交互的重点、报道升华的落脚点以及素材、文字、画面等内容写作和编排的最重要依据。

例如，《2022年北京冬奥会冠军全家福》是冬奥会系列报道中很特别的一个，充分体现出表达形式与主题的契合。报道采用了被称为国际通用"语言"的漫画形式，围绕着长城群英绘的主题，用手绘漫画创作出了北京冬奥冠军"全家福"。作品全长2 022厘米，对应北京冬奥会的举办时间2022年；展现了此次冬奥会109个项目的200余名冬奥冠军的肖像。在漫画长卷的背景内容设计上，以连绵的长城为背景，意在展现"长城脚下的冰雪盛会"的精彩；"冰立方""雪如意"等冬奥会比赛场馆一同入画，搭配国潮风，用中国元素凸显中国气质，以北京冬奥会视角展示中国文化，同时作品文字采用的是中英文版同时呈现的方式，便于进行海外传播。整个作品无论是主题的人物形象描绘，还是背景素材的选择，以及语言文字的中英文展现，无一不在紧扣长城群英绘的主题，表达世界一家亲、一起向未来的深远含义。

在融合新闻策划中，通过内容强化主题的方式除了关注内容选择和编排对主题的表达之外，还需要注重传播场景与主题的契合。

例如，《三星堆新发现｜古蜀国的青铜时代》是中央广播电视总台系列融媒体直

启智增慧4-10

老表们的新生活——鸟哥"订"鸟

启智增慧4-11

手绘长卷I长城群英绘·北京2022年冬奥会冠军"全家福"

启智增慧4-12

三星堆新发现I古蜀国的青铜时代

播特别节目《三星堆新发现》第三季的第一集。节目围绕三星堆 7、8 号坑进入大规模文物提取阶段这一事件，报道考古最新发现，特别是以青铜器为线索讲述古蜀王国的青铜文明。作为以考古成就为主题的新闻报道，节目创新地利用了先进的即时云渲染和虚幻引擎技术，展开移动沉浸式 VR 直播和 H5 集纳式报道，实现在互联网"云端"呈现考古发掘现场，做到了"让观众参与到节目中来"。这种沉浸式数字交互的传播场景，让观众获得了互动性更强的体验。此外，节目选择融媒体直播模式，直播期间节目设置相关话题多次登上微博、抖音热搜榜首，节目截图、视频被新华社、人民日报、四川观察等数十家主流媒体、地方媒体转载转发，直播带动各媒体、平台跟进报道，多家博物馆参与互动，自媒体参与讨论、海量网友进行二次传播，不仅呈现了一场令人震撼的考古发掘直播报道，也形成了一次引发全网关注的现象级传播。"三星堆奇幻之旅"的入口、问题答案、如何进入等话题词成为抖音、百度、B 站搜索引擎上的热搜词。

（二）叙事结构

叙事结构指的是新闻文本叙事方式的安排，即如何排列事件和报道的要素，叙事的主线是什么，事件中的各个要素按照怎样的顺序呈现出来。简而言之，叙事结构决定的是新闻信息如何被组织、呈现和传播给受众。

1.多维度的叙事结构

得益于新媒体技术的发展，如时间、空间、虚拟空间和元宇宙等维度的加入，融媒体时代的新闻叙事结构从传统的二维、线性结构转变为多维度的复合叙事体系，这种变化使得新闻叙事更加立体和丰富。例如，在 2022 年北京冬奥会报道中，可以看到有按照时间序列展开的叙事，如用时间轴结合动画制作的北京冬奥会日程、进程；有按照空间序列展开的多点、多地叙事，如基于地图的多点切换场馆介绍和基于比赛路线图的赛况实时呈现；还有根据多个线索、多个故事展开的多线性叙事，历史与现在、时间与空间的交叉叙事等。

2.混合叙事的创新应用

混合叙事结构将多种叙事方式结合在一起，形成更具表现力和感染力的新闻报道。在融合新闻报道中，视频、音频、图片、图表等多种媒介形式被广泛应用，它们相互补充、相互印证，共同构成了新闻报道的完整叙事体系。混合叙事结构不仅丰富了新闻报道的表现手法，也提高了新闻报道的传播效果和社会影响力。

例如，宁夏日报推出的 H5 新闻报道作品《种草记——"幸福草"从西海固走向世界的故事》，就采用了混合叙事的方式。该作品作为一则典型人物报道，主题十分明确，聚焦党的二十大代表——闽宁协作典型人物、国家菌草工程技术研究中心首席科学家林占熺。在耗时 3 个多月的采访过程中，记者采访了宁夏 4 个地市的十几个点位，收集了大量的资料和报道素材，深挖出许多不为人所知的故事。因此在最终的新闻报道呈现中，以时间为主线搭建了一个跨时空的故事框架，将大量的人物故事、新闻事实与细节融合到图文、视频、漫画、H5 等多种表达形式中，形成一个集多种形式于一体的融合报道。

3.开放的叙事体系

新媒体的融合报道允许多种叙事结构同时存在，如网页技术实现的图文、多媒体整合叙事，专题技术实现的多板块、多内容一体化叙事，以及链接技术实现的多模块跳跃、切换、转场的立体叙事。这种开放的叙事体系给了新闻创意无限的可能，使得新闻报道更加灵活多样。但无论是网页、短视频、H5、长图、海报组图又或者是 VR 全景新闻、纪录片，精确呈现主题、清晰传达信息仍然是确立叙事的主线和重点，也是融合新闻策划必须坚守的核心和关键。

例如，《拼出我们的现代化》是我国首个聚焦中国式现代化的大型网络新闻报道专题，该作品集纳了 13 万字、200 多条视（音）频、400 余张图片以及最新 VR 产品，以丰富的形态展现了江苏在中国式现代化进程中的角色和贡献。专题设置了"我们的现代化""我们的现代话""我们的现代画"三大板块，以及 9 个江苏 IP 元素拼图，通过这种创新的形式，使得内容饱满且呈现形态丰富，达到了良好的社会效果。专题的多处互动环节，如"未来留声机""未来建言簿""点击拼图""点击助跑"，以及 VR 技术的应用，增强了观众的参与感和体验感，引发了强烈的社会反响。此外，该专题及相关图文稿件、音视频等在多个重点平台进行了广泛转载，先后有 300 多万用户参与留言、助跑等"拼出现代化"互动，进一步扩大了其影响力。

启智着慧4-13

拼出我们的现弋化

（三）内容

在策划中需要把握的原则是内容先行。融媒体时代的新闻策划，要以内容建设为根本，先进技术为支撑。技术的升级赋予了当下新闻报道不断创新的活力和支持，不能让创新沦为单一的技术噱头，单纯考虑技术创新层面而忽视内容的完整，会使新闻作品空洞机械。在融合新闻策划中，过于夸大任何一项技术产生的新方法、新手段都是不可取的，新闻传播中永恒不变的是优质的、深度的、能够反射人性光辉的高质量内容。融媒体时代新闻策划的主旨是以优质内容为主体导向，技术创新为表达支撑，内容为本，技术为要。

重庆华龙网报道重庆山火新闻事件的作品《重庆山火突发，他们逆行而上——人民的英雄，英雄的人民！》获得了第 33 届中国新闻奖一等奖。这篇报道在视觉创新与融合表达方面非常亮眼。其利用手绘、3D 等多种手段，创新地以光影叙事手法，将烈焰中逆行的消防战士、不舍昼夜输送物资的摩托车队、令人震撼的"人"形防火长城等一幕幕守望相助的场景淋漓尽致地表现了出来。

这种全景画卷式的新闻呈现效果，能够形成信息传播合围的感觉，将所有碎片化的新闻集纳在一个主题下，分解出诸多小事件和时间点的细节报道，符合新媒体时代受众的信息接受习惯。但这种创新报道方式获得中国新闻奖项的认可，并不仅仅依靠技术，更重要的是它的硬核内容。山火发生后，华龙网尽锐出击，派出多路记者逆行而上，持续多日在山火现场蹲点采访，获取了大量珍贵的素材，这才有了这篇报道里摩托骑士、消防队员、志愿者等山火中涌现出的普通人群像。报道中全媒体平台发布后，线上浏览量超 2 000 万次，网友留言近 1 000 条，社会反响如此强烈，很大程度上要归功于报道中那些能触动人心的文案、戳人的同期声，以及对那些让人动容瞬间的再现。正是新媒体形式与新闻报道内容的深度融合，才造就了这篇精彩纷呈的新闻作品。

（四）平台

正如前文所述，融媒体时代多样化的传播环境和个性化的受众需求改变了新闻策划的方向和理念。新闻发布的传播平台策划是融合新闻策划的重要内容之一。

1.平台类别及选择

新闻媒体发布平台在现代社会中扮演着重要角色，其包括传统媒体、网络媒体、垂直媒体和自媒体等。每个平台特点各异，如电视直观、报纸权威、门户网站综合、社交媒体互动、新闻聚合个性化、行业媒体专业、自媒体灵活。选择平台要综合考虑新闻性质、目标受众和传播效果，以适应不断变化的传播环境。

（1）平台类别

传统媒体平台主要包括：电视，如央视、地方卫视等；广播电台，如中央人民广播电台、地方广播电台等；报纸，如人民日报、经济日报等。传统媒体平台由于采用了传统的信息编辑、审核和传播模式，信息准确度更高，权威性更强。

网络媒体平台主要包括：门户网站，如新浪、腾讯等，属于集纳性比较强的媒体平台；社交媒体平台，如微博、微信等，新闻信息在这类平台上的传播，能够更好地借助用户生成内容和社交互动，迅速传播新闻信息；新闻聚合平台，如今日头条、一点资讯等，这些平台通过算法推荐技术，将用户感兴趣的新闻信息聚合在一起，为用户提供个性化的新闻阅读体验。

垂直媒体平台包括：行业媒体，如财经媒体、科技媒体、体育媒体等，这些媒体专注于某一领域的新闻报道，专业性强，善于深入解析行业信息；地方媒体，如地方新闻网站、地方电视台等，这些媒体贴近本地生活，以民生为主要关注对象。

自媒体平台主要指在博客、微博、微信、知乎上，由个人或组织自主创建、发布和传播新闻内容的账号平台。自媒体具有灵活性高、互动性强的特点，可以迅速捕捉和传播各类新闻事件，为广大用户提供了展示自己观点和见解的机会。

（2）平台选择

融合新闻策划在选择新闻传播和发布平台之初，要深入研究各媒体平台的传播机制、用户行为特点和内容偏好，以便更好地制定传播策略。此外，还需要定期分析各平台上的新闻传播效果，包括阅读量、点赞数、评论数、转发量等关键指标，以便及时调整传播策略。

要根据新闻内容的目标受众，选择他们经常使用的媒体平台。例如，年轻群体可能更倾向于使用社交媒体和短视频平台，而中老年群体可能更依赖电视、广播和报纸。选择对于目标用户更具有广泛影响力且用户活跃度比较高的媒体平台，可以保证新闻的传播效果。

目前，各媒体集团和组织都在逐步搭建和完善自己的媒体传播矩阵，融媒体新闻策划在制订方案的时候，可以依托自身的融媒体优势，以媒体品牌旗下的传播矩阵为平台核心，整合社交媒体、自媒体等新媒体资源，拓展新闻的传播边界。

2.平台发布

进入到具体的新闻发布过程，策划行为主要体现在对发布时机、发布内容、发布流程的思考和设计上。

（1）发布时机

策划者要思考新闻发布的最佳时间。虽然新闻具有时效性，但不是所有的新闻都一定要在最快最短的时间发布。不同性质的新闻报道发布时机会有所不同。比如重大新闻可以即时发布，以抢占先机；而深度报道则可以选择在受众可能更加关注的时间段发布。

此外，新闻发布的时机还要考虑受众的信息接受习惯。结合受众的作息时间和阅读习惯，选择他们比较关注新闻的时间段进行发布。

（2）发布内容

媒介技术的不断升级给新闻报道进行多元化内容展示提供了可能。在新闻策划的过程中，内容形式要结合平台综合考虑。不同的平台对同一内容形式的规格、制式等要求均有不同，比如抖音平台用户多使用移动端观看，因此竖屏拍摄的视频更适合发布在抖音平台，而横屏视频内容更适配于PC端或平板类移动端。

此外，不同平台经过长期发展，已形成了较为固定的信息传播模式和偏好，用户对该平台的信息内容有着较为明显的预期。在策划过程中，必须关注这种特殊的用户预期，精准定位新闻内容，确保信息传达的针对性和有效性。

（3）发布流程

在策划过程中，要制定详细的发布流程，明确发布时间和阶段，以及每个阶段需要提供的新闻内容，确保新闻发布的顺畅和高效。在新闻发布后，应及时关注受众的反馈和评论，积极回应他们的关切和疑问，提高受众的参与感和满意度。保持对受众的反馈和数据的持续动态分析，根据数据反馈结果不断优化传播策略和内容形式，以提升新闻传播的效果和影响力。

二、融合新闻策划的流程

融合新闻策划的流程可以分为四个阶段：调研和分析、制订方案、组织资源和协调工作、监督和评估。

（一）调研和分析

1.市场与受众调研

通过市场调研了解目标用户的需求、兴趣以及阅读习惯，特别是他们在融媒体平台上的活跃度和偏好。分析竞争对手的融媒体产品，包括报道内容、形式、传播渠道及效果，找出差异化竞争优势。通过多渠道（如社交媒体、政府公告、行业报告等）收集新闻线索，筛选具有传播价值和公众关注度较高的选题。

2.内容需求分析

关注时事热点、社会事件及公众关切的话题，评估其新闻价值和传播潜力。结合历史数据和当前趋势，预测未来可能出现的新闻热点和话题。

（二）制订方案

1.确定报道选题

基于调研结果，选择具有传播力、引导力和影响力的报道主题。设定报道的短期目标和长远目标，如提升公众认知、推动问题解决等。

2.设计策划方案

策划方案的内容包括确定报道的规模和重点，如报道的篇幅、深度、广度以及核心新闻点等；规划报道的结构并确定各平台的发布策略；根据报道规模和报道结构，制定详细的报道时间表，包括采访、写作、编辑、发布等各个环节的时间节点。

设计报道方案时，需考虑如何在不同融媒体平台（如网站、微信、微博、短视频平台等）上呈现，实现多屏共振。设置互动环节，如话题讨论、在线投票、直播互动等，提升用户参与度。

（三）组织资源和协调工作

1.人员配置

根据报道需求，组建包括文字记者、摄影记者、视频编辑、新媒体编辑等专业的报道团队。为团队成员分配具体任务，确保各环节紧密衔接，高效运转。

2.物资准备

采访物资的准备包括设备和资料两个方面。在设备方面，要确保采访所需的录音笔、摄像机、无人机、VR/AR设备等物资充足；在资料方面，要收集相关法律法规、历史资料、相关报道等，为报道提供丰富素材。

3.协调合作

融合新闻策划不仅要加强团队内部的协调与沟通，以确保信息畅通，及时解决报道过程中遇到的问题，也要积极寻求与外部的合作，比如与政府部门、行业协会、专家学者、社交媒体平台、数据分析平台等建立广泛的合作关系，获取权威信息、数据及传播渠道支持。

（四）监督和评估

1.实时监控

通过数据分析工具，实时监控报道在各平台的阅读量、点赞量、评论量等关键指标。关注公众对报道的反馈和舆情动态，及时调整报道策略。

2.效果评估

评估报道的传播范围、影响力及受众反馈，判断报道是否达到预期效果。对报道过程中出现的问题进行总结分析，提炼经验教训，为未来报道提供参考。

3.持续优化

根据评估结果，对报道内容进行优化调整，提高报道质量和传播效果。根据市场变化和受众需求，适时调整报道策略和方案，确保报道的时效性和针对性。

第四节　融合新闻策划方案的写作

一、融合新闻策划方案的写作模式

（一）策划的标题

新闻报道策划的标题是有固定模板的。在标题中要体现出某家媒体关于某个事件的策划，比如"人民日报关于金砖国家领导人第十四次会晤的融媒体报道策划""厦门日报关于厦门市防疫工作开展情况的报道策划"。

（二）阐述报道背景

报道背景要立足国家政策或社会的大背景来介绍新闻策划活动，结合媒介的组织定位，阐述新闻报道的意义和价值。

启智增慧4-14

7棵柳树缘何
牵动杭州——
一座城市的民
意对话

例如，杭州网2022年的新闻专题报道《7棵柳树缘何牵动杭州——一座城市的民意对话》的导言部分是这样写的："一次次的'柳暗花明'，彼时看来相互孤立，回首梳理气韵相通——市民与城市之间相互的尊重与成全，让一座城市有了人文的光泽和温暖的'烟火气'，这些经历告诉我们，一座完善的国际化都市，不仅是硬件的恢宏、科技的赋能、影响的日增，更要有根植于大地，面向于人民的大气、谦和、自信与包容。"

这则新闻专题的报道，切入点虽然很小——杭州西湖断桥边7棵柳树换成了月季一事，看似小事，但背后反映的是杭州人对西湖的深厚感情和保护意识，体现的是杭州政府对"问计于民"的尊重和"知错即改"的勇气。报道导言部分就充分体现了报道的立足点和视角，同时也介绍了报道的社会背景及此次专题策划的意义和方向。

（三）明确报道主题

就像每场活动都有一个主题一样，新闻策划也有一个能够统领所有活动报道的主题。上述杭州网的新闻专题报道就有"一座城市的民意对话"的标题。所有报道活动也都是围绕着这个主题展开的。采访阶段，采用"线下采访+线上大数据分析"的方式，采用时间轴对重要节点进行了梳理和还原，报道事件全貌。通过线下采访和线上大数据分析民意，先后推出《7棵柳树的"柳暗花明"》《从柳树事件看社会治理》等重要稿件。深度挖掘过程中，从人文、情感等多个视角解读柳树在市民心中的独特价值。总结反省阶段，从政府决策和民意互动的视角，通过法、理、情三个方面，引出"问计于民"的思考，提出"民意对话"的建议，强调城市治理和西湖保护中"民意互动"的重要性，充分体现了"民意对话"的报道主题。

（四）报道结构与报道方式

报道结构与报道方式是新闻报道策划方案的主体部分。

报道结构是报道各组成部分相互之间的关系及其组合排列所呈现的外在形式。报道结构的组成要素包括时间、空间、角度、广度、深度和传播符号。一般有线性结构、放射型报道、收束型结构、网络结构四种。

报道方式是指将零散的新闻稿件整合为报道整体的操作模式，即新闻编辑根据报道目标，运用某种手法组织若干相关报道，使之形成具有一定报道规模或持续一定时间的报道整体。常用的报道方式主要有以下几种：集中式、系列式、连续式，组合式、读者参与式、报纸介入式、媒介联动式。集中式、系列式、连续式较为常用。

（五）发稿计划

发稿计划是报道进程中各阶段刊出新闻稿件的统筹规划，包括确定每篇稿件的题目、内容、体裁、篇幅，确定稿件刊出的先后次序，具体时间及发布的媒介，稿件在媒体中的位置。发稿计划是对报道规模与进程的具体落实。

发稿计划除了体现时间性，还要写出发布的平台、发布的形式和发布的内容，需要体现出发稿计划时间排布的逻辑性、发布形式和发布内容的新颖性。简单来说，这部分就是一个"任务清单"，将其分发给每个记者和编辑，让他们知道什么时候要交上来一份怎样的报道作品。

发稿计划一般可以按照时间进程和平台区分来写，也可以将两者结合。以一个阶段的发稿计划写作为例：

（1）报纸：×月×日，发布题为《××》的消息，对事件进行报道。

（2）网页端：×月×日，在某栏目中发布题为《××》的新闻事件报道，介绍的内容为……。

（3）微博：×月×日，以图片新闻的方式对新闻事件进行直观说明，发布稿件的话题为××。

（4）微信公众号：×月×日，发布图文综合报道。

（5）客户端：×月×日，发布2分钟左右题为《××》的微视频，视频内容是……。

（六）报道配置和报道运行机制

报道配置是指参与报道的人力、资金和技术设备的配置。报道运行机制是指为实施报道而临时建立的组织机构、工作流程及其管理制度。报道配置与报道运行机制是根据报道内容、报道规模和报道方式确定的。

二、融合新闻策划方案写作的注意事项

在制订融合新闻策划方案时，需要注意避免出现以下几种错误：

（一）混淆报道时间和报道进程

报道时间是指"所有平台都有这件事情的报道的时间"，一般来说报道时间是3~5天。如果是长期报道，那么前中后期可各挑一天或两天报道，而不是持续报道一个月。

（二）混淆报道范围和报道重点

报道范围指的是新闻策划所覆盖的广度或领域。一个广泛的报道范围可能包括多个子话题、多个地区、多个时间节点，甚至是跨领域的综合报道。报道范围的设定是新闻策划的起点，它帮助新闻团队明确自己的关注点，并确定需要收集哪些信息和资料。报道重点则是在报道范围内，新闻策划特别强调或需要深入挖掘的部分。它是新闻报道的核心和灵魂，是吸引读者或受众注意力的关键所在。因此，报道范围要大于报道重点，不能将两者等同起来。

（三）渠道选择多平台分发但是内容完全同步

一般的报道策划都要求多平台分发，可以适当同步新闻，但是不要把新媒体平台完全沦为同步平台，不然多平台分发的意义就不存在了。每种新媒体形式都有其独特的优势，要根据其优势来制作新闻产品，而不是仅仅把新媒体平台当作传统媒体的同步工具。

（四）报道形式跟媒体平台不符

每个新闻发布平台都有其独特的受众群体、阅读习惯、互动方式和技术特点。如果新闻策划者对这些平台特性不够了解，就容易在报道形式上出现偏差。例如，将适

合深度阅读的长文直接发布在追求快速浏览的社交媒体平台上，或者将适合视频展示的内容以纯文字形式呈现，都会导致报道形式与平台特性的不匹配。此外，每个平台的受众都有其特定的阅读或观看习惯，如果报道形式不符合这些习惯，就会给受众带来不便或不适。例如，在移动设备上发布过于复杂的交互式图表或动画，可能导致加载缓慢、操作不便，从而影响受众的阅读体验。

平台与平台间的技术限制也会导致报道形式与平台特性不符。不同的平台在技术实现上存在差异，某些报道形式可能在一个平台上能够完美呈现，但在另一个平台上却受限于技术条件而无法实现。如果策划者没有充分考虑到这些技术限制，就可能导致报道形式在特定平台上无法达到预期效果。

本章要点

1.融媒体时代新闻传播格局发生巨大变化，信息传播呈现数据驱动和个性化推荐的发展趋势，使传播环境更加多样化并具有互动性。

2.融媒体时代新闻思维从单一到多元，从信息传播到场景化体验，从模式固化到策划创新，更加注重跨平台、跨媒介的内容整合和创新。

3.数智技术的发展成为新闻思维变革的驱动力，大数据分析、云计算等技术改变了新闻生产方式和传播模式。

4.受众对信息的时效性、个性化和内容标准提出更高要求，新闻思维需要适应这些变化，提供精准、个性化的内容服务。

5.渠道融合加速了新闻思维的变革，通过多屏合一、多媒体并存的方式，实现内容的共享与互补。

6.新闻思维包括融合思维、数据思维、互动思维、用户中心思维等，这些思维模式在融媒体时代新闻传播中发挥着重要作用。

7.新闻策划是在保证新闻真实、客观性的基础上，对选题、角度、呈现形式等进行统筹谋划，以实现传播效果的最大化。

8.融媒体时代新闻策划注重传播语态的个性化、呈现方式的多样化，以及互动性和用户中心化。

关键概念

融媒体　融合思维　数据思维　互动思维　用户中心思维　融合新闻策划理念的变革　融合新闻策划流程　策划方案写作技巧

综合训练

1.融媒体时代新闻传播的主要特点是什么？

2.简述融媒体新闻思维与传统新闻思维的主要区别。

3.数智技术如何影响融媒体时代的新闻思维？

4.结合具体案例分析融合新闻策划的核心。

5.融合新闻策划的新理念有哪些？

即测即评4

第五章
数据新闻生产与传播

■ **学习目标**

【价值塑造】

理解数据新闻在提升报道客观性、公信力及服务公共利益方面的核心价值，并培养严谨求真、重视时效准确、遵守数据伦理的专业态度。

【知识传授】

掌握数据新闻的核心特征、主要类型（大数据/小数据、自采/非自采、事件/话题选题）、生产流程（采集、清洗、分析、可视化、传播）以及大数据（体量、速度、多样性）和关键技术（数据挖掘、开源工具）的基本概念。

【能力培养】

形成数据获取评估、基础清洗整理、运用分析思维解读数据、选择恰当可视化方式呈现信息以及构建数据驱动叙事的能力，具备在传播中兼顾时效性、准确性和受众理解的意识。

　　数据新闻改变了当代社会新闻的生产模式、呈现方式以及内容流通路径，为新闻业注入了新的活力。数据新闻全称为"数据驱动新闻"（Data-Driven Journalism），是指立足数据采集与分析、依托可视化呈现的一种新闻报道形式。相比传统的新闻，数据新闻在描述事实和预测趋势等方面拥有得天独厚的优势，在新闻价值的真实、全面、可信与有趣等方面也都有无可比拟的长处。因此，数据新闻不仅是当前融合新闻的一个主要类别，也是新闻传播专业学生必须掌握的一门重要技能。

第一节　融合新闻生产与大数据

　　本节内容将围绕融合新闻生产与大数据的关系展开。对数据新闻而言，数据是灵魂。那么，"数据"是什么？数据从何而来？什么样的数据能够被称为大数据？数据新闻又需要些什么数据才能够得以实现呢？本节将一一解决以上问题。

一、社会背景：大数据时代的到来

　　数据是事实或观察的结果，是对客观事物的逻辑归纳，是用于表示客观事物的未经加工的原始素材。[①]

　　换言之，人们在日常生活中听到、看到的都是数据，重要的是我们如何去处理这些数据。事实上，人脑能够处理的数据体量极小，受限于个体的计算能力和分析能力，过去只能处理极为少量的数据。伴随着计算机技术的快速发展，人们开始可以轻松处理那些远远超出个体能力的大量数据，即大数据。大数据是人们能够收集到的所有数据的集合，具有海量性、多样性、高效性三大特征。

　　为什么需要大数据？在回答这个问题之前，先来做一道有趣的计算题：

　　现在你的手里有一本《史记》，全书共计53万字，而你需要用竹简来抄录这本书。假设一枚竹简可以写下50个字，重60克，长30厘米、宽2厘米，那么记载着完整《史记》全文的竹简重量如何？体积如何？如果我们要将它运输到500千米以外的地方，这会是一件容易的事吗？

　　算完以后，回头看看自己的书架，有没有觉得用纸张印刷的"大部头"们都变得娇小可爱起来了。人们常用"学富五车"来形容某人学识渊博，可是如果用竹简来衡量就会发现，五辆马车用几本书就能装满了。

　　进入互联网时代，人们已经不需要一个真正的空间实体来承载信息，也不需要使用现实的交通工具来传输信息，所需要的一切都可以在虚拟网络中进行，这就是数据的魅力。

二、技术背景：互联网开源市场的成熟

　　当数据变得触手可及，对于新闻从业者们而言，下一件重要的事情就是获取处理数据的工具，而且这些工具最好是高效快捷且低成本的。全球互联网开源市场的成熟为此提供了重要的技术环境。开源指在互联网上开放分享软件的原始代码，从而让人们自由使用、修改和重新发布这些软件。

[①]　郭晓科. 大数据［M］. 北京：清华大学出版社，2013：30.

　　事实上，在计算机出现的早期，几乎任何的软件都是开源的，但是伴随着以微软为代表的企业开始运营纯软件产品的商业模式，开源软件就不再是市场上的主角。然而，幸运的是，不断有技术先驱者们推动着开源软件的发展。

　　2005年以来，以谷歌为代表的大型IT企业开始陆续推出开源软件，其中就包括大家所熟悉的安卓操作系统等。如今开源软件市场已趋于成熟，其低成本和代码的公开与透明，为从事数据新闻报道的媒体和公众提供了高效快捷的工具。比如，在数据获取时，可以采用Scrapy软件快速从网络中提取结构化数据，运用Tabula软件获取PDF格式文件中的表格信息，并将内容转化为CSV文件或者电子表格；在数据整理时，运用OpenRe-fine实现数据排序、自动查找重复条目或完成数据记录；在数据统计分析领域，可以运用R语言进行统计分析。这为数据新闻的产生和兴起打下了坚实的技术基础。

三、政治背景：全球"开放数据"运动的推动

　　开放数据与开源不同，它不限于软件领域，而是指政府对公共领域数据的公开，这些公开的数据不受著作权和专利权的限制，任何人都可以自由使用。

　　开放数据和数据新闻的发展相辅相成，开放数据为数据新闻提供了数据来源，而媒体的数据新闻也有助于政府进一步开放数据。围绕民生需求逐步向公众开放政府的数据集，使民众更清晰地了解政府的执政政策并有效行使自己的权利，鼓励社会和企业利用这些数据创造更大社会价值，已经成为全球的大势所趋。

第二节　数据新闻的发展回顾

一、数据新闻的出现

　　数据新闻并不是现在才有的新鲜事物。1821年，英国报纸的一篇报道中就已经出现了数据新闻的雏形。这篇报道中以数据表格的方式呈现在读者来信栏目中的内容，被认为是全世界最早的一篇数据新闻，表格中的数据描述了当时的曼彻斯特和萨尔福德两座城市中各所小学的学生人数及年度开支。它的用意很简单，就是让信息一目了然，便于查询，对于当时英国小学教育及社会扶贫相关政策的制定意义重大。

　　早期的英国报纸中也曾出现多篇含数据图表的报道。这些原始的数据新闻报道中，由于技术条件的限制，数据图表大多是手绘的，呈现效果单一，但使用数据来揭示新闻事实的理念已经与现在并无区别。可见，记者们很早就开始使用数据辅助报道新闻了。然而，当时刊发数据图表更多是作为背景材料，起辅助新闻的作用，对其使用也是零散的，缺乏系统的认知。数据在新闻报道中真正被视为"主角"是从精确新闻和计算机辅助新闻报道的兴起开始的。

二、精确新闻

　　精确新闻是20世纪60年代在美国兴起的新闻概念，是指在新闻实践中运用社会科学的研究方法，通过科学抽样收集数据，对之进行分析，并用数据来验证事实的报道方法。

在传统的新闻报道中，记者们往往使用深度访谈来获取相关的信息与素材，而精确新闻则标志着新闻界认识到数据在新闻报道中处于非常重要乃至主导的地位，于是诸如问卷调查法、内容分析法等开始被引入。精确新闻的诞生与它的提出者——美国学者菲利普·迈耶密不可分。

20世纪60年代，美国洛杉矶瓦特、纽瓦克和底特律地区先后发生种族骚乱，当时的社会主流观点从两个角度来解释骚乱爆发的原因：一种观点认为处于社会底层的贫苦大众是骚乱的主要参与者，他们没有其他方式改变自己的生存现状和表达自己的诉求；另一种观点则认为骚乱的根源在于美国南部黑人在融入北部文化时遭遇困境，因此以此种方式来宣泄他们长期受到社会压迫的情绪。为了验证上述观点，菲利普·迈耶与两位社会学家一同采用随机抽样的方法对居住在底特律种族骚乱地区的437名黑人展开调查，结果发现事实与当时的主流观点完全相悖：一方面，参与骚乱的黑人不受教育程度的限制，不一定处于社会底层；另一方面，相较于南方黑人移民，那些在北方长大的黑人参加骚乱的频率更高（见表5-1）。这些用数据验证的结论有力地驳斥了之前媒体上盛行的观点，打破了人们对种族骚乱原因的固有成见。

表5-1　　　　　　　　　　　底特律地区种族骚乱报道中的调查数据表

受教育程度		
中学辍学	高中文化	大学文化

	中学辍学	高中文化	大学文化
参加骚乱者	18%	15%	18%
未参加骚乱者	82%	85%	82%
合计	100%	100%	100%

你在何处长大？		

	南部	北部
参加骚乱者	8%	25%
未参加骚乱者	92%	75%
合计	100%	100%

长期以来，人们都在探索使新闻更公正的渠道。然而，由于许多报道都是建立在"观点+证据"的创作模式之上，因而使新闻与真实状态总是有一点令人遗憾的差距。要改变这种现状，就必须把一些社会学、人类学的调查方法导入新闻领域。于是，抽样统计方法便成了新闻业的首选。

但是需要注意的是，精确新闻并不等同于数据新闻。首先，"数据"对于20世纪70年代的美国和当下全球的意义有很大差别，无论是数据的量还是人们认识数据、呈现数据的手段都有了飞跃。有学者指出，"数据新闻学是精确新闻学的进一步延伸，数据新闻学使新闻生产过程更为精细化，它对新闻工作者的技能要求除传统的文字写作、音视频制作外，还包括社科研究方法，计算机数据抓取、处理、可视化，平面/交互设计，计算机编程等多个领域"[①]。其次，互联网的快速发展使线上、线下社会相融合，网络文化的盛行改变了知识生产的传统模式。如果说精确新闻更多的是从媒体的专业性角度出发，探寻的是如何采用社会研究方法获取新闻中的数据并利用数据提高报道的准确性和客观性，那么数据新闻则更多的是从用户的角度出发，探寻数据对于用户有何意义，而用户也从新闻的被动接收转向主动获取、参与制作。用户在数据新闻产制中占据重要的地位，其中的数据可以是由媒体调查获取的，也可以是政府或其他机构已经公开发布的。最后，从影响的范围看，精确新闻的概念由菲利普·迈耶提出，其理念传播和实践范围主要在美国，虽对世界其他国家有影响，但影响的范围和广度有限，而数据新闻这个概念兴起于遍布全球的数据记者群，其影响的范围更广。

在我国，精确新闻报道一开始就有社科领域已发展非常成熟的研究方法、计算机数据处理软件和统计软件可供利用，未曾经历美国那种随着抽样技术的出现、计算机技术的发展从不科学走向科学的过程。因此，在专业调查机构和科研机构所做研究的基础上，产生的大部分新闻报道是科学、规范的。目前国内的精确新闻报道除个别报社由自己的调查公司完成外，主要是委托专业调查机构或专业研究人员进行。新闻记者或编辑的角色，主要是对研究结果进行新闻语言处理。

三、计算机辅助新闻报道

计算机辅助新闻报道也与数据新闻的诞生息息相关。计算机辅助新闻报道就是用计算机来辅助收集和处理信息的新闻报道方式。它经历了三个阶段：第一阶段即计算机技术的发展早期，记者们使用大型计算机来处理政府数据库、发现和调查新闻事实；第二阶段基于PC机的普及和商业与政府数据库的进一步开发，记者们以新闻报道为目的，对任何计算机化的信息来源进行处理和使用；第三个阶段则是利用互联网进行新闻采集、分析和制作。从国外发展看，计算机辅助报道是最早出现的概念，其次是精确新闻，最后才是数据新闻，三者有一定的延续关系，但并没有相互取代。值得注意的是，计算机辅助新闻报道更偏向于一种辅助工具，强调一种方法和运用，它不是一种独立存在的新闻报道方式。

在大数据时代，新闻工作者需要处理的数据更加复杂，需要使用的软件也更加专业。在美国，计算机辅助新闻报道是许多新闻院校学生的必修课，因为运用计算机辅助新闻报道过程中的数据采集、处理和分析已经成为未来记者必备的素养之一。计算机辅助新闻报道不仅能辅助前面提及的精确新闻报道，还能辅助其他类型报道，并在各种类型的新闻及新闻制作环节发挥作用。

此外，在这一阶段，大量的专业数据分析工具得到运用，如统计分析软件SPSS、Eviews、SAS，数据库工具SQL Sever，地理信息软件Arc View等。部分新闻媒体对这些通用软件进行了二次开发，一些互联网公司开始开发数据新闻相关产品，如百度的人口迁徙地图等。

从国外新闻业发展的历史看，计算机辅助新闻报道是最早出现的概念，其次是精

---

① 郭晓科. 大数据［M］. 北京：清华大学出版社. 2013：30.

确新闻，然后才是数据新闻，三者有一定的延续关系，但并没有相互取代。鉴于计算机在数据收集处理过程中的普及化运用，当下无论是精确新闻，还是数据新闻，都不能脱离计算机辅助新闻报道。计算机辅助新闻报道更偏向于一种辅助工具，强调一种方法和运用，它不是一种独立存在的新闻报道方式。从这个角度看，数据新闻代表着一种新闻发展的形态，其概念的内涵和外延比计算机辅助新闻报道更加广阔。

第三节　数据新闻的类型与生产方式

不同类型的数据新闻制作的流程有所差异，因此有必要厘清数据新闻的类型。数据新闻可以按照不同的分类标准划分为多种类型。根据支撑报道的数据的性质来划分，可将数据新闻划分为大数据新闻和小数据新闻；根据数据新闻中数据的来源划分，可分为自采数据型数据新闻和非自采数据型数据新闻；按照选题的性质来划分，可分为事件选题型数据新闻和话题选题型数据新闻。

一、大数据新闻与小数据新闻

前文论述了大数据时代带给新闻生产的巨大变化，但是这并不意味着数据新闻总是依托大数据来进行生产，大数据和小数据都可能成为数据新闻所处理的数据对象。

大数据新闻是指在报道中采用大数据量级的数据作为分析对象或是引用大数据研究结果的数据新闻。

小数据新闻是指在报道中采用小数据量级的数据作为分析对象或引用小数据研究成果的数据新闻。

相比较之下，小数据新闻的数据来源较为单一、数据量级有限，对数据处理技术的要求也相对较低，投入成本少、操作时限短，因此在目前业界的数据新闻实践中较为多见。

二、自采数据型数据新闻与非自采数据型数据新闻

如果依据数据新闻中数据的来源来进行划分，还可以将数据新闻分为自采数据型数据新闻和非自采数据型数据新闻。简单来说，也就是数据新闻中所用到的具体数据到底是报道者采集的第一手数据，还是根据已经被公开的或通过申请信息公开、合作、购买等方式从他人或机构那里获取的二手数据。

自采数据型数据新闻是那些由报道者通过深度访谈、问卷调查、田野调查等社会科学研究方法获取第一手资料，并将这些资料量化为数据后进行处理，最后制作成的新闻报道。

显然，自采数据型数据新闻具有两个明显的优点：第一，媒体采用自己采集的数据报道可以确保报道的原创性和独家性，避免和其他媒体出现题材撞车现象，能带给读者阅读的新鲜感；第二，自我采集的数据从最初的采集筹备到实施的过程都处于清晰的报道目标指引之下，其数据纯度较高，可利用的价值更大。因此，很多时候媒体会将这些自我采集的数据做成系列报道，更具影响力。

但有些选题的数据难以获取，比如在数据采集过程中可能出现障碍与麻烦等。

因此，当前非自采数据型数据新闻仍然是业界的主导模式，但越来越多的专业性数据媒体已经开始综合使用这两类数据。毕竟非自采数据型数据新闻非常受限于二手数据的来源及可信度，为了保障新闻的真实性，进行此类报道时应该将数据的来源包括原始数据或是有关此数据的相关报告、报道等链接一同公布在整个新闻作品之中，从而接受读者的监督。

三、事件选题型数据新闻与话题选题型数据新闻

还可以根据选题的性质将数据新闻划分为事件选题型和话题选题型。事件选题型数据新闻指将报道选题聚焦于一个具体的新闻事件，而话题选题型数据新闻则是将报道选题聚焦于某类新闻话题。全球变暖就可以作为一个数据新闻的选题，而且是一个话题选题。全球变暖显然并不是一个新闻事件，而是一种自然乃至社会现象，围绕这一话题可以有很多的报道角度。比如，在全球变暖的影响下全球野火[①]发生率大幅提高，2025年1月8日美国洛杉矶突发山火，这就是一个典型的新闻事件。在这一事件中，山火是如何发生的、火势蔓延情况如何、后续抢险工作如何进行，都是数据新闻记者们可以跟进的数据问题。这样看来，话题选题型数据新闻和事件选题型数据新闻的边界似乎不太清晰，事实上不是这样的。事件选题型数据新闻一定是先发生事件再去收集数据，如果没有事件发生，或者发生了重大事件却难以找到具有新闻价值的数据，媒体就无法持续稳定地发布数据报道。而话题选题型数据新闻则不一样，这类选题不与具体的新闻事件绑定，记者可以根据最新的事件进行选题的推理和联想，也可以根据一些潜在的社会现象和问题进行思考，或是在已有的公开数据中找出具有新闻价值的部分并展开报道，比如气候异常、房价、教育等大量话题。它们没有很强的时效要求，只要能找到有意义的报道角度和有价值的数据信息，就时报时新。

能够运用数据新闻深入挖掘与报道的新闻事件并不是时时都有，比较而言，话题类数据新闻是从业者们更偏好的类型。有学者选取了网易数读某一年的98篇数据新闻进行解读后发现，34.7%的数据新闻在选题上追随当下社会热点，并进行更深一步挖掘。另有34.7%的文章着眼于描摹社会现状与问题，并不带有热点性和时效性。此外，分析省、市、县等地区特色的数据新闻占比15.3%，注重八卦休闲娱乐圈的数据新闻占比12.2%，国际事件数据新闻占比3.1%[②]。

总体而言，无论是何种类型的数据新闻，其产制都是以科学处理数据为核心的，这与以往新闻采编人员熟知的"确定选题—采访写作—编辑改稿—定稿发布"的操作流程不同。在数据新闻制作过程中，数据成为记者、编辑面对的材料，它们往往不是某个具体的新闻事件，而是一系列看似零散和不相关的资料，如何发现其中具有新闻价值的部分，收集、整理并给予分析，是生成数据报道的关键。

图5-1是米尔科·劳伦兹绘制的数据新闻制作流程。在他看来，制作数据新闻首先应该对原始数据进行清理，过滤掉冗余的数据，留下具有新闻价值的数据；然后将

---

① 野火，是指一种异常的植被自由燃烧形成的火灾，可能是人为恶意、意外或自然因素所引发，对社会、经济或环境价值产生负面影响。
② 崔冰，郑昕遥. 国内数据新闻的呈现与表达——以网易数读为例［J］. 新媒体研究，2019，5（14）：10—12.

之进行可视化处理，使抽象的数据更为浅显易懂；最后则是以新闻故事的方式报道，使公众能够阅读和接受。对于公众而言，原始数据是没有多少价值的，但是通过清理、可视化和新闻故事的包装，其价值逐步提升，并最终成为对公众有意义的数据报道。

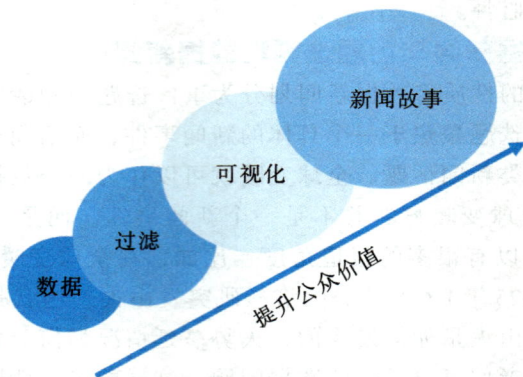

图5-1　米尔科·劳伦兹的数据新闻制作流程

◆ 本章要点

1.数据新闻的定义与优势

定义：数据新闻，全称为"数据驱动新闻"（Data-Driven Journalism），是指立足数据采集与分析、依托可视化呈现的一种新闻报道形式。

优势：在描述事实和预测趋势等方面拥有优势，在新闻价值的真实、全面、可信与有趣等方面也有长处。

2.融合新闻生产与大数据的关系

社会背景：大数据时代的到来，数据量的增加和存储、传输的便利性。

技术背景：互联网开源市场的成熟，提供了高效快捷且低成本的数据处理工具。

政治背景：全球开放数据运动的推动，政府数据开放为数据新闻提供了数据来源。

3.数据新闻的发展历程

早期雏形：1821年《曼彻斯特卫报》的报道中出现了数据新闻的雏形。

精确新闻：20世纪60年代在美国兴起，运用社会科学的研究方法，通过科学抽样收集数据，对之进行分析，并用数据来验证事实的报道方法。

计算机辅助新闻报道：用计算机来辅助收集和处理信息的新闻报道方式，经历了三个发展阶段。

4.数据新闻的类型与生产方式

按数据性质划分：大数据新闻和小数据新闻。

按数据来源划分：自采数据型数据新闻和非自采数据型数据新闻。

按选题性质划分：事件选题型数据新闻和话题选题型数据新闻。

生产方式：数据新闻的制作过程包括对原始数据的清理、可视化处理和对新闻故事的包装。

◆ 关键概念

数据新闻　大数据技术　数据可视化　数据采集和分析　融合新闻生产

◆ 综合训练

1.开放数据运动对数据新闻的兴起有何影响？

2.如何看待数据新闻和精确新闻的差异？

3.中国的数据新闻实践与西方有何不同？

4.找一家媒体的数据新闻栏目，看看哪种类型的数据新闻在该栏目中占据主体地位。

即测即评5

5.数据新闻的制作中哪个流程更为关键？为什么？

第六章
视频新闻生产与传播

学习目标

【价值塑造】

理解视频新闻在融媒体时代的社会责任与舆论引导作用，树立正确的新闻价值观和职业伦理意识；认识主流媒体转型的必要性，培养适应媒介融合发展的创新思维和变革意识；关注视频新闻的社会影响力，强化公共服务意识，提升对新闻真实性和客观性的重视。

【知识传授】

掌握融媒体时代视频新闻的生产流程、技术特点及传播规律；了解主流媒体转型的动因、路径及面临的挑战，熟悉融合新闻短视频的发展趋势；学习不同类型新闻短视频的叙事结构、视听语言及传播策略，理解其受众适配性。

【能力培养】

学会运用融媒体思维策划、拍摄和剪辑新闻短视频，提升内容创作能力；具备分析视频新闻传播效果的能力，根据受众反馈优化传播策略；培养跨平台协作与资源整合能力，适应主流媒体转型中的多岗位融合需求。

　　在数字化和媒介融合的时代浪潮下，信息传播的方式和格局发生了翻天覆地的变化。视频新闻作为一种重要的信息传播形式，正经历着前所未有的变革。融媒体的兴起为主流媒体带来了转型的契机，也使新闻短视频迅速崛起，成为新闻传播领域的新宠。主流媒体的转型，是应对新媒体冲击、适应受众需求变化的必然选择。在这个过程中，其不仅要在技术上实现融合，更要在理念、机制和运营模式上进行深刻变革。然而，转型之路并非一帆风顺，面临着诸多机遇与挑战。一方面，新技术的应用为新闻生产和传播带来了更多可能性，拓展了传播渠道，丰富了内容形式；另一方面，传统的媒体架构和思维模式在一定程度上限制了转型的速度和效果，如何打破这些束缚，实现真正的创新与突破，是主流媒体亟待解决的问题。

　　本章将深入探讨融媒体时代主流媒体的转型、融合新闻短视频的生产特征以及传播策略，以便更好地理解这一变革潮流的本质和规律，为视频新闻行业的发展提供参考和借鉴。

第一节　融媒体时代主流媒体的转型

一、融媒体时代技术驱动的变革

（一）5G 技术

　　5G 时代，短视频这一信息传播形式融入大众生活的方方面面。短视频具备互动性、移动性、简洁性等优势，深受大众喜爱与青睐，已经成为网络内容生态中关键的构成部分。快手、抖音等短视频平台的迅猛发展，促使相关市场规模愈发庞大，主流媒体短视频平台越来越注重内容的生产和创新。从统计数据来看，2024 年我国互联网基础资源持续发展，5G、千兆光纤宽带网络建设有序推进。2019 年，许多主流媒体开始着手在短视频的发展上不断实施一系列革新举措。央视《新闻联播》栏目2019 年 8 月正式入驻快手和抖音，在当日两家平台累计获得多达 3 000 万人的关注。中央广播电视总台在 "5G+4K+AI" 等技术的基础上，以 "泛文体、泛知识、泛资讯" 为核心，全面打造和创建 "央视频" 新型短视频媒体平台，《央视新闻》栏目开始以网络短视频的方式传播。这些举措在很大程度上反映出 5G 时代各大主流媒体平台对于打造和创新短视频很有决心和信心。[①]2020—2023 年网络直播用户规模及使用率情况见图 6-1。

启智增慧 6-1

第 50 次中国互联网络发展状况统计报告

（二）人工智能

　　人工智能（AI）是计算机科学的一个分支，其涉及创建能够执行需要人类智能的任务系统和算法，包括学习、推理、问题解决、知觉、语言理解和创造。人工智能的定义和应用范围随着时间和技术的发展而变化。目前，媒体行业的生产主体正在发生显著变化，AI 技术不仅改变了内容的创建和分发方式，还引入了新的参与者和合作模式。AI 技术使得机器能够自动生成新闻报道、财经报告、体育新闻等，利用数据分析和机器学习技术来挖掘故事的新闻机构正在兴起，这些机构成为新型媒体生产主体。

---

① 王涵宇. 5G时代新型主流媒体短视频平台的创新研究 [J]. 新闻研究导刊，2022（24）：87-90.

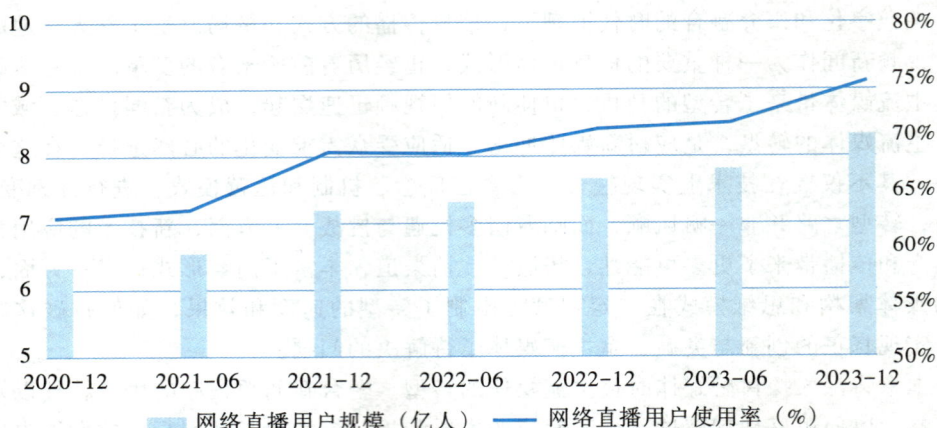

图6-1　2020—2023年网络直播用户规模及使用率情况

资料来源：CNNIC前瞻产业研究院。

AI技术在改变着内容生产和分发的整个生态系统，这种变化在带来新挑战的同时也为媒体行业提供了新机遇，尤其是在内容的个性化、多样性和互动性等方面。AI推荐算法示例如图6-2所示。

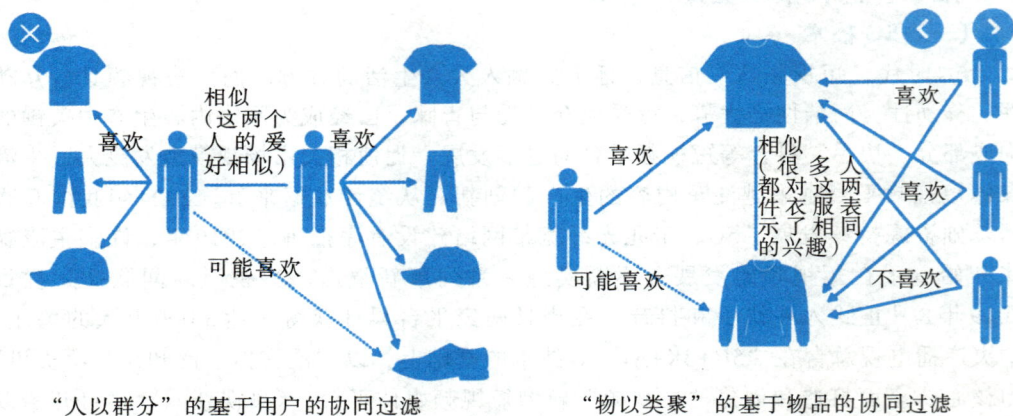

"人以群分"的基于用户的协同过滤　　　"物以类聚"的基于物品的协同过滤

图6-2　AI推荐算法示例

在人工智能时代，媒体行业的内容推送变得更加精准，这主要得益于以下几个方面的技术发展：①个性化推荐算法。AI驱动的推荐系统能够分析用户的浏览历史、阅读偏好、点击行为等数据，从而提供定制化的内容推荐，这种个性化推送不仅增加了用户的参与度，还可以提高内容的可见度和阅读率。②用户行为分析。AI工具可以深入分析用户行为，识别不同用户群体的兴趣和需求，使媒体机构更准确地划分受众群体，为用户提供更贴近其兴趣的内容。③实时数据处理。AI技术能够实时处理大量数据，及时调整内容推荐，使其更贴近热点话题和用户的兴趣。④交互式内容和反馈循环。AI技术可以帮助创建更加交互式的内容，如新闻问答、投票等，这不仅提升了用户体验，也为媒体提供了更多关于用户偏好的反馈，进一步提高了推送的精准度。虽然AI技术在内容推送的精准度上带来了显著提升，但媒体机构也需要注意处理好内容多样性之间的平衡问题，防止用户陷入"信息茧房"，确保提供全面、均衡的新闻视角。同时，处理好用户数据的隐私和安全问题也非常关键[①]。

（三）大数据算法

大数据算法与人工智能在非结构化数据数量级增长的基础上不断完善，让最低成本为更大范围的用户提供所需要的信息成为可能。为了解决海量信息发布与用户个性化信息需求之间的矛盾，个性化的信息精准推送成为必然趋势。今日头条一直走在推荐引擎时代的前端，为众多主流媒体在实现"千人千面"的内容分发方式的转变方面提供了宝贵经验。实现内容精准分发的过程中有三个重要环节：内容排序、标签体系的建立和算法推荐。大数据推荐算法模型示例如图6-3所示。

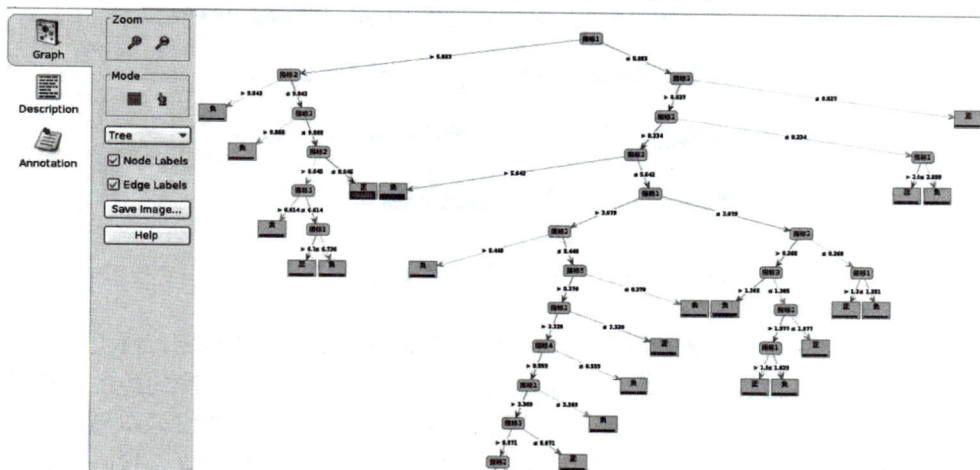

图6-3　大数据推荐算法模型示例

内容排序是对内容数据库中的信息按照"优先链接机制"进行排序，排序后的信息需要进行消重、分类、标签化等处理。用户个性化的需求与海量信息的匹配效率取决于标签系统的搭建，主要依据用户行为数据，分析用户需求，建立相应标签，再根据用户喜好进行标签化处理。构建推荐系统则通过构造相似性矩阵，基于内容的协同过滤算法，根据用户行为数据生成相应的推荐列表，建立"冷启动"机制。对于新用户，通过账号注册和登录的方式，实现用户基本数据的抓取，进行前期的内容推荐，后期根据不断完善的用户画像，形成个人兴趣图谱，引入 AB 测试（一种新兴的网页优化方法）和双盲交叉验证机制，持续优化相似性矩阵，使推荐越来越精准。个性化精准推送在变革媒体内容分发方式的同时，也带来了诸多问题。其中，"信息茧房"效应一直备受争议。偏重基于用户"趣味性"要素制定的算法规则，缺乏其他维度的新闻价值判断标准，加之大量自媒体内容的涌入，使低质量内容不断积累，高质量内容逐渐被边缘化。受众在不良信息的侵扰下，容易造成价值取向偏颇、社会价值关注不足等问题[②]。

---

① 刘娅. 人工智能时代媒体行业的发展分析 [J]. 卫星电视与宽带多媒体，2024（3）：74-76.
② 宋建武. 全媒体时代主流媒体的数据化生存与发展 [J]. 湖南大学学报（社会科学版），2019（6）：153-160.

二、主流媒体的转型背景与融合方向

（一）主流媒体布局短视频业务的融合背景

统计数据显示，截至 2023 年 12 月，我国网络视听用户规模达 10.74 亿，网民使用率为 98.3%，如图 6-4 所示。

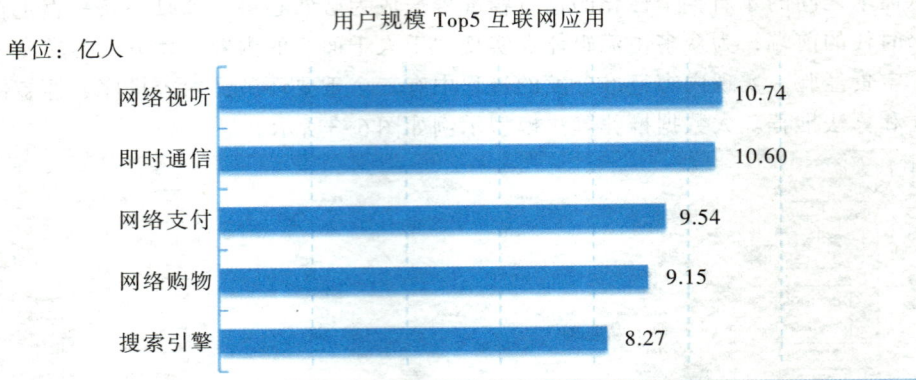

用户规模 Top5 互联网应用

单位：亿人

图6-4　中国网络视听发展研究报告（2024）

资料来源：作者根据相关资料整理。

启智普慧 6-2

《中国网络视听发展研究报告 2023》发布

国内学者普遍将"主流媒体"定位为承担重要的宣传任务和功能，覆盖面广、品牌性强、影响力大的强势媒体。在媒介融合背景下，影响力逐渐下降的传统主流媒体需要依托互联网和各种社交媒体平台重构传播格局。事实上，主流媒体布局短视频业务有着极大的优势。在内容生产制作方面，主流媒体无论是信息密度、视听体验还是思想价值等方面都可圈可点，能够依托短视频平台的流量及受众资源，实现迅速传播。同时，主流媒体无论是在叙事风格还是在内容把控上都更具优势，新闻主播的"专业身份+信任背书+流量加持"更易形成强大的 IP 效应。

（二）主流媒体布局短视频业务的融合方向

利用主流媒体的社会影响力和公信力，结合互联网思维，通过调整新闻发布内容、表现形式、平台布局等，能够实现主流媒体的融媒体运作。从行业实践来看，主流媒体布局短视频业务主要有三个方向：内容、平台、流量变现。

内容是主流媒体融合的基础。在媒介融合时代，主流媒体凭借"短平快"的特点实现了新闻生产和传播的快速扩张，变得更接地气。主流媒体依托相关短视频团队、融媒体中心，通过调整内容生产模式、交互模式等，让新闻呈现更加明显的短视频化特征。首先，短视频的内容表达逐渐脱离严肃的新闻报道的桎梏，开始采用幽默的表现形式拉近与受众之间的距离，实现了很好的沟通效果。其次，利用信息技术进行内容生产与筛选，通过数据分析、关键字搜索等方式，探寻更加符合受众喜好的内容。比如央视网的"5G+4K+AI"就是与人工智能企业共同布局，通过建立"媒体+人工智能"的合作模式，搭建集智能搜索、智能语音、智能分析于一体的平台，在为受众提供更多优质内容的同时，打造智能化服务。除了发布新闻内容以外，主流媒体还积极布局网络视听文艺方面的内容，通过新闻、纪录片、网剧综艺、动画、网络电影等多种短视频表现形式，提高内容质量，实现主流媒体内容导向与隐性教育价值。

平台的选择与融合是关键。目前主流媒体在短视频平台的布局与合作主要涉及以下两个方面：一方面，主流媒体实现媒体转型和融媒体布局的第一步是拓展新媒体平台，如微信公众号等。开设第三方短视频平台账号已经成为主流媒体短视频业务发展的标配。各大短视频平台也积极与传统主流媒体进行融合。例如，快手的快UP融合计划和抖音的媒体号成长计划等，都为主流媒体布局短视频业务提供了便利与流量扶持。河北广播电视台的抖音账号粉丝数为821.2万，其通过短视频等发布新闻内容获得了较高的关注度。另一方面，主流媒体开始积极布局融媒体从而把握舆论导向。许多传统媒体积极探索将技术与平台结合，助力媒体的内容传播与流量提升。人民日报抖音号截图如图6-5所示。

图6-5 人民日报抖音号截图

资料来源：作者根据相关资料整理。

流量变现是主流媒体短视频业务融合的市场价值体现。对于短视频平台来说，流量变现是市场价值的体现。主流媒体的短视频业务商业化，带来了主流媒体与商业形态的融合与变革。比如，河北广播电视台积极成立MCN机构，探索"广播+电商"模式，通过主播账号的运作打造全媒体矩阵，并通过多样化的经营模式实现盈利。[①]

第二节 融合新闻短视频的生产特征

一、短视频的定义与特点

融媒体时代下，短视频异军突起，抖音、快手等短视频平台的出现，在很大程度上推动了短视频的发展。

（一）短视频概述

短视频是指在各种短视频平台上播放的、适合在移动状态和短时休闲状态下观看

---

① 张明皓. 主流媒体布局短视频业务的融合实践与思考 [J]. 新闻研究导刊，2024，15（2）：107-109.

的、高频推送的视频内容，时长几秒到几分钟不等。在媒介融合环境下，一系列短视频平台的出现，在很大程度上推动了短视频的发展。短视频的主题内容非常多元化，既可以成为电视新闻媒体的重要报道方式，也可以成为广大用户休闲娱乐的方式和媒介。在移动互联网技术快速发展的今天，短视频得到了快速传播与发展，人们可以借助手机客户端随时收看短视频，也可以快速编辑发布短视频。

（二）短视频的特征

依托信息技术和网络技术，短视频一经产生便快速发展。一些主流短视频平台的出现在很大程度上推动了短视频的发展，甚至实现了对微信、微博的全面赶超。第七次短视频用户价值年度调研报告如图6-6所示。

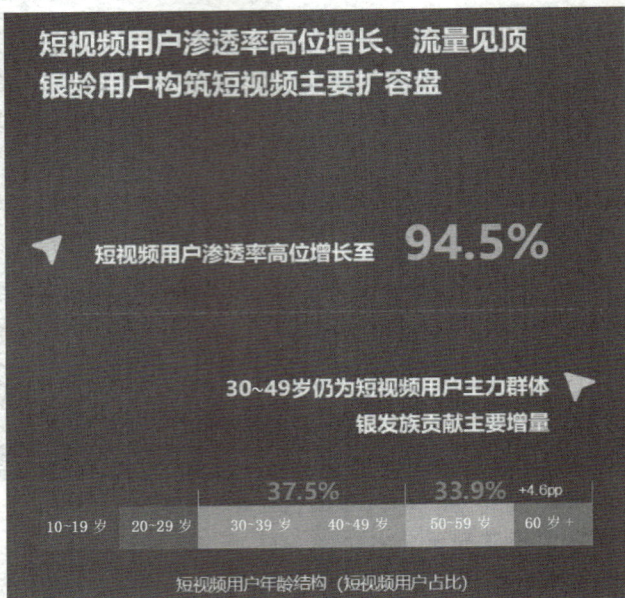

图6-6　第七次短视频用户价值年度调研报告

资料来源：作者根据相关资料整理。

短视频具有非常显著的特征，第一，短视频的时间相对较短。短视频平台用户可以随时随地利用碎片化的时间看视频，这使得其用户群体非常广泛。第二，竖向短视频的出现满足了人们移动观看的需要。抖音、快手等热门短视频平台在进行视频内容的推送过程中，注重适应受众的阅读习惯。较之于横屏观看，竖屏观看更加符合人们的需要，也更能满足人们在不同场景中的应用。第三，短视频制作门槛低。短视频的制作是非常简单的，用户使用智能手机就可以进行短视频的制作和上传。现阶段一些极速版本编辑软件的出现在很大程度上推动了短视频的发展。第四，短视频的传播效率高。在新闻事件中，现场用户可以随时通过短视频的方式进行编辑传播，这能够提高传播效率，但也容易滋生相对片面化和虚假的信息，增加了受众信息选择的难度。

二、融合新闻短视频的内容生产

依托简单的制作方式以及广泛的传播平台，短视频发展速度加快。但在短视频快

启智增慧6-3

CSM发布2023年短视频用户价值调研报告

速发展的过程中，也存在着较为明显的问题，如内容质量差、趣味性不高等。为推动短视频的发展，可以依托电视等传统媒体来不断制作和推送高质量的短视频。

（一）主流媒体要巧妙借力

推动短视频的健康积极发展，离不开主流媒体，尤其是传统电视媒体的支持。在媒介融合大势下，作为传统媒体的电视媒体，若不注重变革和创新、不实施"多条腿"走路，势必造成严重的受众分流，同时也直接影响电视新闻或信息的传播效率。在短视频迅猛发展的过程中，应该充分嫁接到主流电视媒体上。同时，电视媒体也要学会充分借力，以此来不断维系稳定的受众群体。相比短视频，电视媒体具有丰富的信息资源，同时具有先进的视频编辑理念以及视频传播技术。电视媒体可以充分发挥自身的优势，将先进科学的电视编辑技术与短视频制作技术相结合，不断拓展短视频的发展路径，保障短视频的制作质量。比如，央视通过抖音号积极推送重大新闻事件。在央视等主流媒体的短视频中，用户不仅可以看到完整的新闻信息，也能够欣赏先进的视频制作技术。积极推动短视频的发展，离不开主流媒体的助力，只有引导主流媒体巧妙借力，才能为短视频的发展指明方向，为广大用户树立标杆，同时也能够在价值引导方面发挥积极的作用。

（二）维护视频生产者的合法权益

为有力推动短视频的健康有序发展，积极为广大用户营造尊重知识、尊重版权的网络氛围，应该充分尊重视频生产者的合法权益。一方面，作为视频发布以及推广的平台，应该充分注重保护视频生产者的合法权益，依托科学清晰的内容生产以及制作的标准和规范，积极推动内容生产者严格按照短视频平台的运营规范来科学操作。同时，对于平台中肆意剽窃他人视频内容，或者编辑整合多段视频内容的用户，必须给予严厉惩戒，不断警示他们尊重原创。另一方面，短视频平台还应该积极为广大用户提供便捷快速的举报渠道，明确举报的流程，一旦发现违规行为可以及时进行举报。

（三）加强短视频平台的监管

任何用户都可以基于自己的偏好发布短视频，这在丰富短视频内容、推动短视频发展的同时，也容易滋生内容不健康、主题负能量的视频内容。网络不是法外之地，网络平台在加大监管力度、加强违规惩戒、采用封号等方式进行管理的同时，同样离不开法律法规的完善。因此，为更好地推动短视频的发展，相关部门应该加强协调合作，制定行业标准体系、完善监管规范，在督促网络平台加大监管力度的同时，也要从社会监管层面来为短视频的发展营造良好的外部空间。为净化网络空间，营造良好的网络氛围，全方位推动短视频的健康持续发展，应该多方协同加强短视频平台的监督与管理，及时把关短视频的发展方向以及应用体验。

（四）科学提升用户的媒介素养

用户是短视频内容的接收者，同时也是短视频内容的创造者、制作者。为全面推动短视频的发展，应该不断提升用户的媒介素养。一方面，整个社会环境以及网络平台都应该宣传推广健康积极的内容。比如短视频平台可以积极推送一些正能量的信息，不断加强和提升用户审美素养。另一方面，政府部门以及网络监管平台还应该强化用户的规则意识。

短视频在快速发展的过程中也存在一些问题。为全面推动短视频的发展，应该充分发挥主流电视媒体的作用，同时不断加强监管力度①。

三、融合新闻短视频的制作流程

（一）融媒体环境下短视频的制作方法

1.短视频主题制作

主题是短视频制作的核心，标新立异的短视频主题成就热门视频或者经典视频的概率更高，是吸引受众的关键，科学合理地选取并制作短视频主题是后续制作流程的基础。以时下热门的抖音短视频为例，据不完全统计，抖音短视频平台已经吸引了近8亿用户，具有全民参与的特点，人们只要合法在平台上注册账号，通过手机、电脑等就可自行发布视频。有创意新颖的短视频主题才能够获得广大受众的喜爱，视频点击率就会比较高，进而获得广泛传播。

2.短视频剪辑制作

短视频剪辑制作具有操作简便快捷的特点，相比专业的广播电视节目制作要求和约束较少，在前期采访、后期解说、配音等制作流程方面要求较为宽松，通常会直接进行核心内容表达，言简意赅。用户通过视频软件均可轻松制作短视频，制作周期非常短。例如，用户在确定短视频主题以后，可使用单反相机、手机等进行短视频拍摄，然后利用短视频制作软件进行后期剪辑制作；还可以加入特效、设置悬念台词或者画面、背景音乐等方法进行短视频剪辑制作，声音、视频、文字等可以使短视频内容更加精彩，进而获得受众的喜爱。

3.短视频制作流程

在新媒体环境下，各大短视频平台都推出了独具特色的短视频制作功能窗口，自媒体用户可通过平台软件进行短视频制作，同时短视频制作的技术和设备种类繁多，用户可自行选择。为了保障短视频制作的质量，避免出现掉帧、模糊等问题，给受众提供清晰流畅的观看体验，要按照短视频制作流程进行操作。首先，要全面收集视频素材。虽然短视频成品只有几分钟甚至几秒钟，但是其蕴含的内容颇为丰富，前期需要拍摄大量的视频素材，从而为视频后期剪辑提供不同视角、时间、内容等方面的素材。前期视频素材一般不会全部出现在视频成品中，需要将低品质的素材删除，做好帧与帧之间流畅自然的切换或者衔接，以高品质素材保障视频画面的清晰度和完整性。其次，进行后期视频剪辑。视频剪辑是短视频制作的关键，以画面编辑为主，借助新媒体软件重新编辑短视频画面，运用美颜、特效等提高短视频的清晰度和精彩度，进而提高短视频制作质量。最后，进行短视频预览。短视频制作完成后通常会对成品进行预览，确保画面清晰流畅，无违反审核规定的不良内容，经平台审核通过后上传至短视频平台供受众观看、下载、传播、保存等。短视频制作流程见图6-7。

启智增慧6-4

脚本策划与拍摄制作技巧，三分钟学会制作顶流爆款抖音短视频，小白必须要学的教程

---

① 江海蓉.解构融媒体时代短视频的发展路径［J］.新闻传播，2020（13）：31-32.

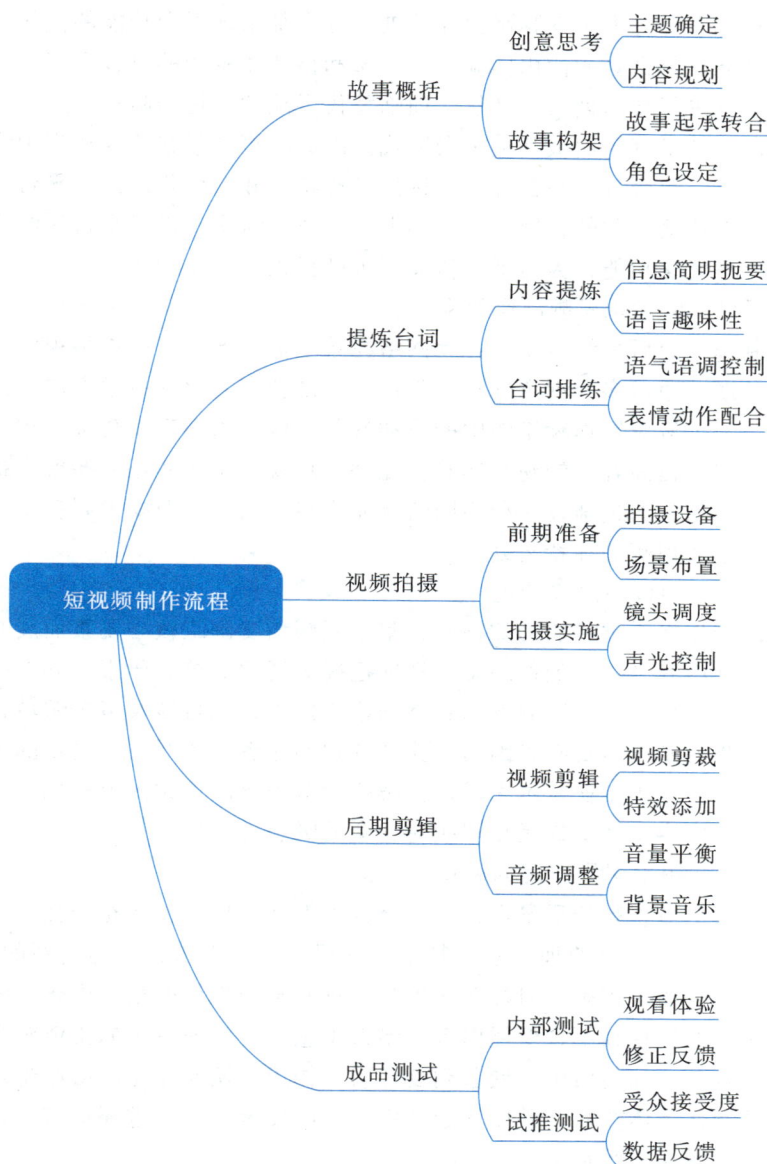

图6-7　短视频制作流程

（二）融媒体环境下短视频传播路径

1.精准制作短视频内容

要想制作出高质量的短视频，应坚持以原创内容为核心，精准制作短视频内容。目前，大量网红的出现将短视频推向了专业化的发展趋势，短视频内容的差异化和细分化明显。例如，带货主播会在直播卖货前，拍摄短视频宣传直播时间和福利；才艺主播会定期更新才艺短视频等。

2.跨平台传播短视频

在资源共享和合作共赢的融媒体环境下，单打独斗的平台几乎不存在，为了满足用户的多元化需求，各大短视频平台在发展过程中都重视平台功能的优化，使短视频制作者和受众能获得良好的使用体验，在发布和传播短视频的过程中能快速同步。短视频平台如果不进行技术创新，必然会面临替代风险和模仿风险等，从而流失平台用户，甚至是由于技术落后而被其他平台取代。因此，短视频在传播过程中应深入了解各大平台的功能，综合分析平台优势，选择具有特色和个性化的热门平台并遵守平台规定进行短视频传播。此外，短视频中的上下游业务增多，需要平台从制作者和受众的角度双重考虑优化功能，为跨平台传播短视频提供技术支持。

3.结合用户体验优化视频制作效果

短视频制作完成后最终需要在移动网络终端上输出展示，因而短视频制作者需要以多个拍摄角度，通过多个创意性小镜头运用，结合多元化的技术方法，让短视频内容更加丰富。为了避免短视频制作中的抖动现象，应采用固定视角进行拍摄，通过稳定性视频的呈现，提高客户的观赏体验。此外，短视频制作者还需要着力拍摄出内容完整且丰富的作品，通过增设多种不同情景充实视频内容，但要做到各个画面之间的无缝衔接，展示短视频的独特之处。

4.彰显短视频的核心内容特色

短视频的制作需要具备明确的核心，整个视频均要围绕核心要素而展开。短视频制作者需要树立内容第一的创作理念，精准把握短视频的核心要素，并在此基础上进行内容的拓展与创新。短视频制作内容空间逐步扩大，题材涉及多个领域，并且人人都可参与短视频的制作与发布，因而专业短视频制作者更需要立足受众的视角，深入挖掘受众需求，并运用专业技术手段进行契合受众需求的视频内容呈现。要在精心筛选且核心明确的内容支持下提高短视频对受众的吸引力。

5.注重短视频舆论引导作用的展现

新媒体背景下短视频的质量提升需要充分把握舆论导向，将符合社会主义核心价值观和中华优秀传统文化的理念融合其中，并根据受众需求，运用新颖的制作形式，打造内容丰富、价值观正确、对社会发展具有良好导向作用的精品内容。短视频制作者需要确保制作的短视频不含低俗内容及错误思想，进而通过正向价值观念传导与积极思想观念融合，为社会舆论发展起到良性引导作用，从而净化网络舆论环境，充分展现出短视频制作主体在社会秩序稳定有序和健康发展方面的重要价值。短视频舆情监控系统平台如图6-8所示。

6.整合短视频的营销资源

短视频的广泛传播离不开营销策略的支持，运用多种营销策略和传播路径推广短视频已成为融媒体环境下短视频传播的趋势。抖音短视频平台借助大数据分析受众可能感兴趣的内容，向受众推送相关内容的短视频，提高视频的点击量。其还会推送热门短视频，将短视频打造为受众热议的话题，进而围绕热议话题进行原创短视频素材收集和线上线下活动推广，让短视频制作者积极参与，提高受众传播短视频的概率，进而为平台带来可观的经济收益，促进平台发展。短视频种类繁多、数量巨大，相同种类的短视频通常可以利用灵活组合和编排的方法制作成短视频合集，吸引受众观看和评论，进而产生制作者跟风制作短视频等一系列连锁反应，不仅可推动短视频的广

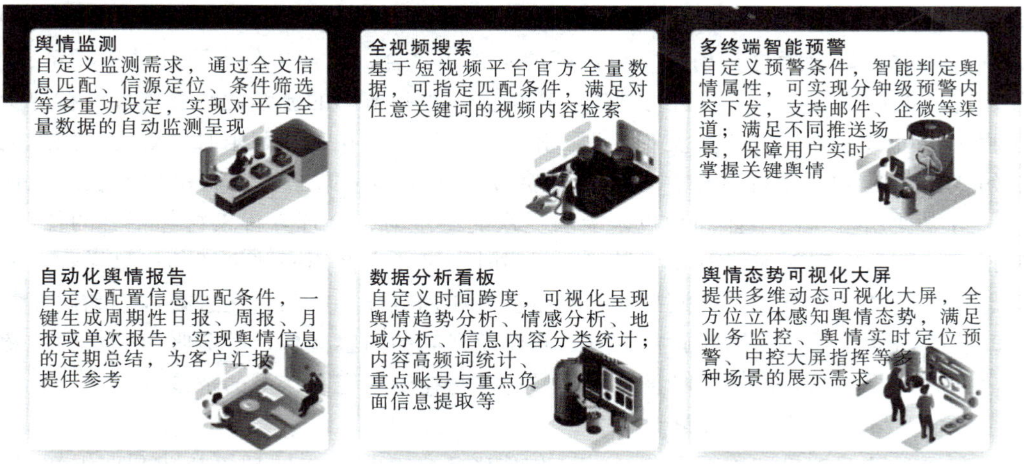

图6-8 短视频舆情监控系统平台

泛传播，提高播放量，也能够为平台带来可观的经济收益，促进平台的可持续发展[①]。

（三）融合新闻短视频的生产技术应用

1.短视频的形态和主题制作

短视频的形态和主题制作直接决定了短视频的风格、类型和内容选择。在新媒体时代，创作者需要充分了解目标受众和传播平台的特点，进行合理选择和创作。短视频的形态制作涵盖多种元素，包括剧本创作、摄影技术、剪辑和特效等。制作一个成功的短视频需要良好的故事结构和节奏感，以及吸引人的画面和音效。同时，主题制作也非常重要，不同的主题可以吸引不同的受众群体。从美食、旅行到科技、时尚，每个主题都有其独特的魅力和观众群体。具体来说，第一，短视频制作前，要确定短视频的主题和内容，并构思出有趣的故事情节和表演内容，考虑主题的独特性和与目标受众的关联性，以吸引受众的注意力。第二，根据剧本需求，寻找适合的拍摄场景，考虑场景的视觉吸引力和与故事情节的契合度，可以在户外或室内拍摄，确保场景的布置和背景的选择与主题相符。第三，确保拍摄设备的正常运行。选择合适的设备，并根据拍摄需求进行调整和设置；确保画面的清晰度和音频的质量，以提高受众观看体验。第四，根据剧本和场景要求拍摄，注意角度、光线和音频的质量。使用稳定器或三脚架来保持画面稳定，运用不同的摄影技巧来提升视觉效果。第五，将拍摄的素材导入剪辑软件加以调整。剪辑时要注意剧情的连贯性和流畅度，根据剧本安排剪辑顺序和时长，可以使用过渡效果、分割屏幕等手法来增强短视频的趣味性。第六，根据短视频的主题和内容，设计吸引人的字幕和特效，增加视觉上的吸引力。同时需要对短视频进行细节完善和后期处理，包括颜色校正、画面稳定处理和音频调整等。

2.短视频的内容和版面制作

短视频的内容和版面制作包括脚本编写、配乐和字幕设计等方面。通过精心的内容和版面制作，可以使短视频更加吸引人、有趣和具有影响力。第一，在制作短视频

---

① 胡宁倩如.新媒体环境下短视频制作与传播路径［J］.新闻传播，2022（22）：45-47.

时，选择一些有趣和吸引人的素材和场景。可以考虑使用特殊的道具或特效来增强创意性。同时，确保素材、场景与短视频的主题相符合，以便更好地讲述故事。第二，使用专业的剪辑软件对素材进行剪辑，以确保短视频节奏的流畅性和连贯性。在剪辑过程中，可以考虑添加过渡效果、动画和特效。另外，在选择配乐时，要注意挑选适合短视频主题和氛围的音乐，以增强观赏性和体验感。第三，在短视频的版面设计中，可以使用醒目的字体和颜色来吸引受众的注意力，合理安排素材和字幕的位置，使得短视频的内容更加清晰和易于理解。同时，可考虑使用一些创意的字幕样式，如动态字幕或弹幕效果，以增强视觉上的吸引力和创意性。第四，在进行内容和版面制作时，要始终将受众的体验放在首位，确保短视频的内容有趣，并能吸引受众的注意力。同时，要注意短视频的时长，将其尽量控制在受众容易接受的范围内。

3.短视频的拍摄和剪辑制作

在短视频的拍摄和剪辑制作环节，创作者需要掌握基本的拍摄技巧和剪辑知识。首先，拍摄技巧是成功制作短视频的关键要素之一。创作者需要注意光线、构图、角度和稳定性等方面的技巧，合适的光线可以改善画面，使得短视频更加清晰、明亮。精心构图可以突出短视频的主题，吸引观众的注意力。选择合适的拍摄角度可以创造出独特的视觉效果，增强观赏性。稳定拍摄可以避免画面晃动，提升观看体验。因此，创作者需要不断学习和实践，提升自己的拍摄技巧，以拍摄出更具吸引力和高质量的短视频素材。其次，剪辑软件的使用也是短视频制作不可或缺的一部分。创作者需要熟悉剪辑软件的操作界面和功能，以实现对素材的剪辑、特效添加、音频调整等。剪辑软件可以帮助创作者整理、拼接和优化拍摄到的素材，让短视频更加流畅和连贯。添加适当的特效可以增强短视频的视觉冲击力和吸引力。调整音频可以使得短视频的声音更加清晰。创作者需要选择能满足自己需求的剪辑软件，并不断学习和掌握其功能，以实现短视频的良好剪辑、制作。[①]剪映操作页面如图6-9所示。

图6-9 剪映操作页面

---

① 耿旭. 新媒体时代短视频制作技术应用探讨［J］. 新闻研究导刊，2023（21）：92-94.

第三节　融合新闻短视频的传播策略

一、新闻媒体在短视频平台的传播策略

（一）强化核心价值观引领，坚持"内容为王"

第一，要强化核心价值观引领。新闻媒体是党和人民的喉舌，具有引领社会主义核心价值观的作用。受众对新闻媒体的信任度很高，新闻媒体在短视频平台发布内容的价值导向必须是正确的、积极向上的。以"人民日报"抖音账号为例，虽然其短视频内容会结合社会热点、网络热梗等，以风格独特、语言轻松幽默的形式呈现在大众视野中，但整体来看，仍然传递的是爱国、团结、青春等充满正能量的内容。这也表明，只有保证短视频新闻内容的水平和质量，才能真正吸引受众的目光，提升自身的社会价值。

第二，要坚持"内容为王"。在传统媒体和新媒体融合发展的过程中，内容始终是核心。短视频在制作热点新闻的过程中，首先要保证新闻线索和呈现内容的真实性，其次要根据新闻内容，以叙事化、故事化等方式表达出来。这要求新闻媒体不仅要巧妙提高叙事技巧和能力，更要明确价值取向，为受众传递更有意义、更有价值的新闻，避免过度娱乐化或者成为"标题党"。

第三，要守住新闻底线。自媒体时代，新闻媒体要把好稿源大关，在面对具有争议性的热点事件时，要保持清醒的头脑和正确判断，拒绝做热点事件的"提线木偶"和"流量助推器"。热点新闻容易被捕风捉影、断章取义或夸大事实，用夸张、悬疑的标题吸引受众注意，用截取镜头、拼接镜头构成不实内容，引发受众传播。新闻媒体应严格规范新闻制作流程，正确评估新闻所带来的社会影响，针对网络谣言，要及时站出来辟谣或发布正面言论。

第四，要深挖用户需求。对新闻媒体而言，无论是新闻内容还是新闻呈现方式，都要抓住受众的实际需求，制作更加接地气的短视频。新闻媒体要突出自身优势，将目光聚集在受众身上，采用小切口、生活化的报道形式，多角度、多侧面、全方位了解事件信息，让受众能够通过现象看到本质，制作更多符合受众需求、有内涵的精品内容。例如，"人民日报"抖音号发布的一条以个人为主要叙事画面的短视频，全程展现一名车站值班员在地震发生时临危不乱，接听电话且冷静处理，确保列车运行安全的画面。虽然镜头并不丰富，但正是这种简单化的报道方式引发了众多网友点赞，纷纷向铁路人致敬。

（二）创新短视频形式，塑造独特的IP形象

作为地方新媒体账号，"四川观察"因"有趣的灵魂"得到受众关注。从发布内容来看，不少网友调侃"四川观察"做到了"全国各地观察"，甚至催生了诸如"××观察""××观察分察"等模仿账号。"四川观察"的短视频新闻在内容质量、发布速度以及传递的温度上都有保障，成功塑造了自身IP人设，与受众积极互动，实现了人际传播。

同样，其他媒体账号也有相似的成功逻辑。其聚焦民生百态，以独特视角深入挖掘本地故事，用生动鲜活的短视频形式呈现，迅速吸引大量粉丝关注。这些账号没有局限于传统新闻报道模式，而是以受众需求为导向，创新内容表达。山东省部分微博账号影响力排行榜如图6-10所示。

山东省微博账号影响力排行榜（政务及公共服务）
日期：2024年1月1日—2024年12月31日

排名	昵称	粉丝数	微博数	原创数	转发数	评论数	点赞数	原创转发数	原创评论数	BCI
1	文旅山东	9 470 189	16 083	15 867	1 285 648	821 031	2 866 926	1 279 531	809 545	2 094
2	烟台市文化和旅游局	2 841 233	9 493	9 369	238 356	301 840	969 001	234 731	299 912	1 908
3	山东消防	1 660 012	4 994	4 953	65 957	1 485 241	916 272	65 774	1 484 675	1 906
4	潍坊环保	652 968	15 449	14 910	232 714	242 778	246 438	228 423	239 183	1 892
5	青岛市文化和旅游局	5 684 575	6 433	6 279	267 157	155 862	571 879	266 203	153 256	1 858
6	青岛公安	2 071 930	12 171	11 995	39 825	627 855	560 145	39 311	622 234	1 848
7	菏泽中院	463 958	26 143	12 076	111 339	223 886	275 380	94 729	194 597	1 838
8	山东环境	859 372	12 492	10 889	286 621	119 082	102 119	264 557	107 637	1 838
9	枣庄公安	1 015 611	10 715	10 675	19 920	667 560	255 484	19 880	667 117	1 799
10	菏泽市人民检察院	72 282	22 321	11 508	1 147 239	9 115	310 564	1 124 699	7 558	1 790

图6-10　山东省部分微博账号影响力排行榜

资料来源：作者根据相关资料整理。

新闻媒体若想在短视频平台"出圈"，就必须以受众需求为核心，创新内容表达形式，保证质量与数量。如此才能打造属于自己的独特风格，形成专属标签，让受众产生记忆点，进而被吸引。"四川观察"等账号为新闻媒体在短视频领域的发展提供了宝贵经验。

（三）利用技术增强画面感，实现精准推荐

新闻通过短视频来呈现不难，难的是如何在短时间内制作出吸引受众的内容。当前普遍的做法是将视频、文字和图片结合，或者整体以视频的方式呈现。想要提升新闻媒体在短视频平台的传播力，就要尝试利用不同的表现形式和技术手段来增强视觉冲击力。可以根据新闻内容，通过Vlog（Video blog或Video log，视频博客、视频网络日志）的形式增强信息表达的生动性。

【案例撷珍】

央视主持人康辉走进演播室，利用自拍杆实现了Vlog拍摄，制作系列短视频《大国外交最前线》《康辉cityride杭州骑遇记之杭州亚运会》等，看似康辉个人的生活与工作记录，实则是用大众喜闻乐见的形式体现全媒体记者的职业素养，一度引发热议和广泛传播。

资料来源：作者根据相关资料整理。

此外，还可以利用 3D 建模等技术手段呈现新闻事件的整体脉络；用 VR 技术还原新闻现场，满足受众的好奇心，增强新闻的视觉冲击力。总之，短视频新闻的制作要朝着智能化、专业化方向发展，从设计、选题、制作等方面彰显新闻媒体的专业优势。新闻媒体还要充分利用信息技术平台，了解短视频平台用户的偏好、浏览时长等信息，并进行内容复盘，分析和了解受众的实际观看喜好。根据数据反馈实现精准推荐，实现以"点"带"面"的全方位覆盖，将短视频新闻推送给更多的平台用户。

（四）强化跨平台覆盖，提高受众黏合度

想加大新闻媒体在短视频平台的传播力度和范围，就要实现跨平台传播，即与不同媒体合作，实现相互推广。例如，"人民日报"抖音账号发布了主持人康辉制作的 Vlog 短视频，在小红书和微博平台同时投放，实现了粉丝全覆盖。新闻媒体还可以在微博、抖音、快手等平台开通直播功能，就当前受众关心的话题或者根据新闻的实际内容，邀请相关部门以及负责人共同进行直播，帮助受众了解事件信息，让受众也能够参与到直播和互动中。2023 年，甘肃麦积山地震发生后，新闻媒体纷纷奔赴现场进行直播，受众在直播当中了解了救援的最新进展，提高了受众黏合度[1]。

启智增慧 6-5

混合情感传播模式——人民日报抖音号内容生产研究

二、融合新闻短视频受众的需求分析

随着移动互联网的发展，受众获取信息的习惯也发生了改变，他们更乐意利用碎片化时间来获取新闻信息，新闻短视频的出现正好迎合了受众这一需求。有针对性地分析受众需求，能够为传统媒体转型升级和创新发展注入动力。

（一）渴望多元体验

一直以来，受众了解国际国内时政要闻以及趣闻轶事，主要依靠电视、广播、纸媒。随着网络技术的迅猛发展，受众渴望多渠道、全方位、立体化获取新闻信息，所以想要满足受众需求就应设法使传播方式更加多元化。新闻短视频具有碎片化传播特征，一方面符合融媒体时代受众的信息接收习惯，满足了受众获取信息的需求；另一方面也满足了受众的社交心理需求，逐渐实现了传播效果的最大化。

（二）期待视觉冲击

新闻短视频要真正实现时短意深、扣人心弦，不得不争分夺秒，如在镜头衔接上利用炫酷开头、镜面倒影、线条发散或选择延时、慢动作等手法控制画面时间维度等，用时间和空间张力来抢抓眼球、形成冲击。

（三）力求内容新颖

与传统媒体相比，新闻短视频受内容和选材的影响相对较小，可以持续向电商、旅游、体育、美食等多领域叠加、渗透。要想满足受众日益增长的精神文化需求，就要在保证信息内容真实的前提下，避免内容的同质化，做到差异化传播，切忌出现逻辑混乱、衔接不畅等情况。

（四）引发情感共鸣

在新闻短视频的制作和传播过程中，除了要在第一时间传递最新消息外，还要加

① 马小帆．新闻媒体在短视频平台的传播策略探究［J］．新闻研究导刊，2024（8）：12-15.

强舆论引导，重视情感的传播，通过情境的设置使新闻短视频更具感染力和说服力，引发受众的共鸣①。

通过融媒体时代下视频新闻生产与传播的深入研究，可以看到主流媒体的积极转型、融合新闻短视频独特的生产特征以及富有成效的传播策略。但这仅仅是个开端，未来的发展充满了无限的可能与未知。比如主流媒体的转型之路是否能完全适应快速变化的信息环境？传播策略的不断创新将如何影响社会舆论的走向和公众的认知？技术的持续进步，如人工智能、虚拟现实等在视频新闻中的应用，会给生产与传播带来怎样的变革？面对这些问题，媒体和从业者需要进行更多思考、研究与实践，也需要受众广泛而持续的参与。

本章要点

1.主流媒体积极引入先进的技术手段，如5G、大数据、人工智能等，提高了新闻报道的质量和效率。通过大数据分析，能够更精准地把握受众的兴趣和需求，从而实现新闻内容的个性化推送。

2.主流媒体的平台融合不再局限于单一的媒体平台，而是实现了电视、广播、网站、社交媒体等多平台的融合发展。以央视新闻为例，其不仅在电视端保持权威地位，还在微信公众号、微博、抖音等平台拥有庞大的粉丝群体，通过不同平台发布不同形式和风格的内容，满足了不同受众的需求。

3.媒体新闻短视频通常时间较短，在几分钟甚至几十秒内传递核心信息。这种简洁明了的形式能够迅速抓住观众的注意力，适应当下快节奏的生活方式。

4.可以通过生动的画面、图表、动画等元素来增强新闻的表现力和吸引力。在突发自然灾害时，新闻短视频可以迅速展现现场情况。

5.视频制作包括主题、剪辑和流程三个方面。主题是核心，标新立异的主题能吸引受众，结合创意形成独特风格和传播路径。

6.媒体新闻短视频的生产应用了多种先进技术。在拍摄方面，高清设备与稳定器确保画面清晰稳定；智能剪辑软件能快速处理素材，提高制作效率；大数据能精准推送内容。这些技术的应用，提高了新闻短视频的质量与传播效果，使新闻更生动、及时、精准地触达受众。

7.媒体新闻短视频的传播策略注重多渠道与多形式结合。利用社交媒体平台的用户基础，实现快速传播；通过个性化推荐算法，精准推送符合用户兴趣的新闻短视频，以更有效地传播新闻内容，满足受众需求。

关键概念

视频新闻生产　融媒体　短视频传播路径　新闻媒体短视频平台传播策略　技术驱动的变革

---

① 方浩宇.探析受众视角下新闻短视频的创新发展路径 [J].新闻世界，2022（8）：37-40.

综合训练

1.主流媒体在融媒体时代面临哪些挑战和机遇？请举例说明。

2.融合新闻短视频与传统电视新闻在内容生产上有哪些显著区别？

3.通过分析教材案例，思考一些主流媒体在不同平台上发布相同内容时的差异化处理方式。

4.受众偏好哪些新闻短视频内容？这对融合新闻短视频的制作和传播有何启示？

即测即评6

第七章
智能新闻生产与传播

■ 学习目标

【价值塑造】

培养媒体责任感与职业道德素养，理解智能新闻传播的社会影响力，树立正确的新闻价值观；在数智化传播环境下维护智能新闻真实性、客观性和公共性，培养对算法伦理、数据隐私等新兴议题的敏感度。

【知识传授】

知晓智能新闻的基本概念、发展历程及技术基础，包括大数据、人工智能、云计算等技术原理；理解智能新闻的采集、生产、分发全流程，涵盖数据挖掘、自然语言处理、机器学习等核心技术应用；掌握智能新闻的类型特征、行业应用场景及发展趋势，建立跨学科的智能新闻生产融合知识体系。

【能力培养】

提升智能新闻技术应用能力和实践操作能力，掌握智能新闻生产与传播的具体流程，包括数据收集、算法模型构建、新闻内容生成与智能推送等关键环节；面对智能新闻生产中可能出现的数据质量缺失、算法偏见等问题，学会分析问题产生的原因，探索有效的解决方案；发挥创新思维，探索智能新闻的未来发展方向，如人机协同传播、人机协同进化等。

智能技术使得人类传播活动形态持续迭代。各种社会运行机制（政治、经济、文化）都已经深度媒介化，导致很多行业成为信息业和传播业。[①]智能传媒跃升在重构社会生活各个领域，重组新闻的生产方式、传播模式、话语权以及知识体系。

第一节 人工智能对新闻生产与传播的影响

ChatGPT 是由 OpenAI 公司开发的聊天机器人，具备通过学习和理解人类语言来进行对话的能力，能够回答人类提出的几乎所有问题。该机器人采用了全新设计的语音合成技术，能将语音转换成文本或其他形式输出给许多设备端口。ChatGPT 作为一种生成式预训练转换器（GPT，Generative Pre-Trained）的模型改进版本，被认为是迄今为止最优秀的 AI 聊天机器人。目前已经有多家机构对该聊天机器人进行了评测。该产品发布后立即受到了广泛欢迎，仅仅在两个月的时间里，其每月的活跃用户数量就突破了 1 亿大关。深度求索公司（DeepSeek）成立后致力于通过技术创新推动人工智能的普及与应用，核心团队由顶尖的 AI 科学家、工程师和行业专家组成，主要研究方向包括自然语言处理（NLP）、计算机视觉、多模态学习和强化学习等，旨在打造高效、智能且可扩展的 AI 解决方案。DeepSeek 将其独特的算法技术广泛应用于多个领域，如新闻生产、智能客服和数据分析等。其自动化写作、智能选题和个性化推荐技术显著提升了内容生产效率与传播效果。

ChatGPT 和 DeepSeek 作为生成式人工智能家族的一部分，具有独立产生新的文本、图像、视频以及其他输出内容的系统，引发新一轮的新闻生产与传播变革。以人工智能为核心，包括大数据、区块链、云计算、物联网等在内的技术集群可称之为智能技术体，其创新与扩散正不断改变人类社会环境和社会主体，从多方面对新闻生产与传播产生影响。

一、对新闻内容生产的影响

新闻内容生产仍然是当前媒体的重要价值体现。新兴技术带来了信息传播底层逻辑改变和媒体生产的颠覆式革命，人工智能飞速发展的背景下，智能化信息生产正在逐步取代传统单一的新闻采编方式，成为媒体新闻生产的一大特点。媒体生产内外部条件的改变，使新闻内容生产流程、生产模式、生产思路进行了变化与重构。

人工智能对新闻内容生产的影响主要体现在以下方面：

（一）提高新闻生产效率

智能新闻能够快速处理和分析大量的数据，自动生成新闻内容，大大提高了新闻生产的效率。相比于传统的新闻生产方式，智能新闻可以在短时间内生成大量的新闻报道，满足用户对新闻的快速需求。借助人工智能算法模型，可以完成新闻的采集、写作、编辑、审核等一系列工作，大大提高了新闻生产的效率和质量。人工智能能够实时监测社交媒体与新闻网站，自动检索各大新闻网站以及搜索引擎的相关热点，对采集到的新闻素材进行筛选和分类，提高素材检索与整合的效率，解决了人工采集数

---

① 邓建国. 新闻传播学为什么要以及如何关注新技术？[J]. 当代传播，2024（2）：1.

据时缺乏数据全面性与广泛性的问题。

　　人工智能技术使得媒体内容生产流程得到进一步优化。由传统的线性单向生产发展为一次性采集、中央厨房式加工信息生产模式；内容传播介质由新闻纸变为移动屏，继而阅读方式也由"块状"浏览变为信息流接收，大大提高了新闻生产的数量和效率。[①]

　　此外，视频制作人工智能机器人大幅降低了视频内容生产的费用。视频新闻生产相对文字生产分工更加精细，包含舞美、化妆、道具、动画特效等众多环节，文生视频大模型出现后，虽然无法完全替代真人表演和实景拍摄，但有望大幅精简视频制作环节。[②]使用视频人工智能机器人进行宏观景物与视觉特效制作后，会节省大量时间、人力和资金成本。

（二）助力新闻线索发现与选题创新

　　人工智能技术赋能之下，新闻线索的发现不再单凭新闻从业者的职业敏感与专业经验判断，而是增加了海量数据支撑。例如，在现代日常新闻采编例会上，采编人员可以借助人工智能技术汇报数据表现和传播热点，对几天前的稿件传播情况和当天热点话题进行汇报分析。智能技术对海量数据的监测分析为新闻选题和追踪策划提供了重要参考。

　　人工智能技术能为新闻从业者提供多元、多角度的选题思路，帮助其发现有价值的新闻点。新闻从业者可以根据读者兴趣和不同群体需求选择内容，为其确定选题提供指导和启发。以往的选题主要来自新闻从业者的判断，从社会现实与日常生活的事件中筛选和凝练，视角相对单一。人工智能机器人能够从多个层面为新闻从业者开拓视角，生成多元化、多角度的备选题目，供其评估筛选。

　　人工智能赋能新闻选题的智能化转型，不仅解放了新闻从业者的双手，使其从烦琐的数据处理中抽身而出，转而专注挖掘更深层次、更具独特性的故事，还促进了新闻报道的广度与深度的双重提升。

（三）优化信息采集与人员配置

　　依托人工智能技术可以实时监测和检索各种信息源，克服了人工新闻自动化采集的广度不足问题，能准确、全面地获取新闻素材，并进行筛选、分类和情感分析，生成信息报告，还能拓展素材采集范围。例如，新闻从业者可以利用人工智能机器人，将采访资料和录音等材料快速转化为文字，并快速总结成摘要，大大提升了信息采集的效率。人工智能机器人还可以对新闻素材进行情感分析，帮助新闻从业者了解新闻素材的情感倾向。

　　人工智能技术还可以在新闻从业者配置优化方面发挥一定的作用。一方面，智能新闻的发展使得一些重复性、规律性的新闻工作由机器完成，可以有效降低生产的成本，并使新闻从业者能够从重复性、规律性的工作中解放出来；另一方面，人工智能技术带来的行业冲击，会促使新闻从业者更加注重提升自身的专业素养和创新能力，将更多的精力投入到深度报道、调查报道等需要人类思辨与创造的工作中，专注具有更高价值的新闻内容生产。

　　① 陈昌凤，袁雨晴．智能新闻业：生成式人工智能成为基础设施［J］．内蒙古社会科学，2024（1）：40-48.
　　② 邓建国．Sora：作为世界模拟器的"天空"媒介［J］．文化艺术研究，2024（1）：16-23；112.

（四）内容生成智能化

在以 ChatGPT、DeepSeek 为代表的生成式人工智能冲击下，Web2.0 生态正在消解，机器自动化生成高质量内容和决策正在逐步替代 Web2.0 时代的 UGC、PGC、PUGC 的内容生产。①不仅如此，人工智能直给答案的方式兼容了搜索引擎的中介化服务功能，并引发了一场搜索引擎革命，为新闻业的各个环节提供了有力支持，推动新闻业向智能化业态发展，使得新闻内容生产流程日益自动化和智能化。②

以往的机器人写作主要集中在财经和体育等事实陈述较多、程式化和模板性较强、数据占比和分析较多的新闻中，生成式人工智能的内容生成文本类型更加广泛和灵活，展现出人工智能更为深刻的洞察力与思辨性。人工智能助力新闻内容生产的智能化主要集中在四个方面：一是能够辅助记者拟写采访提纲、新闻标题、新闻大纲、新闻导语以及正文主要内容，让新闻创作变得更加便捷；二是能深入分析解读新闻事件，直接生成融合多种模态的机器人新闻；三是能够自动校对修订新闻，优化新闻编辑的质量和效率；四是能对定稿的新闻作品进行快速翻译，借助其强大的多语言处理能力，促进国际新闻的产生和传播。③

二、对新闻传播模式与格局的影响

人工智能的发展使得当前信息生产者与接受者的关系由"以媒体为主"变为"以用户为中心"，新闻传播模式逐渐从大众覆盖转换为个性化定制，生成式人工智能为新闻生产流程的诸多变革提供了平台支撑与生态营造。将新闻内容与人工智能结合，将开启一站式、多维度、深层次、全方位的智能新闻传播业态。④

（一）新闻传播模式的改变

1.私人定制大行其道

人工智能根据用户的兴趣、偏好和行为数据，为用户精准推送个性化的新闻内容，改变了传统的新闻传播模式，使新闻传播模式的用户导向愈发显著。人工智能通过智能分发算法，将新闻内容推送给最有可能感兴趣的用户，提高新闻的传播效果，能够提高用户对新闻的关注度和满意度，增强新闻媒体的用户黏性，一定程度上形成了新闻传播内容接收的私人定制。

人工智能个性化推送依据大模型语料和用户提问数据，能在推荐初期更精准地把握用户偏好和需求，通过不断对话丰富语境，使用户画像更准确，从而优化推荐效果，实现"算法+用户"协同把关。在推荐精度上，对于传统的推荐算法来说，用户对该算法依赖的时间越长，用户画像就越清晰，推荐效果就越精准。生成式人工智能的运行逻辑是对话越多，语境越丰富，用户画像就越准确。

2.传播形式与渠道丰富多元

人工智能不仅能助力新闻通过新闻客户端、社交媒体等多种渠道进行传播，还能

① 黄荣，吕尚彬. ChatGPT：本体、影响及趋势［J］. 当代传播，2023（2）：33-38；44.
② 喻国明，张恩雨. 试析生成式 AI 对媒介内容生产的生态级革命［J］. 辽宁大学学报（哲学社会科学版），2024（3）：1-11.
③ 蒋雪颖，许静. 人机交互中的生成式人工智能新闻：主体赋能、危机与应对［J］. 河南社会科学，2023（12）：105-113.
④ 师文，陈昌凤. 全球智能传播研究 2023 年热点议题：算法审计、算法文化与算法话语［J］. 全球传媒学刊，2024（1）：106-121.

借助图片、音频、视频与虚拟现实等传播形式进行多元化的呈现，以新技术赋能内容呈现和产品包装，将鲜活创意与多元化表达相结合，极大增强了传播内容的感染力和传播力，有效拓展了新闻的传播范围和方式。例如，新闻从业者可通过人工智能语音合成技术催生音频内容，开辟音频频道，不断丰富听觉产品种类，提升听觉质感；协助专业的动画艺术团队，尝试以定格动画、裸眼3D等不同艺术手法丰富内容表达。

3.新闻反馈与交互增强

人工智能具有的天然对话属性与一定的共情能力，便于和用户开展交流互动。新闻反馈作为作者和用户之间的桥梁，能够帮助新闻工作者了解受众需求、提升内容质量、优化传播效果，有效形成新闻生产的良性闭环。[1]例如，一些媒体在新闻反馈平台和渠道中内嵌AI插件，在智能机器人问答中获取用户对新闻的反馈和评价；凭借生成式人工智能天然的对话属性和共情能力，增加机器与用户的交流次数并提高质量，增强用户的提问积极性，从而生成用户画像和评估意见，帮助优化新闻内容生产策略。此外，通过智能对话将新闻的信息功能延伸为服务提供，增强用户的参与感，对于推动"对话式新闻""公民新闻""开放式新闻"的发展也能起到良好作用。

随着虚拟现实、增强现实与混合现实与人工智能技术的融合，通过VR、AR等多元化视觉表达对电视、广播、电影等传统媒介进行"再媒介化"，能够获得身临其境的体验，而沉浸式的智能化传播或将改变固有的新闻传播模式。新华社推出的《高精度复刻：VR全景看新时代之美》运用"数字孪生"技术对国家"超级工程"场景高精度建模复刻，以沉浸式360°全景漫游技术让受众体验新时代科技发展之美，见图7-1。

启智增慧7-1

《高精度复刻｜VR全景看新时代之美》创新融媒体应用

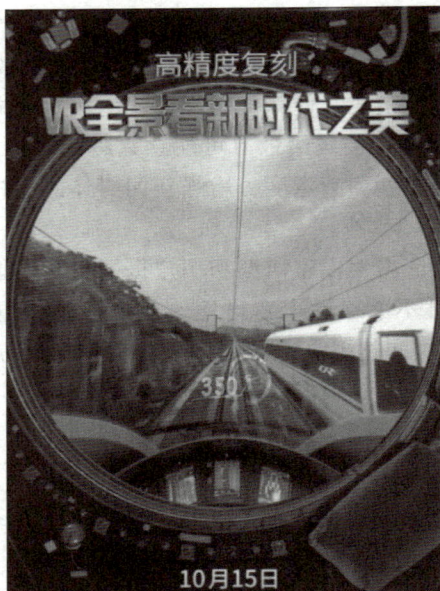

图7-1 新华社利用VR新闻增强用户沉浸感与交互感

① 何芳，罗跃姝. 融合新闻学［M］. 成都：西南交通大学出版社，2021：236-237.

（二）重塑新闻传播格局

人工智能算法推荐与内容生成使得新闻传播更加精准化与个性化，用户获取新闻的方式发生了变化，新闻传播的平台更加多元化。

1.平台型媒体崛起

平台型媒体凭借其强大的技术实力、用户基础和数据资源，在人工智能新闻传播领域占据重要地位。平台型媒体通过整合内容资源、优化算法推荐、拓展应用场景等方式，构建多元化的在线式新闻生态系统，更容易满足用户的多样化需求。近年来，拥有强大技术实力和数据资源的科技公司纷纷进入新闻传播领域，如字节跳动、腾讯等，凭借算法推荐技术和海量用户数据，在新闻市场中占据一席之地，给传统新闻机构带来了巨大的竞争压力。例如，好看视频平台以"大而全"为优势，覆盖多种类型的优质视频内容，并依赖百度人工智能实现了飞速发展。

2.传统媒体转型加速

传统媒体时代，新闻采写送审、排版印刷基本标志着内容生产流程告一段落，而人工智能技术改变了媒体内容生产的定义，延长了环节链条。[①]面对平台媒体的冲击，在人工智能赋能新闻传播的机遇条件下，传统媒体转型也纷纷开启了加速模式。一方面，传统媒体通过引进人工智能行业人才，优化新闻生产流程和传播渠道，提高了新闻的传播力和影响力；另一方面，传统媒体也开始加大对算法技术以及生成式人工智能技术的投入和应用，进行数字化与智能化的转型，以适应新的市场环境。例如，央视网专题新闻栏目《两会C+时刻》采用虚拟数字人小C与真人互动的节目形式播报两会新闻，让节目播放量和评论量大幅提升；山东广播电视台与人工智能实验室合作推出全国首位男性数字主持人"岱青"，并让其在文化类综艺节目中亮相，通过中华传统文化为数字技术赋能，拓展了广电传统媒体的数智化领域；成都传媒集团旗下的每日经济新闻推出"雨燕智宣"AI短视频生产平台，提供短视频制作及传播等多种功能，以短视频为转型突破口，推动传统媒体转型升级。

启智增慧 7-2

两会 C+时刻

3.人机协同传播时代开启

当前，媒体智能发展最突出的特点是人机共生关系下的内容生产与传播，这种模式以实现智能内容的高质量生产为目标，以加强智能传媒技术应用、适应新的人机关系和实现价值共创为具体要求，使得媒体尝试以更为简单的逻辑直达用户、直达问题。[②]人机协同既包括人机交互，也包括人机融合智能。人机交互强调人类与机器之间的交流互动，以提高用户体验和效率；人机融合智能则注重将人类智能与机器智能相结合，实现更智能化的合作与决策。以ChatGPT、DeepSeek为代表的人工智能，通过高水准的人机智能问答展现了通用技术前所未有的包容性，使得机器决策协同人类选择决策成为一种可能。其呈现了机器智能的高水平涌现，剔除了冗余信息的干扰，优化了人类选择判断的时间，提高了解决问题的效率，推动了"人机协同新闻"的范式变革，标志着人工智能从赋能人类助手转向赋能替代性机器，从赋能中介活动转向

① 吕尚彬，李雅岚.新型主流媒体智能内容生产模式：基于封面新闻的观察［J］.当代传播，2023（4）：71-78；84.

② 黄阳坤，师文，陈昌凤.智能算法如何重构新闻价值？——基于智能推荐平台算法审计的研究［J］.新闻大学，2024（6）：18-33；118-119.

赋能决策和行动，颠覆了人际传播的历史主导地位，宣告了人机传播主流时代的到来。①

三、对新闻知识体系与从业者的影响

以人工智能为代表的信息技术与媒介频繁"相遇"并产生"碰撞"，催生了传媒的智能化，使得传媒业逐步迈入数智时代。数智时代新闻业的快速发展与变革对新闻工作者提出了更高的信息技术要求，新闻学与其他学科交融的态势越来越明显。

（一）从单纯人文主义向与技术思维跨界融合转变

在长期的新闻教育中，培训学生人文主义的教学理念一直占据着主导地位，新闻学理论与知识一直植根于人文社会科学中。以美国新闻教育为例，新闻教育家威拉德·布莱尔一直要求新闻教育由1/4的新闻学和3/4的人文社科课程构成。②长期以来，国内新闻教育的重点都是文哲史知识，着力培育学生的人文素养，尤其是文字和语言表达能力，如新闻写作、新闻采访等。随着数智时代的到来，人文主义和技术思维跨界融合的新闻教育理念逐渐引起国内外部分新闻传播院系的关注。保罗·莱文森在其博士论文《人类历程回放：媒介进化论》中指出，媒介技术演化会经历玩具、镜子及艺术三个阶段。③数智技术的飞速发展更好地满足了现代人们的多样化需求，这也使得技术看起来越来越"人性化"，技术与人的关系进入了一种新的认知阶段，媒介技术似乎已经超越了"玩具""镜子"的阶段，成为一种出神入化的"艺术"。在传媒核心内容生产方面，机器人写稿、智能传感器新闻、VR新闻等人工智能技术引发的传媒智能化，给整个传媒业带来了很大影响。对于传媒平台而言，其自身也经历着智能化的发展和演变，信息聚合、精准推送、云计算、区块链技术正引领媒介平台在智能化方面快速发展。由此可见，除了传统的采、写、编、评等新闻业务技能外，媒体的人才需求也从"一技之长"变为了"多才多艺"，不管是传统媒体还是新媒体，都对新闻人才的信息技术能力提出了更高要求，数据新闻采集与分析、H5编辑、视频剪辑等技术似乎成为了新闻求职者的"标配"，技术素养正成为当前新闻人才不可或缺甚至影响到其未来核心竞争力的关键因素。新闻知识体系逐步从单纯的人文主义向与技术思维跨界融合转变。

（二）新闻专业边界消退与多学科交叉态势明显

人工智能的发展使得新闻专业的边界逐渐消退，数智时代新闻的知识体系不仅包括新闻传播理论，还融入了算法原理与应用、数据采集与分析、自然语言处理、机器学习等方面的内容。这也使得新闻传播学科面临着重大的技术挑战，跨学科融合的发展趋势已经呈现，以传授经典新闻理论见长的高校如何培养和提升新闻人才的信息技术思维，成为学界热议的重点话题。学科交叉融合必然要超越单一学科范围的教学活动，将人文、社会科学、经济学、政治学、法学、信息计算科学等不同学科的知识、理论、资源等要素交叉融合，打造适应数智时代需求的学科交融课程体系。国内外新闻教育者在讲授新闻传播学、社会学、政治学等经典理论之外，还将诸如人工智能、

① 陈昌凤，袁雨晴. 智能新闻业：生成式人工智能成为基础设施 [J]. 内蒙古社会科学，2024，45（1）：40-48.
② 罗杰斯. 传播学史：一种传记式的方法 [M]. 殷晓蓉，译. 上海：上海译文出版社，2012：36-38.
③ 莱文森. 媒介进化论 [M]. 邬建中，译. 重庆：西南师范大学出版社，2017：11.

多媒体融合、云计算、区块链等多项信息技术课程纳入了课程体系，加强了文理科交融的课程体系建设。美国高校就尝试在新闻传播教学中引入技术类课程，如哥伦比亚大学设立了"Tow Center for Digital Journalism"，主要用于新闻人才的数字新闻技能培育，开设了诸如传感器新闻课程、无人机新闻课程等新型技术类跨学科课程，并通过此后多年的教育实践，衍生出了数据分析师这一职业。在新闻传播学课程体系建设中，国内不少高校也吸取了国外办学的成功经验，将课程类型从单纯的文字采写编评与音视频制作扩展到数字技术、信息采集与分析、智能营销、移动直播、计算机编程与框架等多个方面，给学生提供更加丰富、多样化的选修课程，不再局限于某一特定的功能领域或纯文科领域。国内不少媒体也高度重视对学生互联网技术思维、意识的塑造和网络媒介技能的培养，将其纳入新闻记者知识体系与技术要求的重要方面，以锻造出顺应数智时代的复合型新闻业务人才。此外，人工智能的发展也逐渐消弭了新闻传播与其他行业的边界，让"AI+新闻传播"既更加智能化，又更加融合化。比如，在教育传播领域，作为数字媒体行业头部企业之一，凤凰产教融合集团一直关注人工智能前沿技术的发展趋势，率先将 DeepSeek 技术深度嵌入自主研发的"凤凰数媒 AI 创作平台"，成为国内首批将大模型技术应用于教育场景的先行者，见图7-2。

图7-2　嵌入DeepSeek技术的凤凰数媒AI创作平台

（三）新闻从业者的角色转型与技能升级

　　新闻从业者的角色转型与技能升级主要体现为其不仅要能够掌握智能新闻的基本原理和方法，具备传统的新闻采编能力，还需要具备人工智能、数据科学、计算机学科、统计学等多学科的知识和技能，了解算法原理与数据分析方法，以便更好地利用人工智能技术进行智能新闻的生产和传播。近年来，越来越多的非新闻专业技术型人才进入传媒公司或媒介平台，成为高级管理者，业界对新闻人才的网络信息技能需求越来越多，对人文素养之外的技术思维要求也越来越高。当然，人工智能促使新闻从业者的角色转型与技能升级，并非一味注重技术素养而忽略新闻本位，而是要在保证新闻人才理论素养培育的基础上，融入技术素养，以人文主义与技术思维等多维度视角看待媒介的进化和发展，不断发展、创新与丰富新闻学科，这有助新闻人才职业可持续发展从而为新闻业的发展赋能。

第二节　智能新闻的写作与应用

数智时代，新闻行业正经历着深刻的变革，作为新兴的新闻生产与传播方式，智能新闻正在重塑新闻生态和传播格局。人工智能、机器学习等技术的兴起，为智能新闻的产生提供了技术基础。同时，用户对于高效获取个性化信息的需求不断增加，传统新闻生产与传播方式难以满足这种需求，智能新闻应运而生。本节旨在系统介绍智能新闻的相关知识和应用，以求深入理解智能新闻的基本概念、技术支撑、工作原理以及应用发展现状。

一、智能新闻的基本概念

（一）智能新闻的定义

国内新闻传播学者杨保军认为，智能新闻即机器人新闻，是计算机通过基于算法设计的人工智能软件自动生成新闻以及推送新闻的一种新闻生产形式，是通过人工智能技术生产传播的新闻，是相对"人工新闻"而言的概念。[1]林爱珺认为智能新闻是以算法技术为核心，自动生成新闻和推送新闻的一种新型新闻形态。[2]何芳认为智能新闻是基于大数据时代，将各类算法工具进行综合运用，使算法贯穿于新闻信息采集、新闻内容生产、新闻报道形式呈现、新闻分发、用户新闻消费体验等各个环节的自动化模式。[3]综合以上论述，本书将智能新闻的定义总结归纳如下：利用人工智能技术，如自然语言处理、机器学习、数据挖掘与模型建构等，对新闻内容进行数据采集、自动化生成、智能化呈现、智能推送和维护的一种新型新闻形式，又称"自动化新闻"。

值得注意的是，智能新闻的核心是算法程序，它通过对大量数据的挖掘、分析和处理，提取有价值的信息，并将其转化为新闻内容或对现有的新闻内容进行筛选、排序和推荐。智能新闻与算法新闻比较相近，前者更强调人工智能技术在新闻领域的应用。相对于算法新闻而言，智能新闻可能涉及更广泛的智能化技术，如自然语言处理、机器深度学习等，以实现新闻的自动化生产、个性化推荐、内容分析、交互体验等更加丰富的功能。

（二）智能新闻的发展背景

无论是国内还国外，智能新闻从诞生之日起都得到了广泛的关注，国内外大量知名的新闻机构都在积极探索智能新闻的应用。

1.国外发展背景

随着信息技术的不断发展，算法在新闻领域的应用逐渐深入。谷歌通过个性化新

---

①　杨保军，杜辉.智能新闻：伦理风险·伦理主体·伦理原则［J］.西北师大学报（社会科学版），2019，56（1）：27-36.
②　林爱珺，刘运红.智能新闻信息分发中的算法偏见与伦理规制［J］.新闻大学，2020（1）：29-39；125-126.
③　何芳，罗跃姝.融合新闻学［M］.成都：西南交通大学出版社，2021：232-233.

闻推荐，开创了智能新闻的先河。路透社使用OpenCalais工具帮助编辑审稿、分析和处理内容等，以提高新闻生产的效率和质量。《洛杉矶时报》发布了机器人Quakebot，用于在地震发生几分钟后自动生成和发布报道，引发国际新闻行业的关注。

随着人工智能技术的进一步发展与突破，美联社作为智能新闻探索的先驱者，率先将人工智能与自动化技术深度融入其核心新闻报道的基石之中。其开启了利用人工智能程序（Wordsmith）自动化处理财经新闻报道的新纪元，优化了资源配置。在此之前，财经编辑团队与记者们需倾注大量精力手工编制财务报告，这无形中削弱了他们对更具社会影响力新闻事件的关注度。Wordsmith能够在瞬息之间将复杂的投资收益数据转化为即时发布的新闻稿件，极大提升了生产效率。美联社也因此实现了快速发展，其人工智能程序自动生成的收益报告数量逐年激增，内容生产效率与影响力也得到提升。

随后，《世界报》《纽约时报》《华盛顿邮报》等知名媒体也陆续拥抱人工智能技术，将机器学习等前沿科技融入新闻采集、编辑、发布的全链条中。法国《世界报》和人工智能领域的Syllabs公司合作，借助自然语言处理技术，在法国选举活动中使用机器人记者进行新闻报道。《纽约时报》使用Blossom机器人，运用算法技术来预测哪些文章有可能在社交媒体上引起广泛传播，从而给其记者和编辑提供选题与用稿建议。里约奥运会期间，《华盛顿邮报》使用了Heliograf的机器人记者来报道赛事，Heliograf从体育数据公司Stats.com处获取赛事信息，并在几秒钟之内将其转化为简短的消息，然后在比赛结束后的几分钟内通过网站和官方社交账号发布相关信息，如奥运会赛事的比分、金牌数等。这些媒体机构的大胆尝试共同推动着国际新闻行业向更加高效、智能的方向迈进。

2.国内发展背景

我国移动互联网和社交媒体的兴起为智能新闻的发展奠定了基础。今日头条等平台逐渐崛起成为普通用户获取新闻资讯的重要来源，国内互联网公司纷纷推出了基于算法推荐的新闻客户端，通过个性化推荐为用户提供新闻服务。一些传统新闻机构也在积极引入算法技术，提升新闻生产和传播效率，使得智能新闻得到了飞速发展。腾讯推出国内人工智能写作机器人Dreamwriter；新华社开发了"快笔小新"智能写作机器人并投入新闻生产中；阿里巴巴集团与上海第一财经传媒有限公司联合推出"DT稿王"，作为一款智能机器写稿系统，其利用机器学习算法并融合第一财经编辑记者团队的经验和智慧，对实时抽取的财经信息做出判断，输出相应的模板及规则知识库内容从而产生新闻；里约奥运会期间，字节跳动公司推出"张小明"写作机器人，通过对接奥组委的数据库信息，实时撰写新闻稿件，并且使用带有感情色彩的词语，如"实力不俗""笑到了最后"等让智能新闻报道生动起来。国内各大媒体也纷纷推出自家的写稿机器人，如《人民日报》的"智能创作机器人"、《光明日报》的"小明"以及《南方都市报》的"小南"等。国内智能新闻虽然相比国外起步较晚，但随着我国人工智能技术的突飞猛进，智能新闻的智能化水平在不断提高。图7-3为人民日报记者在2021年全国两会期间使用"智能创作机器人"进行现场拍摄。

图7-3　人民日报记者在2021年全国两会期间使用"智能创作机器人"进行现场拍摄

二、智能新闻的技术支撑

(一)数据挖掘与分析技术

数据挖掘和分析技术用于从海量数据中挖掘有价值的信息和知识,为智能新闻的生产和推荐提供数据支持。对机器选定数据库中的数据进行探索,旨在挖掘有效数据,其主要通过四个步骤实现:源数据的收集阶段、数据处理阶段、数据评估阶段以及知识表示阶段。在智能新闻领域,数据挖掘可用于新闻传播分析、商业变现等方面。例如,通过收集和分析用户的行为数据、地理数据、社交数据等,媒介平台可以更好地了解用户的兴趣和需求,再通过数据挖掘技术发现新闻热点话题,从而实现个性化新闻的用户匹配,提高用户阅读黏性和忠诚度。

目前智能新闻在数据挖掘方面还存在一些问题,比如数据收集来源单一,可能缺乏全面、结构性的数据源数据库;数据处理能力有限,现有的数据处理工具和算法相对传统,数据模板较为单一,不太适应灵活型数据与复杂化数据;数据可视化表达程度有限,在将数据处理结果进行可视化展示时,存在一定的局限性。为了解决这些问题,需要不断改进和创新数据挖掘技术,采用更先进的算法和模型来辅助数据的获取工作,提高数据处理速度和能力,拓展数据收集渠道,丰富数据源,优化数据可视化的方式,更清晰、有效地呈现数据背后的新闻故事。

(二)自然语言处理技术

自然语言处理(Natural Language Processing,NLP)是智能新闻的核心技术之一,是一门融合了计算机科学、人工智能和语言学等多领域的交叉学科。自然语言处理的发展历程可追溯到20世纪50年代,美国人威弗首先提出了机器翻译设计方案,基于规则来建立词汇、句法语义分析和机器翻译系统,但由于当时硬件性能和算法局限陷入瓶颈。到了20世纪90年代,随着互联网兴起和信息技术发展,基于统计方法的机器学习开始流行,人们尝试通过人工定义的方式建立机器学习系统。随着人工智能和大数据技术的发展，自然语言处理技术在机器翻译、智能客服、智能写作、智能搜索、情感分析等方面快速发展，在医疗健康、金融科技、教育和新媒体等领域也得到广泛应用。在机器翻译方面，谷歌翻译等工具运用自然语言处理技术实现跨语言交流，让人们能够轻松获取不同语言的信息；命名实体识别技术能在社交媒体监测中识别特定实体，如人名、地名、组织名等，帮助企业了解市场动态；情感分析技术则被公司用于分析消费者对产品的评价，以评估消费者满意度；文本分类技术可将新闻文章自动分类为政治、体育、娱乐等类别，方便信息管理；问答系统如 Siri 和 Alexa 等智能助手能够理解用户问题并提供答案。自然语言处理技术的解析分类见图 7-4。[①]

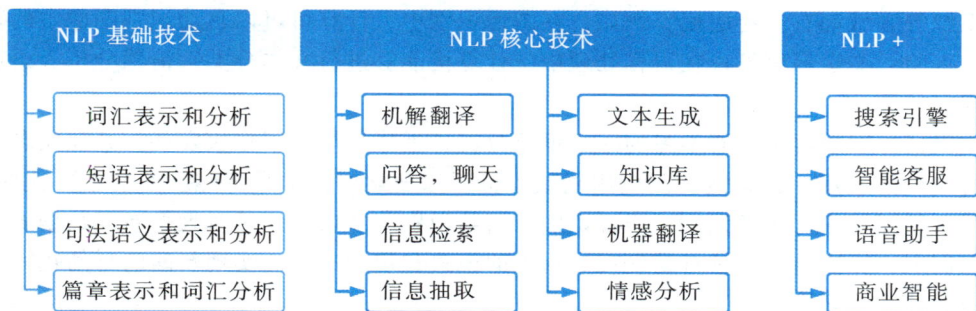

NLP 基础技术	NLP 核心技术		NLP +
词汇表示和分析	机解翻译	文本生成	搜索引擎
短语表示和分析	问答，聊天	知识库	智能客服
句法语义表示和分析	信息检索	机器翻译	语音助手
篇章表示和词汇分析	信息抽取	情感分析	商业智能

图7-4　自然语言处理技术的解析分类

在智能新闻中，自然语言处理技术可用于新闻文本的生成、分析、分类、摘要提取等，主要用于对新闻文本进行词法分析、句法分析、语义理解、情感分析等处理，提取文本的关键信息和主题，为新闻写作和编辑提供支持。自然语言处理技术的核心算法涵盖多个方面，为机器理解和处理人类语言提供了关键支持。词法分析是基础，它可以将文本分解为单词、词汇序列或词组序列。例如，通过最大匹配算法、正向最大匹配算法等，准确识别词语边界，为后续处理奠定基础。句法分析用于解析句子结构，确定各成分的作用和关系。语义分析专注于理解文本的意义，通过语义角色标注、语义解析等方法，抽取句子中的概念、关系和事件等关键信息；词义消歧在多义词的处理上发挥重要作用，根据上下文确定其在特定语境中的准确含义；语言生成算法能将计算机生成的信息转化为自然流畅的人类语言文本，基于规则、统计和神经等多种方法实现。[②]这些核心算法相互配合，使得计算机能够逐步深入理解自然语言的复杂结构和语义内涵。

此外，文本情感识别作为自然语言处理领域的重要方向，其技术不断发展和创新并取得了显著进展。例如，基于循环神经网络（RNN）、卷积神经网络（CNN）和长短期记忆网络（LSTM）等模型的应用，能够自动学习文本中的特征表示和情感信息，提高了情感识别的准确性。[③]同时，多模态情感识别方法也逐渐受到关注，将语音、文本和图像等多种模态的信息融合，进一步提升了情感识别的效果。预训练语言模型的出现，为文本情感识别提供了强大的基础，通过在大规模文本上的预训练，再针对

①　奚雪峰，周国栋. 面向自然语言处理的深度学习研究［J］. 自动化学报，2016，42（10）：1445-1465.
②　林奕欧，雷航，李晓瑜，等. 自然语言处理中的深度学习：方法及应用［J］. 电子科技大学学报，2017，46（6）：913-919.
③　徐戈，王厚峰. 自然语言处理中主题模型的发展［J］. 计算机学报，2011，34（8）：1423-1436.

特定任务进行微调，可以获得更精准的文本情感判断。

（三）机器深度学习技术

机器深度学习技术（Machine Deep Learning，MDL）是一种基于神经网络的机器学习算法，能够自动从大量的数据中学习特征和模式，使得机器人具备强大的学习能力和泛化能力。[①]其核心是神经网络，由大量的人工神经元组成，每个神经元通过连接权重和激活函数来处理输入数据，深度学习具有多种类型的神经网络，深度神经网络通过增加隐藏层数量，能够更好地提取数据中的高级特征，从而增强模型的表达能力。卷积神经网络主要用于处理图像和视觉数据，在图像和视觉识别、语音识别、推荐系统等领域都有广泛应用。例如，在图像识别中，计算机可以自动识别图像中的物体、人脸、文字等信息；在语言处理中，计算机能够进行文本分类、情感分析、语言生成等任务。

机器深度学习是机器学习的一个重要分支，近年来取得了较快发展，并在众多领域得到广泛应用。在智能新闻应用领域，机器深度学习技术是智能新闻的重要支撑，常用于新闻写作、图像识别、语音识别、情绪识别等领域，通过对大量新闻数据的学习和训练，算法模型能够自动发现数据中的模式和规律，从而实现新闻的自动化写作与新闻的个性化推送。

值得注意的是，机器深度学习与传统机器学习存在多方面的区别。在特征工程方面，传统机器学习需要人工进行特征提取和选择，而深度学习能够自动从数据中学习特征。在数据相关性上，深度学习随着数据量的增加性能提升更显著，而传统机器学习在数据量较小时可能表现更好。在硬件依赖性上，深度学习通常依赖高端机器，尤其是对计算机图形处理器有较高要求。传统机器学习对硬件配置要求相对较低。在解决问题的方法上，深度学习能够处理更复杂的非线性问题，而传统机器学习在处理简单线性问题时可能更高效。[②]

三、智能新闻的工作原理

智能新闻的工作原理主要包含以下几个关键步骤和要素：

（一）数据收集与预处理

智能新闻的基础是大数据的收集，即通过网络爬虫、传感器、数据库等方式收集与新闻相关的数据，如新闻文本、图片、视频、用户行为数据等。智能新闻数据收集的来源极为广泛，包括社交媒体用户数据、传感器数据、政府公开数据、企业数据库、过往的新闻报道、访谈资料、论文期刊、电子书籍资料等。AI大模型具备较强的学科穿透能力，能够整合多方知识与资源，为用户提供融合性、创新性、条理化回答。相比普通的搜索引擎，AI大模型可以更加准确地理解用户的指令与需求，有条理地整合、概括与呈现搜索结果，还可以结合上下文为用户预测未知的相关内容，萃取高质量内容。

在数据收集工作完成之后，机器就会开始对收集到的海量数据进行清洗、预处理

---

① 何清，李宁，罗文娟，等. 大数据下的机器学习算法综述［J］. 模式识别与人工智能，2014，27（4）：327-336.
② 杨剑锋，乔佩蕊，李永梅，等. 机器学习分类问题及算法研究综述［J］. 统计与决策，2019，35（6）：36-40.

和分析，提取出有价值的信息和模式，为后续的新闻生产和推荐提供依据。数据预处理是指对采集到的数据进行清洗、转换、归一化等，去除噪声和冗余数据，将数据转化为适合算法处理的格式。数据预处理的目的是提高数据的质量和可用性，为后续的算法分析和处理奠定基础。预处理包括以下几个步骤：第一步，数据清洗。去除重复、错误、不完整或无效的数据，确保数据的质量和准确性。第二步，数据转换。将数据转换为统一的格式和标准，以便算法能够处理和分析。第三步，数据标注。对数据进行分类、标记，以便算法能够识别和理解数据的含义。数据的质量和数量直接影响智能新闻的质量和效果，并形成了一个重要的基座模型为后续工作做准备。

（二）算法模型构建与训练

1.新闻写作算法模型

新闻写作算法模型是基于人工智能技术的新闻文本生成模型，能够通过学习大量的语料库数据，并利用深度学习算法进行模式识别和语义理解，从而生成符合语法规则和语义逻辑的文本内容。人工智能可以运用自然语言处理技术和机器学习算法对数据进行分析和挖掘，自动生成新闻文本。在自动化写作新闻中，主要运用自然语言处理技术和机器学习算法来训练写作算法模型，使其学习新闻写作的结构、语言风格和逻辑。例如，训练模型学习如何撰写体育赛事报道、财经新闻、天气预报等不同类型的新闻。

新闻写作算法模型的发展经历了多个阶段。早期其主要依靠预定的模板和填空方式生成简单的新闻内容，这一阶段的成果较为有限，模板限制了文章的多样性和创意。随着自然语言处理技术和机器深度学习技术的发展，新闻写作算法模型逐步得到完善。深度学习算法通过训练神经网络模型，使机器能够理解更复杂的语义和上下文关系，从而生成更高质量的新闻报道。依托大规模数据集和强大的计算资源的支持，研究人员能够利用海量的新闻文本数据对模型进行训练，极大提升了机器写作的水平。近年来，新闻写作算法模型不断演进，更加注重内容的个性化和多样性，能够根据不同用户的需求生成特定风格和主题的新闻内容。

此外，可以从多个方面入手训练和优化新闻写作算法模型。一是增加训练数据的多样性并提高质量，包括不同主题、风格和领域的文本，以丰富模型的知识和语言理解能力；二是改进算法和模型结构，引入更先进的深度学习技术，提高模型的性能和表达能力；三是加强模型的可解释性，让人们更好地理解模型的决策过程和生成逻辑，以便进行针对性的优化；四是结合人工编辑的经验和知识，通过人机协同的方式，对模型生成文本的方式进行改进和优化。

2.个性化推荐算法模型

个性化推荐算法模型是基于用户的历史浏览行为、搜索行为、收藏、点赞、评论、分享等数据，构建用户画像，了解用户的兴趣和偏好，预测用户需求，并考察用户资料与待分发新闻的匹配程度，最终为用户推荐相关的新闻内容的算法模型。个性化推荐算法模型多种多样，常见的类型包括基于内容的推荐、协同过滤推荐、基于知识的推荐三种。除此之外，还有基于深度学习的推荐、基于用户行为的推荐、基于内容相似度的推荐、基于社交关系的推荐等类型。这些模型各有特点，在不同场景下发挥着重要作用，共同为用户提供精准、个性化推荐新闻服务。

个性化推荐算法模型的训练可以从多个方面入手：进行数据预处理与特征工程，进行特征选择与降维，去除不相关或冗余特征，提高算法效率以及通过数据标准化使得不同特征的数值范围一致，提高算法性能；在算法选择和改进方面，可以结合多种推荐算法的优点，例如将基于新闻内容的推荐与协同过滤推荐相结合，提高推荐准确性。对于协同过滤推荐，可以采用更先进的模型，如基于深度学习的协同过滤模型，引入用户画像技术，对用户进行更精细化的分类和分析，进一步提高推荐的个性化程度。利用强化学习，根据用户的实时反馈不断优化新闻推荐策略，如通过对用户的消费行为、兴趣爱好、社交关系等多维度数据进行分析，构建更全面准确的用户画像，从而实现更精准的新闻推荐。

（三）新闻内容的智能化生成

新闻内容的智能化生成，是指依靠训练过的内容生产算法模型或程序将预处理后的数据自动生成新闻的方式。自动化新闻写作软件通常基于数据、模板和模型，运用自然语言处理和机器学习算法，将数据转化为新闻文本。例如，对于刚刚结束的体育赛事，人工智能可以根据比赛数据自动生成比赛结果报道、赛事分析报道等；对于时效性较强的财经新闻，人工智能可以根据股市数据、公司财报等自动生成财经动态新闻报道以及股票行情分析报告等。此外，在新闻内容的呈现形式上，当前新闻内容的智能化生成已经逐步突破了以往以图文为主的表达样式，形成了以短视频为主、多种形式相结合的多元化和个性化的信息表达。

另外，除了对特定类型内容的独立采写，机器智能还被广泛应用于协助新闻从业者的人工创作。比如，人工智能辅助下的记者创作就是通过机器发挥主题词抽取、文章关联分析、实时提供全网资料数据等功能，配合记者完成稿件。AI被植入智能化写作系统中，成为记者、编辑的创作助手，不仅提供了关键词提取、敏感词检测、文章标签抽取、摘要自动生成、频道归类等协助功能，还会在采编人员写作过程中给予多方位的智能协助，从写作习惯、关联资料推荐、文章核查校对等多个环节来提高新闻写作质量和效率。

（四）新闻的智能推送

新闻的智能推送是指人工智能根据用户的兴趣、偏好、行为、地理位置、所处时间等用户画像数据，通过个性化推荐算法相关模型或程序，集合新闻内容的特征为用户精准匹配相关的新闻，最终为用户推荐个性化的新闻内容以及更加高效、精准和个性化的新闻服务。新闻的智能推送通常基于协同过滤、内容过滤等方法，为用户提供符合其需求的新闻内容。智能新闻的分发主要通过新闻网站、新闻客户端、社交媒体等平台进行，包括在客户端首页展示、推送通知、个性化频道推荐等分发手段，以实现新闻的广泛传播。例如，字节跳动公司旗下的今日头条通过其独特的算法推荐系统为用户提供个性化的新闻推荐。

新闻内容维护在很大程度上影响用户的使用感受，也直接影响内容价值的转化。人工智能还可以配合新闻编辑对新闻信息的页面内容、首屏内容、"头条"与"头图"进行多次调整，这种调整既有系统设定的基于算法计算的排序更新，也有人工编辑在编稿、发稿、推送过程中动态进行的替换与调整。依托智能化技术，平台将调整过的信息资源迅速转发至用户界面，使得用户不会错过其感兴趣的信息。不少新闻媒体也开设了互动机器人与用户讨论其发布的新闻作品，进一步"精描"用户特征，以期不断提高媒体的智能新闻生产与传播水平。

四、智能新闻的常见类型与应用案例

结合智能新闻的工作原理与当前国内外智能媒体的发展现状，可以将当前智能新闻常见类型归纳为自动化写作新闻、智能分发新闻与AIGC视频新闻。

（一）自动化写作新闻

这类智能新闻是利用算法和数据处理等技术，由机器人自动生成的新闻。其通常基于数据和模板，能够快速生成大量讯息，常见于财经报道、体育赛事报道、灾害报道等领域。

美联社曾与Automated Insights公司开展密切合作，使用"Wordsmith"平台自动生成财经报道。该平台能够根据公司财报、经济数据等信息，快速生成新闻稿件，大大提高了美联社财经新闻的生产效率。2014年一季度财报季，"Wordsmith"平台生成了3 000多篇财经报道，其产量是原来纯人工记者的12倍。

体育报道领域同样有自动化写作新闻技术变革的成果。面对海量的比赛数据与得分记录，体育记者曾面临巨大的整理与撰写压力，往往只能聚焦于顶级赛事。雅虎体育曾携手Automated Insights，将AI内容生成的触角延伸至体育领域（如图7-5所示），借助先进的自然语言生成（NLG）技术，将冷冰冰的数据转化为充满洞察力的故事，其叙事风格之流畅，几乎可以媲美人类记者。

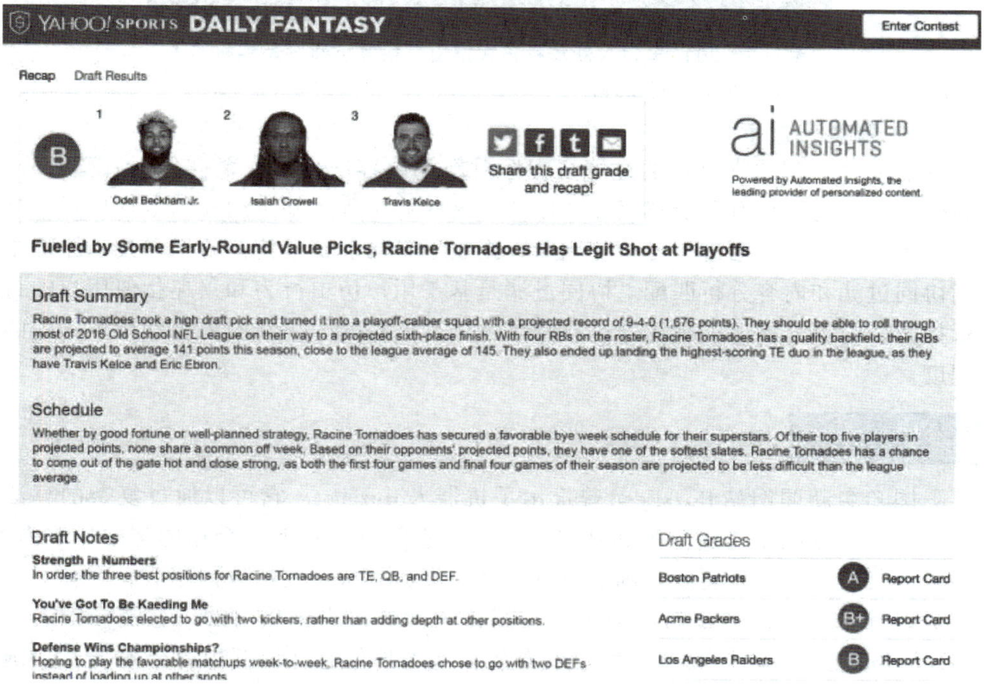

图7-5　雅虎体育借助AI自动生成的橄榄球比赛新闻

我国也对自动化写作新闻展开了大量探索。腾讯公司曾以"Dreamwriter"发布了一篇关于我国8月CPI（Consumer Price Index，居民消费价格指数）数据的财经报道，从数据采集、分析到新闻写作与发布，整个过程仅用了1分钟。

【案例撷珍】

2015年11月，新华社正式推出"快笔小新"写稿机器人（见图7-6），主要用于写体育赛事中的稿件和财经信息稿件。"快笔小新"的写稿流程分为数据采集、数据加工、自动写稿、编辑签发四个环节，其中自动写稿又分为"采集清洗"、"计算分析"和"模板匹配"三个流程。例如，在中国足球超级联赛的报道中，它能够快速生成每场比赛的成绩公报和积分排名，并且能够用中文和英文撰写相关报道，速度快且效果好。在里约奥运会期间，"快笔小新"也发挥了作用，帮助新华社出色完成了全部比赛成绩公报、奖牌榜等稿件的写作。

图7-6 2015年11月新华社正式推出"快笔小新"写稿机器人

资料来源：作者根据相关资料整理。

（二）智能分发新闻

智能分发新闻通常是指通过算法程序对新闻内容进行收集聚合分析后智能分发，将新闻内容推送给最有可能感兴趣的用户。这些算法程序基于用户的地理位置、社交关系、浏览历史等数据进行分析和判断，提高了新闻的精准传播效果，技术原理主要包括协同过滤和内容分析匹配。协同过滤是基于用户历史行为和兴趣相似用户的行为进行推荐，内容分析匹配则是通过自然语言处理等技术分析新闻内容和用户兴趣的匹配程度。

【案例撷珍】

美国知名新闻网站BuzzFeed曾推出了机器人Buzzbot，它可以通过复杂的算法和技术来实现数据收集与新闻推送功能。首先，它能够从数万个合作博客中抓取内容，并基于链接的点击上升速度来确定信息的优先级；其次，在抓取内容后，它会对这些信息进行筛选和整理；最后，通过社交媒体软件，将当天热门的信息链接推送给用户。BuzzBot能够自动监测合作用户发布的新闻事件信息并展开内容分发，对美国新闻领域产生了较大的影响。一方面，BuzzBot旨在让用户成为"线人"，为其提供第一手新闻讯息；另一方面，BuzzBot 的出现能让每个人的口袋里都有一个"记者"，为其讲解正在发生的事。BuzzBot 还可以通过与用户的互动，收集用户的反馈和意见，不断改进自身的工作方式和推送策略。此外，在一些大型政治会议和活动期间，使用 BuzzBot 的推送功能可以帮助其用户快速了解会议或活动的各类相关情况。图 7-7 为机器人 Buzzbot 可连入多家社交媒体开展智能数据收集与分发。

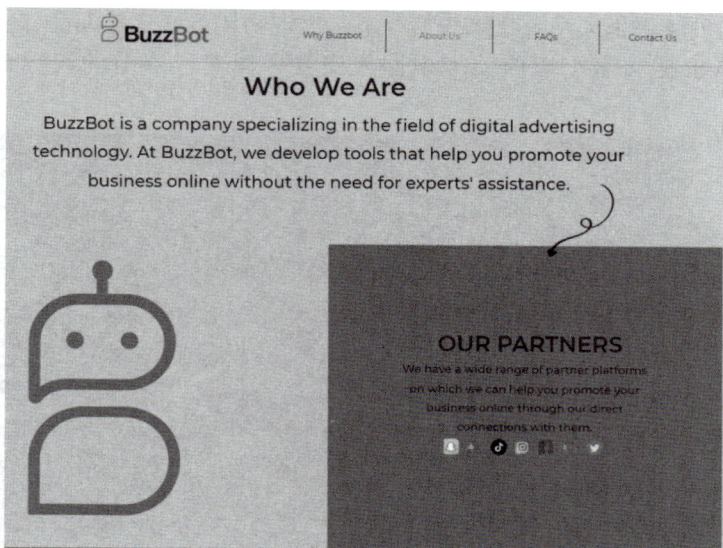

图7-7　机器人Buzzbot可连入多家社交媒体开展智能数据收集与分发

资料来源：作者根据相关资料整理。

今日头条 App 是一款基于人工智能推荐算法的新闻资讯应用，使用协同过滤、内容过滤、基于知识的推荐等多种方法，通过对用户的兴趣、偏好、行为等数据的分析为用户推荐个性化的新闻内容。它主打用户导向，即"你关注的就是头条"，并且不直接生产新闻，而是强调新闻的精准"搬运"。在数据采集上，今日头条 App 借助爬虫系统抓取海量文章，然后运用自然语言处理等技术对文章进行解析和分类；在推送原理上，其依据用户的喜好及阅读历史，通过强大的数据分析和深度学习算法深入洞悉用户的兴趣与喜好，并且迅速更新用户的模型和兴趣图谱，从而实现个性化且精准的内容推荐；在内容策略上，其重视内容品质及多元化，涵盖新闻、娱乐、科技、时尚等众多领域，以满足用户多元化需求。今日头条 App 积极实施 UGC（用户生成内容）战略，激发用户参与内容创作热情，进一步丰富平台内容生态；在技术支持上，以人工智能技术为主导，持续深入研究智能推荐系统、内容识别的精确度以及对用户肖像的描绘等领域，不断强化平台的安全防护措施，维护用户的信息安全及隐私权益。作为国内智能新闻分发的领头羊，截至 2024 年第二季度，今日头条 App 的月活跃用户数已超过 3.7 亿。

（三）AIGC 视频新闻

生成式人工智能（Artificial Intelligence Generated Content，AIGC）视频新闻，即使用人工智能技术生产和制作相关视频新闻内容，通过人工智能技术将复杂的数据和信息以视频可视化形式呈现的新闻。

美国OpenAI公司于2024年2月16日发布了首个视频生成模型Sora，它可以直接输出长达60秒的视频，并且包含高度细致的背景、复杂的多角度镜头以及富有情感的多个角色。当日，其官网上就展示了48个视频，比如想象中的龙年春节、女子东京街头漫步、猛犸象群穿越雪地等。目前，Sora难以准确模拟复杂场景的物理原理，并且可能无法理解因果关系，在某些情况下会出现物体数量变化混乱、空间细节扭曲等问题。Sora根据文字生成的关于中国人庆祝中国龙年春节的视频截图如图7-8所示。

图7-8　Sora根据文字生成的关于中国人庆祝中国龙年春节的视频截图

启智增慧7-3

AI共创大片 | 江山如此多娇

在传统媒体的新闻报道中，AIGC生成视频可以提高新闻制作效率，快速分析大量视频素材，自动生成新闻报道视频；创造互动式新闻体验，根据用户习惯和反馈定制新闻内容；在纪录片制作中，可以挖掘和整理信息，增强视觉表现力，还能与虚拟现实和增强现实技术结合，提供沉浸式体验，同时实现自动语音合成和自动字幕生成。人民日报客户端曾运用AIGC生成国潮风视频产品《江山如此多娇》，实拍画面与AI生成画面智能插帧，丝滑衔接，通过全新视角展现了中国的壮美山河和人民的幸福生活（如图7-9所示）。新华社制作的AIGC创新视频《看数据 晒晒政府"成绩单"》，将人工智能技术与经济新闻创意紧密结合，花式展现我国经济发展的成就；中央广播电视总台在2024年全国两会报道中积极运用人工智能，推出系列短视频《AI数"读"两会》，以充满科技感的风格，生动解读两会中经济发展领域的重要议题，为政务新闻报道注入创新活力。人民日报曾携手快手大模型可灵AI于巴黎奥运会开幕之际推出首部完全由AI生成的奇幻短片《熊猫奥运奇幻之旅》，用AI的方式打开奥运，让用户和虚拟熊猫一起走进奥运奇妙的旅程。

启智增慧7-4

AI数"读"两会 | GDP目标已定！看2024年消费"新引擎"在哪里？

图7-9　人民日报AIGC作品《江山如此多娇》中的虚拟中国风景

在一些大型文化活动的新闻报道中，也会出现 AIGC 视频新闻。比如，2024世界人工智能大会上，《对鸟》等温州主题 AIGC 视频（见图 7-10）成功入选"美好奇妙世界"视频展播，并获三等奖。AIGC 版《对鸟》经温州作家作词、民间歌唱家演唱、AIGC 视频唯美展示，呈现了中国乐清民间传统婚嫁习俗的盛大场景。

启智增慧 7-5

以 AI 赋能"中国故事"，温州元素闪耀2024世界人工智能大会

图7-10　温州市社科联推出传播民间传统文化的AIGC视频《对鸟》

第三节　智能新闻生产挑战及规制策略

智能新闻的出现给新闻行业带来深刻变革的同时，也让新闻行业面临着不小的发展挑战。新闻行业要在充分利用算法技术优势的同时，积极应对智能新闻带来的问题，探寻规制策略，以促进智能新闻的健康发展。

一、智能新闻生产存在的问题

虽然智能新闻在技术创新、行业发展、社会影响等方面发挥了重要作用，但在全球范围内，多国媒体已经开始制定人工智能使用指南，以应对当前智能新闻存在的问题，为新闻从业人员规范使用智能新闻提供示例和指导。智能新闻在多个方面对新闻生产与传播提出了挑战，具体包括以下问题：

（一）数据质量缺失与虚假新闻

智能新闻写作主要依靠海量结构化数据，使得高度依赖智能新闻开展新闻写作存在一定的局限性。智能新闻的自动化内容生成和个性化推荐可能会影响新闻的真实性和客观性。智能新闻的个性化推荐机制可能会根据用户的兴趣和偏好推荐一些夸大、片面的新闻内容，影响用户对事实的全面了解。机器人无法具备人的情感、道德内核以及对现实世界的观察与思索，难以从海量信息中挑选出全部真实客观的信息来生成内容。

不法分子通常会利用自然语言处理和生成模型，通过输入特定的新闻要素和关键词，让 AI 自动生成看似真实的新闻消息。有的不法分子还利用语音合成技术，模拟真人的语音来制作虚假的音频新闻，使得虚假信息颇具迷惑性，让人难以辨别。图像和视频生成技术也被不法分子用于制造虚假的视觉内容，如将人脸嵌入不同场景或合成虚假的新闻画面。此外，社交媒体机器人程序可以自动创建和管理大量社交媒体账户，发布和传播虚假新闻。例如，2024 年 1 月，江西南昌警方调查发现，王某某管理的 MCN 机构利用 AI 软件在短时间内快速生成了大量虚假新闻。

（二）算法偏见与歧视

人工智能技术是由人类设计和开发的，不可避免地会受到人类价值观和偏见的影响。如果智能新闻生成与推送设计不合理或数据样本存在偏差，将会导致智能新闻出现偏见和歧视问题，如对某些群体的过度报道或忽视、对某些事件的错误解读等，这会削弱新闻的客观性，并导致新闻推荐和分发结果的不公平。社会结构和文化背景同样是算法偏见的来源，某些群体可能因历史、地理位置、社会地位或文化原因在算法中受到歧视。此外，技术可能会根据用户的历史数据或偏好来生成新闻，从而导致智能新闻的片面性。比如在社交媒体平台上，关于某些热点话题的智能推荐，可能更多倾向于经济发达地区的用户观点和经济发达地区发生的新闻事件，而对经济欠发达地区的相关新闻报道较少。又如，在金融新闻智能推荐中，可能会因数据集中在富裕人群而更多推荐与高端投资相关的新闻消息，忽略了普通大众的防范金融风险需求。这种算法偏见不仅影响了新闻的多样性和全面性，也可能导致公众对某些问题的认知偏差。

（三）用户隐私泄露风险

智能新闻生产和传播时，利用算法推荐技术通过抓取用户日常使用的各类数据，分析用户的行为、习惯和喜好，涉及大量用户数据的收集并据此提供"精准"服务。如果数据安全和隐私保护措施不到位，会导致窥探、泄露用户个人隐私的问题。例如，2019 年 3 月，法学博士小凌发现抖音、多闪这两款 App 存在过度读取手机通讯录的情况，在他未授权的情况下，向他精准推荐了多位"好友"，因此他向有关法院起诉了抖音 App 和多闪 App 的运营方，要求这两款 App 立即停止侵犯他的隐私权。2020年 7 月 30 日，北京互联网法院对此案进行一审宣判认定：抖音 App 在未征得原告同意的情况下处理其个人信息，构成对其个人信息权益的侵害。

（四）社会责任缺失

现有的智能新闻写作技术无法像人类一样理解人类情感和价值观念，在判断内容是否合适和贴切上存在局限性，可能导致新闻人文关怀的衰减，沦为工具理性之下的产物。智能新闻的自动化生产和分发方式，使得新闻媒体在一定程度上失去了对新闻内容的把关和控制。如果智能新闻缺乏有效的伦理和社会责任约束，将会导致低俗新闻、暴力新闻等不良内容的传播。此外，智能新闻的发展可能加剧"AI 茧房"效应，即人工智能技术根据用户的兴趣和偏好为其推送新闻内容，容易使用户陷入信息茧房，导致用户的信息视野狭窄，观点和认知片面化，模糊了新闻的公共性。

（五）侵犯著作权

智能新闻的海量数据采集与分析可能存在对原作品的抄袭或模仿，导致与原作品构成实质性近似，从而存在侵占他人著作权与知识产权的风险。例如，2023 年，《纽约时报》起诉了人工智能公司 OpenAI 的版权滥用。该报称 OpenAI 在未经其许可的情况下，下载了数百万篇《纽约时报》的文章，供其强大的 AI 模型使用。这反映出媒体对人工智能使用中可能涉及的版权问题的密切关注。许多媒体对人工智能的态度是谨慎的，既看到了其在新闻工作中的应用潜力，又对其可能带来的版权问题保持警惕，并通过法律手段来维护自身的权益。以《纽约时报》为代表的媒体，正在制定使用人工智能进行新闻生产与传播的工作指南，试图通过制定指南来规避智能新闻的发展风险。

二、智能新闻发展的规制策略

为了应对智能新闻发展中面临的多方面挑战，可以通过树立智能新闻发展的伦理框架和开展智能新闻法治建设两个抓手来探寻解决问题之道。

（一）智能新闻发展的伦理框架

智能新闻发展带来了诸多伦理挑战，为了适应智能新闻的范式变革，其新闻伦理需要进行调适，包括以下几个原则：

1.真实性原则

新闻教育对于从业者强调新闻生产的真实性，而人工智能生产的文本和视频具有较强的虚拟性，这造成了智能新闻内容真实与虚拟之间的悖论。[①]在人工智能时代，判断新闻的真实性原则依然需要坚守，智能新闻生产的核心依然是采集和报道客观事实，记者采写核实信息的真伪依然是技术无法替代的。智能新闻必须以真实、准确的数据为基础，确保新闻内容的真实性和可靠性。新闻媒体和算法开发者应当对数据的来源、采集方式、处理过程进行严格审核和验证，避免数据造假和误导性报道。有学者强调，人工智能目前对新闻行业更多是起到辅助作用，人工智能对新闻行业的价值

---

① 邓建国. 时空征服和感知重组——虚拟现实新闻的技术源起及伦理风险 [J]. 新闻记者，2016（5）：45-52.

还有待观察，新闻工作者应坚守新闻真实性原则，保持好奇心，不断探索尝试，争取在明确事实与虚拟边界的前提下，把人工智能调教成新闻工作者得力的新闻报道助手。[①]

2.公正性原则

智能新闻应当遵循公正、公平、客观的原则，避免对任何群体或事件存在偏见和歧视，应公平对待所有用户和新闻来源，避免偏向特定群体或话题。新闻媒体和算法开发者应当对算法模型进行公正性评估和测试，优化算法设计，引入公平性约束和正则化技术，防止算法对某些特征的过度依赖，确保算法决策的公正性和合理性；不断优化数据收集方法，确保数据的全面性和代表性，避免数据集中存在固有偏差；不断优化算法和模型，提高智能写作系统对复杂情境和语义的理解能力；同时，注重培养智能写作系统的伦理和道德意识，使其在生成新闻时遵循正确的价值观和尊重地域文化习俗。

3.透明性原则

智能新闻分发平台常使用黑盒模型决定新闻排序和推荐，降低了新闻透明性，用户无法了解算法运作过程和推荐标准。此外，分发平台可能忽视新闻的全面性和多样性，因为算法根据用户偏好推荐，容易限制新闻的多样性，不符合透明性原则的要求。因此，智能新闻生产与传播应当坚守透明性原则，媒体应向用户公开算法的原理、数据来源、处理过程和推荐结果。新闻媒体和算法开发者应当建立有效的沟通机制以解答用户对智能新闻的疑问，增强用户对智能新闻的信任和理解。引入多元化的数据来源，丰富数据类型，不能只依赖结构化数据，还应融入非结构化数据，如社交媒体上的观点和评论等，克服智能新闻写作依赖结构化数据的局限性。

4.公共性原则

在社会学中，公共性是指一种面向公众、无差别对待的特质，同时具有公共管理和公共服务的属性，体现了社会生活中的公共利益和公共空间。智能新闻发展应坚守公共性原则，高度警惕个性算法推荐导致的"信息偏食"现象，即避免用户的视野变得狭窄，保障用户对多元观点的接触和理解。此外，智能新闻应当承担一定的社会责任，维护社会公共利益和社会秩序。新闻媒体和算法开发者应当对智能新闻的传播效果进行评估和监测，及时发现和纠正不良内容的传播，避免对社会造成负面影响。加强人机协作，让人类记者参与到新闻写作的关键环节，发挥人类的情感感知、价值判断和深度思考能力。新闻媒体在运用智能技术进行新闻推送时，不仅应注重根据用户兴趣进行精准推荐，还应努力确保推送内容的多样性和对公共利益的考量。比如，新闻媒体设置专门的公共事务板块，通过智能算法优先展示与社会民生、环境保护、教育医疗等重要公共议题相关的新闻，以满足公众对公共事务的知情权。

（二）智能新闻发展的法律法规

2021年之前，我国对于智能新闻的法律监管还处于起步阶段，相关法律法规尚不健全。在数据保护法规领域，对于智能新闻所涉及的大量用户隐私数据的收集、存

---

① 陈昌凤，袁雨晴. 智能新闻业：生成式人工智能成为基础设施 [J]. 内蒙古社会科学，2024，45（1）：40-48.

储、处理和使用的问题，仅能参照《中华人民共和国网络安全法》等相关法律规定进行处理，以保护用户的隐私权和个人信息安全；在知识产权法、著作权领域，仅能参照《中华人民共和国著作权法》等相关法律规定来规范智能新闻内容的生产、传播和管理；在媒介社会责任与反垄断领域，针对智能新闻平台在新闻分发和推荐领域具有巨大的市场份额和影响力，可能存在滥用市场支配地位、排除限制竞争等行为，仅能参照《中华人民共和国反垄断法》等相关法律规定等来对其进行管控。在此背景下，我国迫切需要加强对智能新闻的法律监管，制定明确的法律规范和标准，保障智能新闻的健康发展和用户的合法权益。为深入推进互联网信息服务算法综合治理，积极促进算法推荐服务规范健康发展，《互联网信息服务算法推荐管理规定》于2021年发布，并于2022年3月1日开始正式实施。

《互联网信息服务算法推荐管理规定》明确了应用算法推荐技术的范围，包括利用生成合成类、个性化推送类、排序精选类、检索过滤类、调度决策类等算法技术向用户提供信息。《互联网信息服务算法推荐管理规定》是对算法进行全面、系统规范的立法，体现了我国在数字化变革时代对智能新闻应用与算法治理的有效回应。该规定对于规范智能新闻生产与传播，保障用户合法权益，营造清朗智能新闻发展生态具有重要意义：在立法目的上，实现了算法技术创新与用户权益保障之间的良性动态平衡；在监管机制上，逐步由行业分散监管转向整体统筹协调；在治理理念上，体现了综合治理和精细治理并进的思路。其具体法律保障主要体现在以下方面：

一是在信息服务规范方面，该规定要求算法推荐服务提供者应当坚持主流价值导向，积极传播正能量，不得利用算法推荐服务从事违法活动或者传播违法信息，应当采取措施防范和抵制传播不良信息。具体来说，需建立健全用户注册、信息发布审核、数据安全和个人信息保护、安全事件应急处置等管理制度和技术措施，配备与算法推荐服务规模相适应的专业人员和技术支撑；定期审核、评估、验证算法机制机理、模型、数据和应用结果等；建立健全用于识别违法和不良信息的特征库，加强用户模型和用户标签管理，完善记入用户模型的兴趣点规则和用户标签管理规则；加强算法推荐服务版面页面生态管理，建立人工干预和用户自主选择机制，在重点环节积极呈现符合主流价值导向的信息；规范开展互联网新闻信息服务，不得生成、合成虚假新闻信息或者传播非国家规定范围内的单位发布的新闻信息，不得利用算法实施影响网络舆论、规避监督管理以及垄断和不正当竞争行为。

二是在用户权益保护方面，该规定明确了对于用户权益的多项保护措施。一方面，保障用户的算法知情权，要求算法推荐服务提供者告知用户其提供算法推荐服务的情况，并公示服务的基本原理、目的意图和主要运行机制等。另一方面，赋予用户算法选择权，提供不针对个人特征的选项或便捷的关闭算法推荐服务的选项。针对未成年人，规定不得诱导其沉迷网络；对于老年人，要便利其安全使用；针对劳动者，完善相关算法以保障其权益，如合理的工作调度和劳动报酬；对于消费者，不得对其实施不合理差别待遇，如"大数据杀熟"等行为。

三是在社会责任与舆论引导方面，该规定要求具有舆论属性或者社会动员能力的算法推荐服务提供者应当在提供服务之日起十个工作日内，通过互联网信息服务算法备案系统填报服务提供者的名称、服务形式、应用领域、算法类型等备案信息，履行备案手续。同时，备案信息发生变更的，应当在规定时间内办理变更手续。算法推荐服务提供者应当依法留存网络日志，配合有关部门开展安全评估和监督检查工作，并提供必要的技术、数据等支持和协助。

综上所述，智能新闻作为新闻行业的新兴领域，正在深刻地改变着新闻生产与传播的方式和格局。在未来的发展中，需要充分认识智能新闻的优势和挑战，加强技术创新、内容创新和管理创新，推动智能新闻的健康发展。同时，也要关注智能新闻的伦理和法律问题，加强行业自律和法律监管，保障用户的合法权益和社会公共利益。相信在技术进步和社会发展的推动下，智能新闻将不断发展和完善，为新闻行业和社会发展做出更大的贡献。

三、智能新闻的未来发展图景

随着智能新闻的持续迭代升级，机器将具备更强大的学习和推理能力，能够更好地理解和适应人类的需求。

（一）人工智能 2.0：人机互助与协作传播

人工智能 1.0 向 2.0 迈进的媒介进化转变主要体现在如下方面：在人机关系的演变中，并不意味着机器将完全取代人类，而是人与机器深度融合。机器全方位参与新闻生产的各个环节，将关系由简单的辅助关系转变为相互激发、共同协作的伙伴关系。新闻生产范式经历了从计算机辅助报道到人机协作新闻的转变。其未来发展方向将是人机互助与协作，人类新闻从业者将与人工智能技术进一步"拥抱"，共同完成新闻生产和传播任务，发挥各自的优势，提升新闻质量和传播效果。

在人工智能 2.0 新闻传播的过程中，人机协作创新效率、准确性和创造力会得到进一步提升。人机协作决策将进一步减少偏见、提高人机反应速度和决策质量。人机协作内容创作能大大提升媒体内容的质量和效率。操作界面也将变得更加友好，方便人们与机器进行交互和协作。安全保障措施将不断完善，区块链技术或将用于新闻内容的版权保护、数据溯源、信任机制建立等方面，保障新闻数据的安全性和可信度。以 DeepSeek 为代表的 AI 大大降低了内容创作门槛与智能化生产时间，普通人也能借助工具快速生成高质量内容，借助多模态技术进一步推动文字、图像、视频的融合创作，使传播形式更加丰富多元。此外，技术开发者或可将伦理框架转化为程序代码，将 AI 伦理与新闻职业道德融合，新闻工作者或将坚持"算法人文主义"，重视人的独特性、尊重人的尊严、保护个体自由、维系社会公平正义，实现人机良性互动，以脱离数据主义和计算主义带来的传播困境。[①]

（二）走向人机协同进化的智媒时代

近年来，AI 算法完成迭代升级，实现了对多模态语料的有效识别以及对长文本语境的深度理解。数智媒介发展的核心环节是智能进化，向着虚拟和现实两个维度同时发展，[②]呈现出螺旋式进化的态势。

---

① 刘彧晗，喻国明. 理解生成式 AI：融通机器智能与人类智能的算法媒介［J］. 新闻大学，2024（6）：50—61；120.
② 邓建国. "延展的心灵"和"心灵的延展"：人机传播研究的具身 AI 转向［J］. 新闻大学，2024（3）：77—90；119—120.

1.虚拟进化：从弱人工智能迈向超人工智能

人机融合的虚拟维度进化是人工智能进化，即打造强大的人工大脑，从弱人工智能到强人工智能，再到超人工智能。弱人工智能是机器能够智能行动；强人工智能是机器既能够行动又能够思考；超人工智能是人工智能在速度、群智和素质方面全面超越人类。①

值得注意的是，大型语言模型（LLM）以及DeepSeek推出的R1推理模型，作为机器学习模型就属于强人工智能范畴，它们某种程度上被认为是一种技术的突变。人工智能以ChatGPT、DeepSeek和Sora的形式被陆续释放出来与公众进行直接接触，颠覆了往日媒介技术被掌握在专业人士手中的固有模式。普通用户只需输入一些提示词、几句话，就能完成"世界建模"——创造源于现实世界、高于现实世界的"平行世界"，这种由大模型生成符合物理规律、展示外部世界动态变化的视频，甚至可以是用户的一个理想乐园或一个遐想的梦幻空间。②

2.现实进化：从智能交互迈向超级智能

智能交互需要人与机器相互学习。智能增强的趋势是实体机器人，或是让我们人类的身体具备智能——这体现为各种可穿戴式设备、自动驾驶技术等；生物技术迭代实现DNA编辑或将带来生物性的智能增强，届时超级智能可能会随着超级人类的诞生而产生。③

人工智能向虚拟和现实进化，能更好地满足智能新闻生产与传播的各种需求。要不断加强对智能新闻的研究和探索，推动智能新闻的健康发展，使其更好地服务于社会和公众。

🔷 本章要点

1.当前人工智能对新闻内容生产的影响如下：一是提高新闻生产效率，二是助力新闻线索的发现与选题创新，三是优化信息采集与人员配置，四是内容生成智能化。

2.智能新闻是指利用人工智能技术，如自然语言处理、机器学习、数据挖掘与模型建构等，对新闻内容进行数据采集、自动化生成、智能化呈现、智能推送和维护的一种新型新闻形式。

3.智能新闻的主要技术支撑如下：数据挖掘与分析、自然语言处理以及机器深度学习技术。

4.智能新闻工作的核心步骤如下：一是数据收集与预处理，二是算法模型构建与训练，三是新闻内容的智能化生成，四是新闻的智能推送。

5.当前智能新闻生成面临的挑战如下：一是数据质量的缺失与虚假新闻，二是算法偏见与歧视，三是用户隐私泄露风险，四是社会责任缺失，五是侵犯著作权。

6.智能新闻发展的规制策略如下：一方面，坚守智能新闻发展的伦理框架，即真实性、公正性、透明性与公共性原则；另一方面，建立健全智能新闻相关法律法规，

① 黄荣，吕尚彬．智能时代媒体泛化机制研究［J］．当代传播，2020（1）：38-42．
② 邓建国．Sora：作为世界模拟器的"天空"媒介［J］．文化艺术研究，2024（1）：16-23；112．
③ 吕尚彬，黄荣．智能时代的媒体泛化：概念、特点及态势［J］．西安交通大学学报（社会科学版），2019，39（5）：114-120．

考虑从信息服务规范、用户权益保护、社会责任与舆论引导等方面来进行监管。

◆ 关键概念

　　智能新闻　人工智能　自然语言处理　新闻内容生成　规制策略

◆ 综合训练

即测即评7

　　1.简述智能新闻的概念。

　　2.智能新闻生产的特点与工作原理是什么？

　　3.当前智能新闻生产与传播存在哪些主要问题？

　　4.人工智能对智能新闻生产与传播的影响有哪些？新闻记者的工作是否会被人工智能技术所取代？

第八章
数智传播背景下省级主流媒体的实践探索

■ **学习目标**

【价值塑造】

知晓省级主流媒体在数智时代坚守社会责任、服务社会的重要性，体会"主流才是顶流"理念，树立正确的媒体价值观，增强对主流媒体舆论引导和社会服务功能的认同感，激发投身媒体融合纵深发展实践的使命感。

【知识传授】

掌握数智传播背景下省级主流媒体在品牌建设、内容生产、平台打造等方面的知识，领会以"长江云新闻"为代表的主流媒体品牌发展、运营模式及相关机制改革举措，理解社会效益与经济效益并重的发展思路。

【能力培养】

具备分析媒体融合案例、总结经验启示的能力，提升运用理论解决实际问题的水平，增强在媒体融合实践中进行品牌创新、内容优化、技术应用的能力，以更好适应数智传播时代的需求。

　　在数智传播浪潮的席卷下，媒体格局正经历着深刻变革，省级主流媒体面临着前所未有的机遇与挑战。如何在这场变革中实现突破与发展，成为省级主流媒体要解决的关键问题。本章将深入剖析湖北广播电视台在数智传播背景下的实践探索，以"长江云新闻"这一融合新品牌的沿革与建设为切入点，展现省级主流媒体在品牌建设、内容生产、平台打造等方面的创新举措与显著成效，挖掘其背后的经验启示，为其他省级媒体在数智时代的发展提供有益借鉴，助力省级主流媒体在激烈的竞争中找准方向，实现可持续发展，更好地发挥主流媒体的舆论引导和社会服务功能。

第一节　湖北广播电视台融合新品牌"长江云新闻"的沿革与建设

一、简介

　　"长江云新闻"IP起源于长江云客户端，新闻内容依赖传统电视大屏新闻栏目《湖北新闻》和湖北广播电视台所有广播电视的新闻类栏目，在媒体融合纵深推进的过程中，现已成为湖北广播电视台全台融合的新闻品牌，是湖北卫视、湖北之声、长江云客户端等全媒体矩阵账号"广播、电视、新媒体，大小屏同名同姓"的融合新品牌，由湖北广播电视台新闻中心运营。

　　媒体融合伊始，长江云新闻在长江云客户端开通了5个主要的新闻频道；随后，"长江云新闻"品牌多维度拓展，打通频道界限，融合湖北广播电视台所有的新闻资源，全台10个电视频道和10套广播频率的新闻内容在长江云新闻客户端汇聚，并涵盖长江云120个"云上"系列客户端的新闻资源；同时，开展品牌全媒体传播，抢夺数据高点，发力第三方平台，在央视新闻、新华社等央媒平台开通账号，在今日头条、抖音、微信、微博等商业平台开通账号，最终形成"长江云新闻"品牌账号矩阵。

　　"长江云新闻"秉承"主流才是顶流"的思维，坚持"创造性转化，创意性生产，创新性发展"的理念，制作出"中部声音、全国视野、国际影响"的产品。其目标定位是在新闻硬核输出的赛道上，依托品牌实现不同媒体手段从相加到相融，致力于满足全省乃至全国用户的需求，并在国际话语权的争夺中贡献湖北力量。

　　截至2025年1月，长江云新闻客户端下载量为6 414万，日活跃用户超过114万。长江云新闻IP的新媒体粉丝突破1.35亿，湖北广播电视台长江云新闻系列矩阵账号全台全媒体用户达到3.58亿，在全国省级媒体中独树一帜，形成多元化融合传播机制，上通央媒，下到县融，中间与省级媒体成立全国区块链新闻编辑部。

　　国内知名评价体系对2024年各家央媒、省媒的系统评估显示，湖北广播电视台稳居全国前10位。"长江云新闻"将继续发力品牌建设，依托内容优势布局特色垂类；培养个人IP，将主持人记者培养成正能量网红；在国际传播中，聚拢更多"中国故事讲述者"，让品牌影响传递到海外。

二、品牌建设情况——社会效益

　　实现新闻立"端"。"长江云新闻"始终坚持"创造性转化，创意性生产，创新性发展"，着力做好品牌立"正"、融合立"新"、服务立"民"三项工作。主要做法如下：

1. 品牌立"正"——以创造性转化聚焦"国之大者"主题

坚持守正创新，通过创造性转化让新思想飞入寻常百姓家。

2021年，围绕建党百年、党的十九届六中全会、全国两会、外交部湖北全球推介活动等重大节点、会议以及活动，推出63个阅读量过亿的爆款稿件，503次登上热搜、热榜。

2022年仅半年时间，累计发布稿件46 000多条，原创稿件5 800多条、直播近600场，各端口传播总量超过280亿次。其中，传播过亿单品35个。

2023—2024年，累计发布稿件超30万条，原创稿件19万余条、直播近3 000场次，各端口传播总量超过587亿次。其中，传播过亿的单品93个。

2. 融合立"新"——以创意性生产坚持"顶流关注"

融合以"新"为要。创意性生产首先体现在精细化分工方面。比如，思享工作室解决主题宣传创意化表达、清新化设计的问题；好看工作室解决视频化创意呈现的问题；还打造了长江云调查IP，多个话题登上微博、抖音热搜榜。

创意性生产还体现在产品呈现方面。探索新打法，拿出新点子，打造创新精品。比如，互动视频《快帮主播变身，解锁你的两会定制款报告》、条漫《"小虎队"两会奇遇记》、视频海报《@湖北人，快来看政府工作报告的含"荆"量！》等，表现手法、创新技能紧跟时代潮流，为品牌出圈打下基础。

3. 服务立"民"——以创新性发展拓展服务范围，开拓新业态

依托长江云平台，"长江云新闻"品牌推出高考查分一键进入等查询服务，自主开发"长江云问吧"小程序，两会期间开启网上"民意直通车"，后来还开启问政功能，让民意充分表达。

2020年至2022年，"长江云新闻"融合新品牌旗下作品4次获中国新闻奖，1次获中国广播影视大奖，数十次受到中宣部、国家广电总局、外交部阅评表扬，荣获国家广播电视总局创新创优奖、湖北新闻奖等省部级大奖100多个。全媒体精品节目《萌虎闹"荆"宵》《"荆"彩图荐》《相约春天赏樱花》在网络上热转，被"中国记协""广电独家""广电时评"等权威公众号发文推介。

三、品牌建设情况——经济效益

通过新闻立"端"，彰显品牌价值。2021年，依托"长江云新闻"融合品牌，湖北广播电视台累计创收8 700万元。

1. 通过"新闻＋政务"服务模式提升品牌市场价值

"新闻＋政务"是"长江云新闻"融合品牌的定位之一。近年来，其与纪检、文旅等单位在直播、短视频、小程序开发等领域开展项目合作。

（1）大型直播转播：重要节点全媒体发声

在政务领域，对重要活动、重要节点的直播做到了基本涵盖。比如，武汉渡江节、超过20多场的武汉"灯光秀"、"知名民企湖北行"、楚商大会、腾讯全球数字生态大会《武汉有数，打卡数字武汉》直播等。

（2）通过短视频制作培育IP，锻造精品

随着短视频快速发展，主流媒体和自媒体纷纷抢占短视频赛道。2020年，湖北广播电视台推出的《武汉莫慌我们等你》《阳台里的武汉》《2020使用说明书》火遍全网，并被国家外文局翻译成英、法、德等近20国语言，累计覆盖100多个国家和地区、超3 000万海外受众，在海外网站受到广泛关注和热议。

【案例撷珍】

2020年以来，湖北广播电视台书婷工作室连续输出高质量短视频作品，产生了强大的影响力。精妙的创意、独有的艺术风格，塑造出全国业界知名的品质标杆形象。"中国心愿"国家形象系列公益短片《新年心愿》《纸箱里的年味》《我们正青春》《幸福的题》《欢迎回家》，展现了一个个普通人的喜怒哀乐，通过小切口反映大主题，小人物折射大时代，小故事讲述大道理，引起网友广泛共鸣。"中国心愿"国家形象系列公益短片累计阅读量、播放量超过18亿次。

资料来源：作者根据相关资料整理。

湖北广播电视台通过完善顶层设计、创新内容生产、研究新技术应用、拓展传播渠道，在媒体融合探索之路上不懈耕耘，加快实现转型升级。

（3）通过小程序开发实现用户思维，放大影响

以新技术手段开发小程序。比如，文旅消费券网上通道的搭建、高考查分一键进入等，贴近用户的技术更新提升了影响力，带动了品牌价值的提升。

2.流量变现，培育品牌增值空间

流量如何变现？从内容提供商转化为收益合作方是关键。

2021年"双11"期间，长江云新闻官方抖音账号联合鄂旅投以及多个景区推出湖北景区专属惠游特价包，"带货"量超百万元；与斗鱼签订主播服务合同，每年获取直播流量服务费；联合腾讯开启"线下赛事售票与线上流量转化"相融合的全新尝试。

此外，长江云新闻开发新业态，联合斗鱼推出定制动漫AI形象小光、小谷，推出AI虚拟主播新闻播报《光谷LIVE》，创收近300万元；成立"爱上湖北"项目组，打城市营销牌，联合推出湖北各地特色宣推服务套餐，此板块收益已近500万元。

第二节　省级媒体融合突围的路径探索

新闻中心作为湖北广播电视台核心的新闻生产部门，找准优势，精准发力，在新闻硬核输出赛道上，在融合品牌影响力的强势带动下，"创造性转化，创意性生产，创新性发展"，最终"弯道超车"，成为引领全台深度融合发展的先行军。

一、顶层设计重构，重塑品牌价值

智能传播时代，品牌仍是媒体的核心竞争力。坚持品牌融合，把传统媒体的品牌优势、内容优势延伸到新媒体领域，是主流媒体能在未来媒体格局中有所作为的必然选择。

启智增慧8-1

《萌虎闹"荆"宵》

管理体制改革，回归品牌价值。2021年2月，湖北广播电视台对长江云开启垂直化升级，将各频道频率变成长江云的垂直频道编辑部。新闻中心作为新闻主力军，坚持"内容为王，品牌为冠"这个基本原则不动摇，深耕优质新闻生产：依托新闻频道的优势，负责头条频道；依托长江新闻号国际栏目的优势，成立国际频道；依托评论和专家资源的优势，成立思享频道；依托系列品牌栏目IP，湖北新闻、长江新闻号、长江说法等垂直品牌诞生。

组织机构改革，服务新赛道。新闻中心在全台率先完成组织机构改革，按照新媒体需求重新组织架构：长江云时政部、长江云深度报道部、长江云视频直播部、长江云创意研发部等与长江云生产直接挂钩的部门相继诞生。

通过人才培养机制改革，实现融媒能力再造。人才培养服务融合生产，让记者拥有"十八般武艺"，并购置"新媒体特战包"；成立6大工作室，孵化创意人才。同时，进行融合机制改革，形成考核指挥棒，让指挥棒产生战斗力。

2022年至今，湖北广播电视台已有5件全媒体作品全网置顶，高频率"全网置顶"在省级媒体中十分少见。全媒体精品节目《萌虎闹"荆"宵》《"荆"彩图荐》《相约春天赏樱花》被多家权威媒体公众号转发。湖北广播电视台部分全媒体精品节目见图8-1。

图8-1　湖北广播电视台部分全媒体精品节目

二、内容生产流程再造，让大屏品牌转化为融合品牌

无论传播方式怎样变化，内容生产始终是媒体生存发展的根本。主流媒体必须坚持"内容为王"，以内容优势赢得竞争优势。面对数智传播时代多变的大势，唯有坚持"内容为王"这一初心使命，以不变应万变，打造硬核新闻内容，方能以内容优势赢得新闻立台的竞争优势。

1.轻量重质，创新打造卫视晚间新闻节目带品牌

就电视而言，上星频道就是省级广电内容的竞技场。要想挤进第一方阵，唯有在内容原创上下功夫。湖北广播电视台深耕打造时政新闻栏目《湖北新闻》和日播时事评论栏目《长江新闻号》两档原创品牌栏目，创新推出晚间黄金段新闻栏目《湖北十

分》。《湖北新闻》内容权威、时效性快、覆盖面广、报道鲜活；《长江新闻号》坐拥长江，纵论天下，打造思想引领的新闻品牌；《湖北十分》立足打造长江云头条新闻的视频精华版，体现"轻观点"气质，将"硬核"新闻讲清楚、传播好、入人心，极富互联网传播特性，迅速成长为一档将"硬核"新闻轻快播报的特色新闻栏目。这些新闻节目各有侧重，共同构成湖北卫视晚间新闻节目带。

2.精准定位，专业打造本土第一新闻平台

为了凸显新闻立台的地位与作用，湖北广播电视台果断将公共频道定位转型为公共·新闻频道，凸显新闻特色，发力打造本土第一新闻平台。公共·新闻频道发挥本土、贴近的优势，全方位拓展新闻内容，以本土新闻和新闻时评为主打，动态新闻与深度报道相结合、常态节目与特别节目相结合，节目编排随时破局，直播窗口随时开启，推出《湖北新闻》《长江新闻号》《长江新闻》《新闻110（午间版）》《新闻110（晚间版）》《直播湖北》《湖北十分》7档自制新闻栏目，全天播出新闻时长超过8小时，构建起早、中、晚全天候新闻骨架，以专业水准提供周全的新闻服务，搭建良性互动的观众平台，不断创造频道亮点，彰显主流媒体的权威性、影响力。2020年省市网收视同比2019年分别提升10个位次、8个位次，发展潜力逐渐彰显，正朝着省内第一、全国知名的省域新闻平台迈进。

3.策划引领，聚力打造新闻爆款

聚焦重大活动、重大事件、重要节点，精心策划，统筹调配台内精干力量，联手外部平台，合力开展"大兵团作战"，一场场直播、一个个主题报道相继推出。同时，注重提高重大报道的新闻敏感度、把控度，着力策划有思考、有观察的深度报道、系列报道。以重大主题报道和百姓关切的热点话题为中心，着力打造新闻行动，使新闻报道与社会活动相互交织、相互推进，使重大主题报道的宣传效应递增。

【案例撷珍】

2021年是习近平总书记考察湖北3周年，围绕这一重大时间节点，湖北广播电视台创新全媒体报道实施"一个重头系列＋一期特殊编排＋一套轻巧直播＋一组创意产品""四个一"矩阵模式，推出《跟着总书记看长江》系列报道10篇，连续5天开展《寻找长江精灵》系列直播活动，封面新闻、学习强国、今日头条、抖音等数十家新媒体平台同步推荐直播，反响强烈。

资料来源：作者根据相关资料整理。

4.内参发力，无声打造新闻立台"第二战线"

内参是主流媒体的"第二战线"，是党和政府的"千里眼""顺风耳"，是群众的"连心桥"，有着公开报道不可替代的特殊作用。湖北广播电视台恢复成立了内参编辑部，开辟新闻立台第二战场。多篇内参被相关领导当即责成有关部门整改问责，有力推动了群众反映强烈问题的解决，成为全省媒体决策参考的一张名片，彰显了主流媒体的价值与担当。

三、平台打造：技术、内容双轮驱动，为品牌助力

强化技术赋能，实现大小屏的素材联通。湖北广播电视台新闻中心运用全新升级的时政新闻网，打通移动端与PC端、外网与内网，实现新闻素材全链路传递。比如记者手机拍摄的现场新闻通过App上传至后台，然后自动传输到大屏后期的编辑站点，可直接调用编辑到各平台发稿，使上稿速度更快。

强化互动功能，打造自主可控的网络平台。自主开发"长江云问吧"小程序，两会期间开启网上"民意直通车"。

强化联动效应，形成多元化融合传播机制。上通央媒，下到县融，中间与省级媒体成立全国区块链新闻编辑部，通过多方联动提升品牌传播力。其中，全国区块链新闻编辑部在3年时间里生产新媒体产品1 549个，全网阅读总量超9.8亿人次。湖北广播电视台区块链新闻编辑部新媒体产品示例如图8-2所示。

图8-2　湖北广播电视台区块链新闻编辑部新媒体产品示例

在新闻融合网络传播指数的强势带动下，湖北广播电视台在媒体融合赛道上"弯道超车"。在2021年CSM省级台新闻融合年度指数TOP10榜单上，湖北广播电视台排名快速上升，跃居第四位。湖北新闻、长江新闻号、长江号外等账号进入短视频传播指数、微信传播指数、微博传播指数前十位。

影响力和变现力是媒体融合的双赢。2020年新闻中心的创收中，媒体融合占70%。2021年，在大屏广告收入下降的情况下，新闻中心整体创收提升21%，总量破亿元，其中媒体融合提升至87%。

第三节　湖北广播电视台新闻中心的经验启示

经过不断融合发展，湖北广播电视台从原来只做大屏新闻，到现在扩充构建起四大新媒体平台、17个市州融媒体记者站，重塑了融媒新赛道，并在新赛道上"弯道超车"，做到了三个方面走在全国前列：一是融合传播体系建设走在全国省媒前列。

在全国率先构建起"省市县三级贯通"的融合传播体系，拓展了主流媒体"引导群众、服务群众"的途径。二是新闻融合传播指数跃居全国省媒前列。2022年统计数据显示，湖北广播电视台的新闻融合传播指数从2021年的全国第五位跃居全国第三位，短视频传播指数位居全国第二。三是国际传播影响力稳居全国省媒前列。国际时评栏目《长江新闻号》3年专访各国大使及政要达120位，打造了《大国的样子》《对话外交官》等多个"中国系"国际传播品牌。

一、湖北广播电视台新闻中心三个"走在前列"的经验启示

第一是品牌新。

一是老品牌做出新形象。"长江云新闻"新媒体品牌起源于湖北广播电视台的老品牌——湖北新闻。湖北新闻是湖北卫视的老牌新闻栏目，也是湖北卫视、湖北之声、长江云、第三方平台等广播、电视、新媒体同名同姓同步调的融合品牌。湖北新闻品牌还多维度拓展，孵化出长江新闻号、长江新闻、长江评论、长江说法、长江解局等多个"长江系列"新品牌，这些新品牌又孵化出多个子品牌。

为了适应智能传播时代趋势，进一步融合电视大屏和手机小屏内容，湖北广播电视台新闻中心将原有湖北新闻品牌栏目在所有新媒体端口的名称全部更名为以"长江云新闻"为IP的栏目。将新闻广播、电视新闻中心、新媒体采编部门合署办公，重建全新的"新闻中心"，湖北广播电视台全面迈入媒体融合新时代。

二是新品牌做出新影响。长江新闻号深耕国际，长江说法主攻政法……一个个新品牌被深度开发，成为各平台头部账号。比如，《长江新闻号》衍生出的"长江号外"进入全国国际类头部账号，《荆楚警界》孵化出"长江说法"系列账号，成为全国法治类头部账号。按照新老品牌"双新驱动"的思路，湖北广播电视台的品牌影响力持续飙升。全台粉丝破千万的大号有10个，三年四次荣获中国新闻奖，六次荣获国家广电总局创新创优奖。

第二是机制新。

一是流程机制新。湖北广播电视台制定了大小屏协同生产的对接机制，实现了资源"同享"、策划"同步"、产品"同链"、考核"同轨"。

二是渠道机制新。媒体融合进入深水区，湖北广播电视台已经实现"内通声光电，外通省市县"的渠道融合目标。"内通声光电"，是指台内广播、电视、新媒体实现内部互融互通；"外通省市县"，是指17个融媒记者站触角直达，120个云上客户端技术联通，形成省市县三级融合传播新架构。

三是生产机制新。典型案例是关于警校生程昕的报道。他的有关视频经新媒体首发后，不但反哺了电视大屏新闻，而且还登上各大平台热搜，央媒也纷纷转发，最后，这位名叫程昕的同学被警校荣记个人三等功。这是新媒体首发带动全媒体生产的生动实践。

第三是传播新。

一是思想引领。秉承"主流即顶流"理念指导融合实践。首先，聚焦"国之大者"。"长江云新闻"先后推出《春风习习 民心依依》等30余件全网置顶作品，作品

启智增慧 8-2

牢记总书记的嘱托

全网置顶现象在全国省级媒体中独树一帜。其次，聚焦"国之大事"。例如，联动长江沿线15家主流媒体共同推出《寻找长江精灵》大型系列直播，这次跨媒体、跨区域、跨平台的融合直播，全网点击量超过2 000万。外交部向全球特别推介湖北，湖北广播电视台主动融合台内台外、省内省外、国内国外资源，全网总点击量超过20亿，创造了史无前例的传播纪录。联动全国25家省级媒体先后推出《灯光秀里的中国》等50余次国家大事的主题宣传，累计点击量突破8.9亿。

二是专业引领。用新闻至上的专业精神，不断推进内容生产供给侧结构性改革。大屏内容小屏化，生硬内容趣味化，冗长内容碎片化。例如，湖北广播电视台云集千万网友，做好香喷喷的襄阳牛肉面，欢迎聂海胜从太空回家。

三是技术引领。用技术赋能策采编发工作。湖北广播电视台通过"3D影像技术"，让武汉的记者和北京的人大代表隔空握手；通过"全息成像技术"，让已经逝世的英雄楷模在节目现场与家人"超时空团聚"，亲人的泪水让人动容；推出"AI动漫双主播"小光和小谷，这组CP已经连续播报《光谷新闻》两年。

四是服务引领。流量不等于收益，还需要用专业服务提升品牌价值。湖北广播电视台推出长江灯光秀、国际渡江节等系列公共服务品牌，《长江新闻号》更是登上纽约时代广场。

二、湖北广播电视台新闻中心培养"媒体融合主力军"的经验启示

湖北广播电视台对"媒体融合主力军"的培养思路，可以为数智传播背景下省级媒体的实践探索提供积极生动的经验启示。

用户在哪里，湖北广播电视台的平台就要建到哪里，所以互联网、移动端已成为意识形态的主战场。什么是主力军？那就是主流媒体的正规军。从湖北广播电视台的探索实践中可以总结出进入新战场的主力军要具备四种能力：

一是分秒必争的拼抢意识——每条新闻必须"移动优先"，而不是等大屏播出后拆分。

二是有对象感的用户思维——大众传播往往不知道受众是谁，新媒体传播要有一对一的对象感，所以做报道要接地气。

三是产品思维——不同的平台及不同的发布时间都要有不同的报道思路，表现形式也不拘泥于以往模式——不只是视频，还可以是图文、直播，也可以是新媒体产品。

四是要适应新技术——不一定非要专业摄像机拍摄，手机也能拍照、拍视频；不一定非要专业软件剪辑，手机软件也可以剪辑，要适应快速的节奏，适应单兵作战的节奏。

湖北广播电视台在员工的培养上，思路也发生了如下变化：

一是常态化轮岗机制。所有新员工必须进行所有岗位的大轮岗，大小屏流程都要熟悉。

二是定期培训机制，让记者拥有"十八般武艺"。比如每周的"小龟山夜话"，所有岗位都来碰撞。根据实战需要配置"新媒体特战包"，针对移动采编和直播工作进行全员技术培训。以奖促学，按照中国新闻奖的设置模式，每季度评奖一次。

三是成立六大工作室，孵化创意人才。成立好看工作室（视频）、书香工作室（教育）、科普工作室（医疗）、电竞工作室（游戏）、交通工作室（出行）、海报工作室（美编）。

四是技术升级，真正实现电视大屏和手机小屏的素材联通。运用全新升级的时政新闻网，打通移动端与PC端、外网与内网，实现了新闻素材全链路传递。

湖北广播电视台持续发挥内容生产、平台建设优势，深入实施四大工程，提升品牌影响力：一是实施精品打造工程，创作有全网影响力的精品；二是实施大号提升工程，以正能量为引领，汇聚高流量，提高品牌曝光度；三是实施外宣提升工程，与央媒、外媒深入合作，努力扩大国际影响力；四是实施"全媒铁军"提升工程，激发员工内生动力。

本章要点

1.品牌融合与创新：将传统媒体品牌转化为全媒体融合新品牌，通过多维度拓展和子品牌孵化来增强品牌影响力。

2.内容生产与创新：坚守内容为王的原则，通过创意性生产和紧跟时代潮流的表现形式来提升用户体验和内容吸引力。

3.社会效益与经济效益并重：在追求社会效益的同时，通过创新营销模式和提供优质服务来实现经济效益的提升。

4.顶层设计与组织改革：管理体制、组织机构和人才培养机制改革非常重要，这些改革要适应新媒体需求。

5.技术赋能与平台建设：充分利用数智技术手段提升新闻报道的吸引力，打造自主可控的网络平台来强化互动功能并提升用户体验。

关键概念

"长江云新闻"　新闻立"端"　"新闻＋政务"服务模式　平台打造　媒体融合主力军

综合训练

1.根据本章内容，分析湖北广播电视台新闻中心是如何通过品牌融合与创新来提升品牌影响力的，并提出你认为可以进一步改进的策略。

2.讨论湖北广播电视台新闻中心在内容生产与创新方面采取了哪些措施，这些措施如何帮助其在媒体融合中取得成功。

3.结合本章内容，探讨社会效益与经济效益并重的重要性，分析在实际操作中如何平衡这两者的关系。

4.描述湖北广播电视台新闻中心在顶层设计与组织改革方面采取了哪些措施，并分析这些措施如何加快了媒体融合的进程。

5.讨论技术赋能与平台建设在湖北广播电视台新闻中心的成功中扮演了什么角色，并提出你认为可以进一步利用的技术或平台。

即测即评8

第九章
数智传播背景下融合新闻生产的组织结构

学习目标

【价值塑造】

树立在数智传播时代争当媒介融合排头兵和先锋队的进取意识，顺应国家发展和行业需求、积极投身媒介融合实践的实干精神，以及善用数智技术推动融合新闻生产与传播取得实效的创新思维。

【知识传授】

掌握梳理数智传播背景下融合新闻生产组织结构的发展历史、现状、问题与发展对策，特别是三级"中心"模式、融合前后组织结构的比较和组织绩效测评，领会融合新闻生产组织结构的基本概念、发展现状和关键要点。

【能力培养】

具备对融合新闻生产组织结构发展变革典型案例的观察和分析能力，能理解数智技术对融合新闻生产的重要变革作用与应用场景，会区分媒介融合前后组织结构的差异，提升对融合新闻生产组织结构问题的分析及解决能力。

以大数据、智能化、移动终端和云计算为典型标志的"大智移云"时代为融合新闻生产与传播提供了纵深发展的绝佳条件，国内各家媒体纷纷采取各种措施加快媒介融合的步伐。媒介融合体现数智时代发展、国家政策导向和行业内生推进的多重需求，让媒体成为真正意义上的"复合型组织"，是进行融合新闻生产与传播的基本前提。《关于加强县级融媒体中心建设的意见》提出"要深化机构、人事、财政、薪酬等方面改革，调整优化媒体布局，推进融合发展，不断提高县级媒体传播力、引导力、影响力"。[①] 其中，深化机构改革、优化组织结构，是包括县级融媒体中心在内的媒体真正实现"融合"从而发挥其协同作用的组织保障，也是破解当前各家媒体"合而不融"难题的关键之举。

第一节　数智传播背景下媒介融合组织结构现状

对融合新闻生产组织结构的考察，实质上就是对媒介融合组织结构的考察，从动态的角度通常称作媒介组织融合。媒介组织融合是指传媒组织在所有权、内部结构、经营管理等方面实现融合。[②]这既是媒介"融合化"进程的方式之一，也是"融合"目标的必经之路。组织结构作为"表现组织各部分排列顺序、空间位置、聚集状态、联系方式以及各要素之间相互关系的一种模式"，[③]也是一个包含众多方面的复合体系，对于媒介融合来说，其"融合"的目标和"融合化"的进程使其组织结构跟其他类型的组织相比变得更加复杂多样。从这一定义可以看出，媒体在进行组织融合的过程中，需要建立科学规范的组织与管理体系，并按照一定的模式和规范执行，使媒体的组织结构真正成为媒介融合有序进行的坚实保障。

一、媒介融合组织结构的政策推动

在组织融合已成为各媒体"标配"的当下，绝大多数媒体实际上是拥有多家子媒体的传媒集团，媒介融合实质上是集团内部或集团与集团之间多维度、全要素的融合。从国内的媒介融合实践来看，其组织结构改革的重要推动力来自国家政策和战略部署。有机构对近年来媒介融合的重要政策文件进行了梳理[④]，见表9-1。

在国家各部门的协调部署和稳步推动之下，媒介融合实践不断向纵深发展，组织机构改革按照"从宏观到微观""从中央到地方""从设想到机制"的思路深度推进。

启智增慧9-1

融媒十年：转型之变，新闻之辩

二、媒介融合组织结构的改革历程

媒介融合发展至今，包括其组织结构在内的整个发展历程体现出国家主动战略和行业自发变革的合力。一般来说，媒介融合以传媒集团为主体来进行，即由多种类型的媒体组成。随着网络新媒体的全方位渗透，传媒集团的各子媒体之间形成"互联网+"传统媒体的各种"组配方式"。以传媒集团为视角，通过对媒介融合组织结构改革历程的梳理，可以管窥媒体在组织结构改革中所做的努力及演变规律。

---

① 习近平主持召开中央全面深化改革委员会第五次会议［EB/OL］.（2018-11-14）［2025-02-22］. https://baijiahao.baidu.com/s? id=1617112401230972564&wfr=spider&for=pc.
② 王蓥欣，俞宏浩，许凯豪. 试论媒介融合的组织框架建构——以解放日报·上观新闻的媒介融合实践为例［EB/OL］.（2019-12-26）［2025-02-22］. http://media.people.com.cn/n1/2019/1226/c431261-31524402.html.
③ 杨文士，张雁. 管理学原理［M］. 北京：中国人民大学出版社，1998：176.
④ 佚名. 盘点！"媒体融合"10大重要政策文件［EB/OL］.（2020-09-29）［2025-02-22］. https://baijiahao.baidu.com/s? id=1679129382127632694&wfr=spider&for=pc.

表9-1　　　　　　　　　　　　　**"媒体融合"重要政策文件**

颁发时间	颁发部门	文件名称	主要内容
2014年8月	中央全面深化改革领导小组	关于推动传统媒体和新兴媒体融合发展的指导意见	整合新闻媒体资源，推动传统媒体和新兴媒体融合发展，是落实中央全面深化改革部署、推进宣传文化领域改革创新的一项重要任务，是适应媒体格局深刻变化、提升主流媒体传播力公信力影响力和舆论引导能力的重要举措。 通过融合发展，使我们的主流媒体科学运用先进传播技术，增强信息生产和服务能力，更好地传播党和政府声音，更好地满足人民群众的信息需求。 推动媒体融合发展，要遵循新闻传播规律和新兴媒体发展规律，强化互联网思维，坚持正确方向和舆论导向、坚持统筹协调、坚持创新发展、坚持一体化发展、坚持先进技术为支撑。 推动媒体融合发展，要将技术建设和内容建设摆在同等重要的位置。要顺应互联网传播移动化、社交化、视频化的趋势，积极运用大数据、云计算等新技术，发展移动客户端、手机网站等新应用新业态，不断提高技术研发水平，以新技术引领媒体融合发展、驱动媒体转型升级。同时，要适应新兴媒体传播特点，加强内容建设，创新采编流程，优化信息服务，以内容优势赢得发展优势。 推动媒体融合发展，要按照积极推进、科学发展、规范管理、确保导向的要求，推动传统媒体和新兴媒体在内容、渠道、平台、经营、管理等方面深度融合，着力打造一批形态多样、手段先进、具有竞争力的新型主流媒体，建成几家拥有强大实力和传播力、公信力、影响力的新型媒体集团，形成立体多样、融合发展的现代传播体系。要一手抓融合，一手抓管理，确保融合发展始终沿着正确的方向推进
2016年7月	国家新闻出版广电总局	关于进一步加快广播电视媒体与新兴媒体融合发展的意见	力争两年内，广播电视媒体与新兴媒体融合发展在局部区域取得突破性进展，形成几种基本模式。 在"十三五"时期后期，融合发展取得全局性进展，建成多个形态多样、手段先进、具有竞争力的新型主流媒体，打造出数家拥有较强实力的新型媒体集团，基本形成布局合理、竞争有序、特色鲜明、形态多样并具有可持续发展能力的中国广播电视媒体融合新格局
2017年1月	中共中央办公厅、国务院办公厅	关于促进移动互联网健康有序发展的意见	大力推动传统媒体与移动新媒体深度融合发展，加快布局移动互联网阵地建设，建成一批具有强大实力和传播力、公信力、影响力的新型媒体集团
2017年5月	中共中央办公厅、国务院办公厅	国家"十三五"时期文化发展改革规划纲要	现代传播体系逐步建立，传统媒体与新兴媒体融合发展取得阶段性成果，形成一批新型主流媒体和主流媒体集团，网络空间更加清朗，社会舆论积极向上。 推动媒体融合发展。扶持重点主流媒体创新思路，推动融合发展尽快从相"加"迈向相"融"，形成新型传播模式。支持党报党刊、通讯社、电台电视台建设统一指挥调度的融媒体中心、全媒体采编平台等"中央厨房"，重构新闻采编生产流程，生产全媒体产品。明确不同类型、不同层级媒体定位，统筹推进媒体结构调整和融合发展，打造一批新型主流媒体和媒体集团

颁发时间	颁发部门	文件名称	主要内容
2018年11月	中央全面深化改革委员会	关于加强县级融媒体中心建设的意见	要深化机构、人事、财政、薪酬等方面改革，调整优化媒体布局，推进融合发展，不断提高县级媒体传播力、引导力、影响力
2019年1月	中共中央宣传部、国家广播电视总局	县级融媒体中心建设规范	县级融媒体中心应整合县级媒体资源，巩固壮大主流思想舆论，不断提高县级媒体传播力、引导力、影响力、公信力
2019年4月	国家广播电视总局	总局办公厅关于建立"国家广播电视总局媒体融合发展专家库"的通知	通过建立"国家广播电视总局媒体融合发展专家库"，凝聚广泛力量，汇集全行业智慧，贯彻落实好中央"推动媒体融合发展、构建全媒体传播格局"重大战略部署，为总局推进媒体融合发展决策提供重要参考，提升总局广播电视行业治理体系和治理能力现代化水平。建设初期，专家库包括"优秀专家学者"和"优秀行业从业人员"两个子库
2019年9月	国家广播电视总局	总局关于创建广播电视媒体融合发展创新中心有关事宜的通知	择优创建广播电视媒体融合发展创新中心，以改革创新的思路举措，汇聚各方力量、深入研究探索、强化应用示范，加快推进广播电视媒体与新兴媒体深度融合一体发展
2019年11月	科技部	关于批准建设媒体融合与传播等4个国家重点实验室的通知	为适应全媒体时代发展需求，推动媒体融合向纵深发展，强化科技支撑，批准建设"媒体融合与传播国家重点实验室""传播内容认知国家重点实验室""媒体融合生产技术与系统国家重点实验室""超高清视音频制播呈现国家重点实验室"等4个实验室
2020年9月	中共中央办公厅、国务院办公厅	关于加快推进媒体深度融合发展的意见	坚持正能量是总要求、管得住是硬道理、用得好是真本事，坚持正确方向，坚持一体发展，坚持移动优先，坚持科学布局，坚持改革创新，推动传统媒体和新兴媒体在体制机制、政策措施、流程管理、人才技术等方面加快融合步伐，尽快建成一批具有强大影响力和竞争力的新型主流媒体，逐步构建网上网下一体、内宣外宣联动的主流舆论格局，建立以内容建设为根本、先进技术为支撑、创新管理为保障的全媒体传播体系

　　因循组织结构形成的基本思路，可以发现，在媒介融合组织结构的改革早期，主要体现为以下模式：

（一）集团内部模式

1. "集团领导"的宽泛模式

　　"集团领导"的宽泛模式指由集团统一领导所属子媒体的运作，不同子媒体的记者在集团的统一安排和调度下从事采访、报道、编辑等活动。

　　这一模式的典型是成都传媒集团。该集团成立于2006年，由成都日报报业集团和成都广播电视台合并组建而成，是涵盖报刊、广播、电视、网络等多种媒体形态的综合传媒集团，在当时可以说是一种全新的探索与大胆的尝试。成都传媒集团组织架构如图9-1所示。

从其早期内部组织结构看，集团成立伊始便确立了"事业集团、企业化运作"的管理模式，按照"扁平设计、垂直管理、层次清晰、责权明确"的总体思路，实行党委领导下的总编辑、总经理负责制。其具体架构如下：集团设党委会，报业、广播、出版社、杂志社的领导都融入这个集团党委，形成"一体两翼、双轮驱动"的领导模式——"一体"指集团党委会，"两翼"指集团编委会和经委会，"双轮"指新闻事业和传媒产业。同时，设立董事会，党委会成员与董事会成员完全覆盖，依照"采编与经营两分开"的原则，由编委会和经委会分别负责采编及经营工作。集团总部的管理职能部门还将报业和广电两大板块人员进行有机重组、合理配置，设立集团党委办、行政办、编委办、经委办、人力资源部、财务中心、总工办、监察室等8个公共职能部门。目前，随着集团化建设的深入，总部管理部门也在不断对上述部门进行精简、合并及调整。成都传媒集团采用这样的设计方式，有几个突出特点：一是与广播电视台、报业集团三块牌子、一套人马合署办公，集团化运作；二是集团所有的机构和干部取消了行政级别；三是要求统一执行企业会计制度，实行事业单位、企业化经营和管理的模式，这是对广电板块的根本性改变。[①]

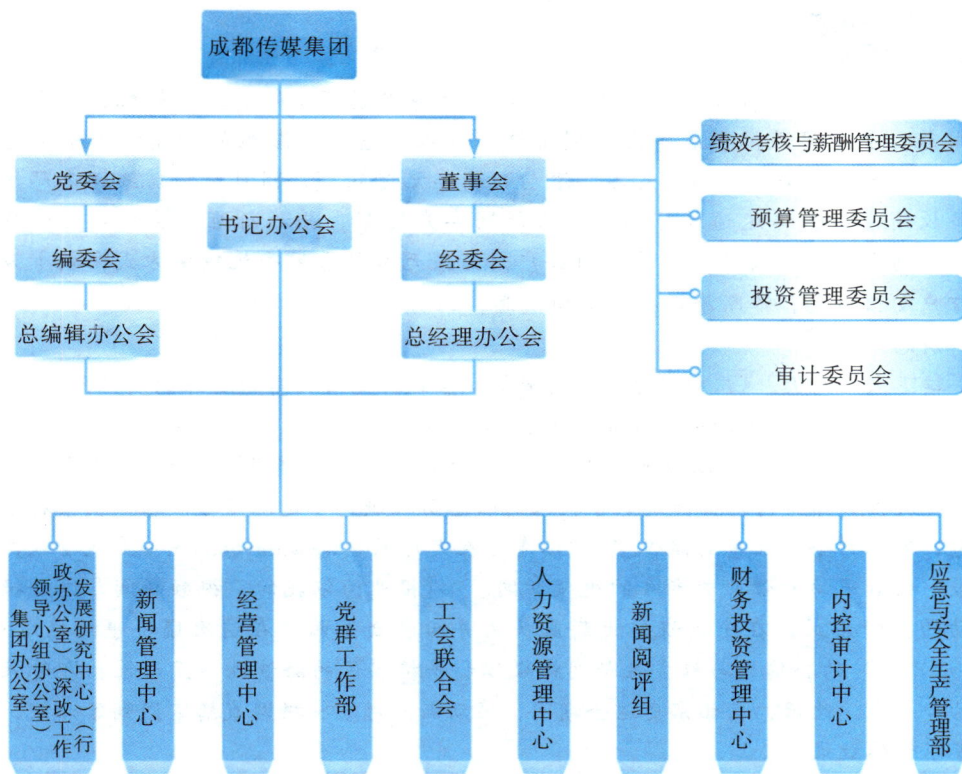

图9-1 成都传媒集团组织架构

① 冯文礼. 成都跨媒体融合一年新变之路径 报业广电合并传媒走向融合［EB/OL］.（2015-02-01）［2025-02-22］. http://www.stanchina.com/fwl.htm.

　　在集团的外部组织结构上，成都传媒集团成立以后，市管干部由成都市委组织部管，其余干部由集团党委管理；新闻导向由市委宣传部管；国有资产的保值增值由市国资委管；广电局和新闻出版局对其进行行业管理。集团实体运行，成都日报报业集团和成都广播电视台依然保留牌子，同集团并行不悖，以对接行业管理部门，此举没有改变广播电视台的设立主体和隶属关系，也没有在局台之间增加管理层级。

　　特别值得一提的是，为有效推动媒介融合，传媒集团在成立之初，就设立了以《成都商报》为主导，包括报纸、电视、广播、网站、期刊等不同形态媒体在内的"媒体融合试验田"，意在依托不同媒体之间的有机组合、优势嫁接、集约运行、资源打通等方式，形成各媒体的核心价值，为更大层面的融合进行先期探索。

　　2. "部门负责"的集中模式

　　"部门负责"的集中模式指在集团内部成立专门负责媒介融合的部门，该部门记者可以在集团其他子媒体的协助下从事采访、报道、编辑等活动。

　　广州日报报业集团、烟台日报传媒集团是早期该模式的典型代表。《广州日报》是中国第一家成立"滚动新闻部"的媒体。

【案例撷珍】

　　2007年，《广州日报》以"6·15"九江大桥坍塌事故的报道为契机，成立滚动新闻部，在全国媒体中最早发布塌桥这一惊人消息，在激烈的新闻竞争中拔得头筹。6月15日上午9时40分左右，滚动新闻部记者从《广州日报》前线记者那里获得事故消息后，迅速通过广州日报大洋网率先发布，并不断地与前线记者进行连线，滚动发布最新消息，接着又通过广州日报无线平台用手机短信方式向数十万手机订户发出消息，不断滚动播发最新消息，同时还通过"广州日报·3G门户"发布最新消息。

　　接下来的几天，《广州日报》把目光聚焦在这一老百姓普遍关注的新闻热点上：6月20日，刊发《两河南老乡断桥舍身拦车》的独家报道；6月21日，在《沙船撞桥事故·亲历》专版上，以《河南老乡："俺最相信〈广州日报〉记者"》（见图9-2）的醒目头条新闻，对两位河南老乡救人的心路历程进行了追踪报道。在该头条标题的右边，有一行令人注目的黑体字："读者可在大洋网（www.dayoo.com）上观看《广州日报》记者采访两位河南老乡的视频新闻。"以报业为依托的"视频新闻"这一报网互动的全新形式，在中国媒体上崭露头角并与受众见面。在这次塌桥事故报道中，《广州日报》的公信力与权威性与网络媒体和手机媒体的海量性、互动性、即时性有效结合起来。此后，在北京奥运会期间，滚动新闻部还将报网直播室搬到了北京，产生了不错的效果。

图9-2　《广州日报》相关报道

资料来源：作者根据相关资料整理。

烟台日报传媒集团则成立"全媒体新闻采编中心"，与各系列报并列，包括《烟台日报》在内的各系列报事实上成为编辑部。"全媒体新闻采编中心"记者以多媒体方式采集新闻，并通过网站、手机报、传统报纸、数字报刊，以及多媒体视屏实现多级发布。其架构由三部分组成：一是采访部门，负责日常采访工作，其中分为市政新闻部、热线新闻部、城市新闻部、县域新闻部、财经新闻部和文体新闻部；二是综合部，在新闻中心内起指挥作用，在子媒体间起协调作用；三是信息部，负责背景资料收集、针对大事件的前期资料整理以及音视频素材的编辑整理。总之，通过该模式，打通了集团各报之间的界限，多媒体记者隶属于整个报业集团，由报业集团相关机构统一指挥，网站成为功能较单一的新闻编辑和发布机构。

3.以栏目、节目或报道为单元的松散模式

以栏目、节目或报道为单元的松散模式主要围绕某一个或若干个栏目、节目或报道进行媒介融合实践。

相对"集团领导"的宽泛模式和"部门负责"的集中模式，松散模式指的是在媒介融合的早期，主要在某一个或若干个栏目、节目或报道中进行媒介融合实践。例如，《焦点网谈》栏目由河南日报报业集团整合《河南日报》、河南报业网与手机短信平台三方面的资源与渠道创办。这个栏目围绕公共生活中的各类新闻事件或焦点话题展开讨论，发动广大网民踊跃参与，畅所欲言，编辑同时组织一些专家、名人发表意见，稿件在网站上首发，报纸在每周二、四刊登两个整版的同名专版。《焦点网谈》还设立了子栏目《短信民声》，报社24小时开通手机短信平台，接收群众的建议与投诉、收集新闻线索。对于群众反映的问题事无巨细，党报编辑都要向有关部门调查核实，促使问题得到解决，并将结果及时在网站与报纸上对社会公开。这种模式体现出全新的新闻传理念和报道思路，获得很好的社会反响。

（二）"集团—外部"松散模式

"集团—外部"松散模式即在某一系列或某一次报道中，根据具体情况，集团与其他外部媒体之间进行合作报道。

启智增慧9-2

荣誉以网络的名义

例如，2019年2月21日，济南日报报业集团专程赴人民日报社、人民网就推进媒体融合向纵深发展进行考察学习交流。人民网与济南日报报业集团就开展"第三方内容审核"合作达成一致意见。

全媒体时代是个大趋势，媒体融合发展是篇大文章。新媒体发展的最新形态是什么？媒体融合的最前沿是什么样子？媒体融合向纵深发展的关键是什么？带着这些问题，济南日报报业集团董事长、党委书记、济南日报社社长马利带领集团班子成员及各报网、鲁中分社有关负责同志、骨干记者到人民日报社、人民网学习（见图9-3）。

图9-3 济南日报报业集团专程赴人民日报社学习

在座谈交流中，人民网与济南日报报业集团就推进"第三方内容审核"业务合作达成了一致意见，双方表示将加紧沟通和对接，力争合作成果早日落地见效。[1]

（三）"单个媒体—外部"松散模式

"单个媒体—外部"松散模式即某一媒体和其他媒体之间的随机性或区域化合作等。

以《上海证券报》为例，在该报的规划中强调，要充分利用新技术来推进报网融合，促进形式创新、管理创新和机制创新，并与中国证券网全面融合，实行一个班子、一套架构，不设重叠机构，对报网统一业务生产流程，统一考核，把报社的盈利模式从比较单一的信息披露收入扩大为内容产品收入、活动产品收入和互动产品收入。

除了这些对媒介融合实施得比较系统而彻底的媒体外，还有其他媒体已经和正在进行不少"准媒介融合"的实践，主要包括如下形式：一是报网融合。这是最早和最传统的媒介融合方式，目前国内大部分报纸都有各自的网站和电子版。二是报

① 佚名. 济南报业到人民日报中央厨房学做"融媒大厨"［EB/OL］.（2019-02-23）［2025-02-22］. https://www.sohu.com/a/297347111_100006157.

电融合。2006年1月22日，大连日报社主办的北方体育报联合大连数字电视教育频道、大连沿海传媒有限公司创办北方体育报电视版。三是电网融合。这是电视台和网络的融合，通常称之为"网络电视台"。2009年底，中央电视台旗下的中国网络电视台上线。四是"手机+"融合。如手机报、手机电视等。2009年元旦，荆楚网与湖北日报共同开辟"记者手机快报"栏目，驻湖北全省17个市州记者站的记者每天以手机短信方式发回报道，在报纸、网站和手机报同步呈现。同时还有报电网与图书出版业的融合、不同网站之间的合作等多种方式。国内早期主要媒介融合集团一览表见表9-2。

表9-2　　　　　　　　　　**国内早期主要媒介融合集团一览表**

媒体 项目	广州日报报业集团	烟台日报传媒集团	佛山传媒集团	成都传媒集团
媒介融合模式	"部门负责"集中模式	"部门负责"集中模式	"部门负责"集中模式	"集团领导"的宽泛模式（2006年，国内首家在中心城市成立的，涵盖报刊、广播、电视、网络等多种媒体形态的综合传媒集团）
媒介融合模式	部门名称			
媒介融合模式	滚动新闻部（2007年，国内首家）	全媒体新闻采编中心（2008年）	佛山新闻中心（2007年）	
组织结构	隶属于广州日报编辑部，在信息发布时，更多是与大洋网联系	由日报、晚报、晨报三报记者从各报中心独立出来所成立。其主要由三部分组成：一是采访部门，负责日常采访工作，其中分为市政新闻部、热线新闻部、城市新闻部、县域新闻部、财经新闻部和文体新闻部；二是综合部，在新闻中心内起指挥作用，在媒体间起协调作用；三是信息部，负责背景资料收集、针对大事件的前期资料整理以及音视频素材的编辑整理	当地报纸、广播、电视三大媒体"分区独立办公"	由成都日报报业集团和成都广播电视台合并组建而成，合并后报业集团和广播电视台的牌子继续保留，对接行业管理部门，同时保留广播电视的呼号。主要包括如下部分：报刊板块——四报五刊，包括《成都日报》《先锋·居周刊》等。广播板块——五个频道，包括广播新闻频道、交通文艺频道等。电视板块——九个频道，包括电视新闻综合频道、经济资讯服务频道等

媒体 项目	广州日报报业集团	烟台日报传媒集团	佛山传媒集团	成都传媒集团
操作流程	采编部、滚动新闻部和大洋网策划（确定专题和关注点）→采访部、滚动新闻部的前方记者传回采访内容（文字/音频/视频，通过手机等）→大洋网新闻中心编辑和审核内容→发布到大洋网及手机平台→滚动新闻部做网络调查，收集网友关注焦点→提供给前方记者作为写稿素材	中心记者以多媒体方式采集新闻→通过网站/手机报/传统报纸/数字报刊/多媒体视屏实现多级发布		于 2009 年全面启动"媒体结对运行、部分新闻联动"模式，形成新闻联动长效机制。 为推动媒体融合，传媒集团成立之初就设立以《成都商报》为主导，包括报纸、电视、广播、网站、期刊等不同媒体形态在内的"媒体深度合作试验田"，形成"七剑下天山"（七种媒体、统一指挥）的融合模式
著名个案	2007 年，《广州日报》以"6·15"九江大桥坍塌事故的报道为契机，成立滚动新闻部，在全国媒体中最早发布塌桥这一惊人消息，在激烈的新闻竞争中拔得头筹。 北京奥运会期间，滚动新闻部将报网直播室搬到了北京，产生了不错的效果		2008 年，作为国内地市级媒体首次越洋采访美国总统大选。派出一行 6 人的联合采访组，由集团所属报纸、杂志、电台、电视台等各媒体的记者编辑组成。短短十天时间，横跨美国东、西部，向后方编辑平台发回文字稿、图片、视频、音频共计 200 多条。后方媒体按照各自定位，对采访内容进行重新编辑包装，以融合媒介的新闻实践实现了新闻价值最大化	

续表

项目＼媒体	广州日报报业集团	烟台日报传媒集团	佛山传媒集团	成都传媒集团
产生的效果	使报纸与网络之间资源共享和互通，使网络和报纸发挥各自的优势。 首要特点是快，它克服了报纸的出版时限，将刚发生或正在发生的新闻通过大洋网、手机无线平台发布给读者，抢得了新闻的第一发布权	各岗位的工作内容和角色定位发生细微变化	发挥了跨媒体的优势，从过去"共同采访、各用各稿"的阶段，真正进入媒体深度融合阶段	《成都商报》市场竞争力增强，地位进一步提高，一度持续低迷的成都电视台经济资讯服务频道收视率和市场业绩稳定增长
存在的问题	管理的架构不明确；缺少与网友的互动和对网友的关注；视频手段的应用有待商榷；存在滚动新闻稿件版权维护问题	集团新媒体业务"经济效益并不明显"；在盈利模式尚不清晰的现实下，全媒体运作最重要的一个问题就是如何控制风险	没有形成常态化、规范化的模式	

三、媒介融合组织结构的"中心"模式

随着《关于加强县级融媒体中心建设的意见》的出台，媒介融合进入全面推进、精细建设的"中心"时代，即以县级融媒体中心建设为牵引，乘着数智时代的技术东风，开始逐渐形成"中央—省市—县"三级为基本模式的格局。其典型表现就是各级融媒体中心。

（一）中央级融媒体中心

《国家"十三五"时期文化发展改革规划纲要》中明确提出，要支持党报党刊、通讯社、电台电视台建设统一指挥调度的融媒体中心、全媒体采编平台等"中央厨房"，打造一批新型主流媒体和媒体集团。此后，以中央级媒体为龙头，兴起建设"中央厨房"的热潮。其中，人民日报、新华社、光明日报等中央级主流媒体在"中央厨房"建设中起步早、建设快、成效好，成为其他媒体学习的典范。

人民日报"中央厨房"作为面向受众、面向国际、面向未来的新一代内容生产、传播和运营体系，以内容的生产传播为主线，不仅服务于人民日报各子媒体，更为整个媒体行业搭建了一个支撑优质内容生产的公共平台，聚拢各方资源，形成发展合力。

在这样的理念指导下，人民日报"中央厨房"不是简单的"采编发"一体化稿库，而是全流程打通、全要素参与的媒体融合体系。其组织结构如图9-4所示。[①]

---

① 佚名. 详解：人民日报"中央厨房"有什么不一样？［EB/OL］.（2017-02-24）［2025-02-22］. https：//www.xinhuanet.com/zgjx/2017-02/24/c_136081704.htm.

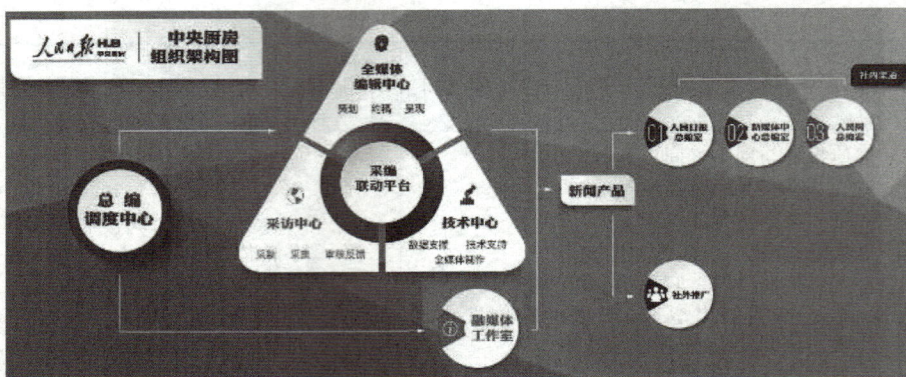

图9-4 人民日报"中央厨房"组织结构图

在整个组织结构中，总编调度中心是指挥中枢，负责策划、采访、编辑、网络发布的协作安排。采编联动平台是常设机构，由采访中心、技术中心和全媒体编辑中心构成，负责具体业务执行、需求反馈收集等工作，由来自"报、网、端、微"各部门的人员组成工作团队，听从总编调度中心的指挥，进行全媒体新闻产品的生产加工，所有产品直接进入后台新闻稿库。融媒体工作室是其崭新的业务部门，以工作室的形式让各类人员按兴趣组合、依项目制施工，资源嫁接、跨界生产，目前已开设一本政经、麻辣财经、学习大国、半亩方塘等工作室，涉及时政、文化、教育、社会、国际等领域。报社总编室、人民网总编室、新媒体中心总编室主要负责从后台新闻稿库取用稿件，这些稿件既可以作为成品直接发布，也可以作为素材进行二次加工，所有产品在社内平台首发后，再向国内外合作媒体推广。实现了集中指挥、高效协调，形成"一次采集、多元生成、多渠道传播"的工作格局。

依托上述组织结构，人民日报社相应配套运行机制，包括总编辑协调会、采前会等。总编协调会是人民日报"中央厨房"日常运行的最高决策机构，每周一下午总编辑召开协调会，部署当周重要宣传任务，讨论重大报道选题，点评一周传播效果及协调采编对接联动。与此同时，建立采前会制度，由当天值班的副总编辑主持，每天上午召开，三大中心和报社采访部门的负责人参加，汇报选题策划，通报新闻线索，研究当日舆情，确定重点稿件，布置采编对接。此外，还建立重大、突发事件应急报道机制，安排专人实时监控、随时调度，第一时间进行融合采集、加工、生产和传播。

（二）省市级融媒体中心

在中央级媒体的带动之下，省市级媒体纷纷展开融媒体中心建设，出现了一批立足所在区域、具有鲜明特色的融媒体中心，探索适合自身的组织机构改革。封面传媒是由四川日报报业集团打造、华西都市报融合转型的新型主流媒体，核心产品封面新闻客户端开启构建"人工智能时代的泛内容生态平台"新征程，在全国率先提出打造"智能+智慧+智库"智媒体。其以"亿万年轻人的生活方式"为定位，打造"智能+智慧+智库"的智媒体，以前沿科技为核心驱动，以原创为显著特征，借助数据挖掘、机器学习与写作、兴趣推荐算法，确立了"移动优先、视频优先、故

启智增慧9-3

建好"中央厨房"打造"传媒+"内容效果检验融合成果

事优先"原则。在推进媒体深度融合发展过程中，封面新闻率先提出"智媒体"发展目标，通过技术驱动、内容为王、资本支撑"三轮驱动"，成为中国都市报媒介融合发展的典范。

封面传媒和华西都市报从"一支队伍、两个平台、一体运营"融合转型到"一支队伍、一个平台、一体运营、一体考核"。2019年，华西都市报200多名员工整体迁移至封面传媒，实现了封面新闻和华西都市报彻底融为一体、合而为一；实现了队伍之转、传播之转、考核之转和分工之转；实现了主力军整编进入主阵地，在平台建设、内容生产、技术研发、经营管理、队伍建设、体制机制创新等方面走在了国内前列。

图9-5　封面传媒"双中台"组织结构图

如图9-5所示，封面传媒"数据中台+业务中台"的"双中台"组织结构非常有特色，集中体现出"技术引领"战略。其拥有省级党报集团中第一支规模化的技术研发团队，已形成标准化、成体系的技术研发和运营模式。封面传媒技术团队目前已有110人，90后员工占比44%，许多技术骨干来自知名互联网企业。其设置的"技术委员会"包含首席安全官、首席数据官、首席解决方案专家、首席架构师等职位。封面传媒综合影响力和综合实力名列全国前茅，成为"立足四川、连接成渝、面向西南、影响四大经济圈"的区域平台型媒体。

（三）县级融媒体中心

第二届全国县级融媒体中心能力建设年会开幕式上发布了全国县级融媒体中心能力建设十大典型案例和十佳创新案例。以下列举浏阳市融媒体中心的例子进行介绍。

浏阳市是中宣部确定的全国首批县级融媒体中心建设试点县市，融合之初即让原报社、电视台的采编部门、经营部门实现合署办公，完成"物理融合"。《浏阳市融媒体中心职能配置、内设机构和人员编制规定》明确了融媒体中心的内设机构，包括办公室、融媒管理调度部（总编室）、技术安全部、财务部、政工人事部等管理部门，同时规定"市融媒体中心所属事业单位的设置、职责和编制事项另行规定"。在此基础上，大胆先行先试，将新闻采编部门整合组建为融媒管理调度部（总编室）、融媒采访部、报纸编辑部、电视编辑部、电台编辑部、新媒体编辑部6个部门，初步形成了"一体策划、一次采集、多元生成、多端发布、移动优先、流程再造"的工作格局。[①]

　　媒体融合之后，在原来报、台的基础上，建立完善了关于组织管理、绩效考核、薪酬管理、荣誉激励等一系列的制度框架。目前，浏阳市融媒体中心旗下拥有一报（《浏阳日报》）、两台（浏阳人民广播电台、浏阳电视台）等传统媒体，还拥有一网（浏阳网）、一端（掌上浏阳客户端）、两微（微浏阳、浏阳995微信）等新媒体矩阵，基本形成了资源集约、结构合理、差异发展、协同高效的全媒体传播体系。浏阳市融媒中心有记者编辑90余人，其中有新华社签约摄影记者、中国作家协会会员、各级新闻奖的获得者，很多作品登上《人民日报》等主流媒体。浏阳市融媒体中心内景见图9-6。

图9-6　浏阳市融媒体中心内景

四、媒介融合组织结构的管理类型

　　通过对媒介融合组织结构的分析，可以看出当前国内媒介融合已走入"深水区"，各方面的探索全面展开。在这一过程中，管理方式涉及媒介融合组织结构改革的具体实践，直接影响媒介融合的实现程度与效果。其基本类型可以分为两种。

（一）媒介融合的宏观管理与微观管理

　　从管理的立足点与广度上加以区分，可以把媒介融合的管理方式分为宏观管理和微观管理。宏观管理指的是从全局性和总体上对管理对象及其活动进行组织、规划、指挥、协调和控制，以最大限度地发挥其功能，从而达到预期目的；微观管理是指通过对人和事的管理，促成人际协调、人事匹配，充分发挥人的潜能，计划、组织、指挥和控制人的各种工作活动，从而实现组织目标。

---

　　① 龙章平. 探索推进县级融媒体中心建设——以运行一年的浏阳市融媒体中心为例 [J]. 城市党报研究，2020（2）：21.

　　媒介融合的宏观管理主要体现在传媒集团通过制定一系列文件、规章、制度等，从整体上对本集团媒介融合的发展方向、改革路径、操作原则等战略性问题进行统筹规划与全盘掌控，主要解决"方向感"的问题，其涉及的是媒介融合的指导和领导工作。

　　媒介融合的微观管理则是在宏观目标与方向的指导下，通过对媒介融合日常运作、业务流程和人员配备等方面的管理，促进媒介融合实践的顺利进行与不断完善，主要解决"执行力"的问题。

　　在媒介融合的微观管理中，除了对日常运作、业务流程等方面的管理之外，更为重要也更为复杂的是对人即新闻工作者的管理，这是媒介融合管理的核心与关键。其主要包括两个方面，从上至下称为决策和控制，平行之间称为沟通与联络，前者主要体现在媒介融合的宏观管理上，后者则属于媒体内部的平行传播，包括各部门之间以及个人与个人之间的传播。如果按照"编码—译码"的传播流程，可以将沟通和联络的过程展示为图9-7。

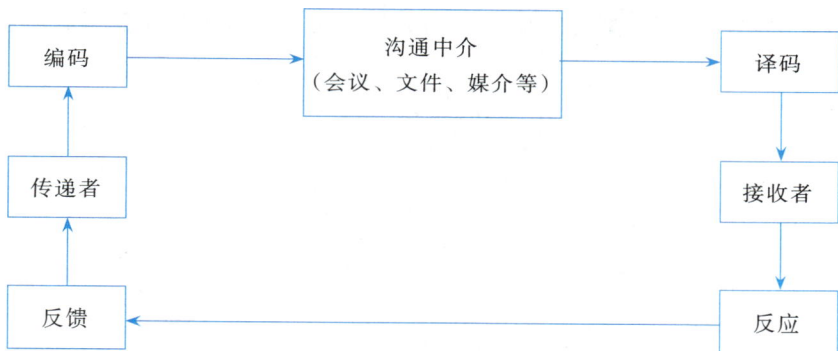

图9-7　沟通联络过程

　　在媒介融合实践中，需要不同人员之间合力完成多媒体、跨媒体的协作，对人的管理还包括实施恰当的人员配备，使人尽其才、才尽其用，共同完成媒介融合的多项任务。简而言之，人员配备可以概括为"选人、评人、育人"，它是一个具有内在逻辑关系的系统过程，受到媒体内外众多因素的影响与制约。

　　以前述人民日报"中央厨房"为例。其创新推出"融新闻工作室"，即鼓励报纸、网站、客户端、微博微信的优秀编辑记者根据自己的兴趣，跨部门、跨媒体、跨地域、跨专业地组织新闻工作室，如同一支支小规模的战斗突击队，既灵活又有针对性。而"中央厨房"给予他们资金支持、技术支持、传播推广支持、运营支持和线下活动支持。这些工作室各自有不同的擅长领域，有的写时政，有的关注财经，有的涉足视频，为记者编辑们的各自所长找到了新的发挥空间，成为培养媒体人才的大平台。[①]通过这样的方式，显著调动与激发了集团各部门、各层次的积极性和创造性。

---

　　①　佚名.探秘人民日"中央厨房"[EB/OL].（2017-01-23）[2025-02-22].http://media.people.com.cn/n1/2017/0123/c192370-29044372.html.

（二）媒介融合的常态化管理与特殊管理

从管理所针对的事物形态来区分，可以把媒介融合的管理方式分为常态化管理与特殊管理。前者指对媒介融合正常事务的管理，采取的是一般化、正常化的管理方式；后者则主要针对媒介融合环境下出现的突发性、特殊性事务，多采取非常态的管理方式。

作为人类生产社会化的产物，管理及其学科发展在现代社会日益引起关注。常态化管理广泛存在于今天人类生产与创造的方方面面，不少学者也相应地对管理进行了各种定义，比如："管理就是由一个或者更多的人来协调他人的活动，以便收到个人单独活动所不能收到的效果而进行的活动。"①再如："给管理下一个广义而又切实可行的定义，可把它看成这样的一种活动，即它发挥某些职能，以便有效地获取、分配和利用人的努力和物质资源，来实现某个目标。"②媒介融合的常态化管理也和媒体对其他事务的管理类似，主要是按照管理的常规方式对媒介融合实践施以计划、组织、指挥、协调和控制，确保媒介融合的顺利进行和既定目标的实现。通过对传媒集团内部五种职能之间关系的分析，可以更好地看出管理在其中的重要作用，见图9-8。

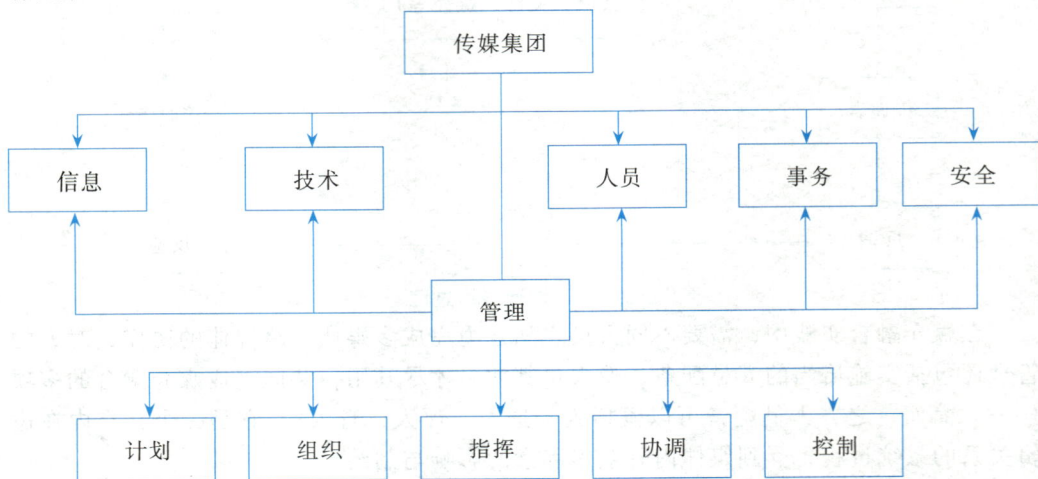

图9-8　传媒集团五种职能之间的关系

相对于常态化管理而言，媒介融合的特殊管理则主要出现在媒介融合的某些特殊情况下，为了适应突发性事件或满足某种特别目标而实施的管理方式。比如，海南文昌市融媒体中心在国庆前夕策划推出的《爱上一座城之"千城早餐 寻味文昌"》直播活动，依托新华社客户端、海南广播电视总台等近30家中央媒体、省级媒体进行广泛推广，覆盖人数累计达2 000万人次，并通过整合全球通讯社联盟资源，逾200家媒体对直播活动转载落地，全网阅读量超1亿人次，进一步提升了文昌在国际舞台

---

① 唐纳利，等. 管理学基础：职能·行为·模型［M］. 李柱流，等译. 北京：中国人民大学出版社，1982.
② 雷恩. 管理思想的演变［M］. 赵睿，译. 北京：中国社会科学出版社，1986.

的能见度和影响力。①图9-9为文昌市融媒体中心。

图9-9　文昌市融媒体中心

第二节　媒介融合前后组织结构的比较

通过对媒介融合前后组织结构发展进行纵向比较，可以清楚地看出媒介融合给媒体带来的变化。

一、媒介融合前后的组织结构之比较

通过对比媒体在媒介融合前后体系架构的不同，特别是数智技术及相应传播手段兴起之后，可以发现媒介融合前后的媒体组织结构呈现出如下差异：

（一）组织模式逐渐走向"中心化"

如前所述，在媒介融合组织结构改革的早期，无论是"集团领导"的宽泛模式、"部门负责"的集中模式，还是以栏目、节目或报道为单元的松散模式，都展现出对组织模式的积极探索。但是各地、各媒体各自为政的状况依然很突出。由此，融媒体中心应运而生，其可以称为媒介融合全面推进、深度融合的"中心模式"。

较之早期模式，"中心模式"无论是中央级，还是省市级、县级，都通过外在行政指令和内在行业变革的双重驱动，以组建融媒体中心的形式推进媒介融合，实现组织结构的跨越式变革，取得突出成效。比如，作为2021年全国县级融媒体中心能力建设十大典型案例的江西省分宜县融媒体中心，于2016年7月率全省之先成立，2017

---

① 佚名．海南县级融媒体中心入选全国县级融媒体中心建设十大典型案例（2020-12-28）［2025-02-22］．http://www.cac.gov.cn/2020-12/18/c_1609858711708567.htm.

年列为全国第一批试点，成功打造了 1.0 版和 2.0 版。以客户端为载体，嵌入学习强国学习平台，开通"强国号"、"头条号"和"人民号"，登上中央级传播平台；以"赣鄱云""赣云"为载体，融入"全省一张网"，登上省、市级传播平台；集成 6 个县级媒体、30 个入驻号、25 个微信公众号、19 个微博账号，扩大县级传播平台。①创立"三中心融合"项目，以新时代文明实践所站为阵地，以志愿服务为抓手，以融媒体中心为平台，创建"群众点单、中心派单、志愿者接单、群众评单"工作闭环，并与省文明办平台对接，融入全省一张网，让新时代文明实践志愿服务与百姓需求无缝对接，放大惠民效益，不断激发"新闻+政务服务商务"的融媒活力。图 9-10 为分宜县领导刘军分享建设经验。

图9-10　分宜县领导刘军分享建设经验

（二）新技术在体系架构中的引领效应日益突出

传媒集团紧跟"大智移云"技术潮流，将新技术深度嵌入体系架构之中，以技术支撑推动媒介融合变革，争取社会效益和经济效益双赢。

比如，封面传媒从成立伊始，就坚持数智技术赋能，提升技术的核心竞争力，驱动产品、内容、销售、运营、管理等各项业务发展，并保持行业持续领先地位，尤其是高度重视主流媒体算法、智能创作平台等具有先发优势和综合优势的技术产品的持续研究创新。同时，紧跟前沿趋势，探索新产品的研发创新。其中，用于融媒体生产的智能封巢系统，实现了所有稿件采写审核、编辑发布以及稿件传播路径追踪、版权保护的系统集成。随着光明日报、四川日报等越来越多的主流媒体加入，初步组建起了版权联盟，运用区块链技术，实现了原创稿件上链。图 9-11 为封面传媒小封智能创作平台。

---

① 佚名. 全省唯一！分宜县融媒体中心入选"全国县级融媒体中心能力建设十大典型案例"！（2021-12-23）〔2025-02-22〕. http://jishui.yun.jxntv.cn/p/36011.html.

图9-11　封面传媒小封智能创作平台

（三）融合新闻的协同流程更加灵活通畅

媒介融合体系架构变革的目标旨在生产真正意义上的融合新闻，当前这种融合新闻的协同生产流程正在变得更加灵活和通畅。以报业为例，国内有学者提出，传统报业向数字报业的转变呈现出三个"渐进式"：联动、互动、融合，从互动转向融合的重心在于通过组织和制度的重构，对新闻资源加以合理配置与充分开发，生产出别具一格的融合新闻，从而去拓展市场，赢得竞争。

比如，人民日报各融媒体工作室强化全媒体意识，应用新技术、新手段，制作推出一大批角度新颖、内容精彩的融媒体产品。

【案例撷珍】

2021年全国两会期间，人民日报各融媒体工作室发布图文、图解、短视频等各类特色鲜明、效果突出的产品上百件，得到百余家党媒平台和商业平台转载。其中，侠客岛融媒体工作室开设新浪微博话题"侠客岛看两会"，突出"短平快"特色，话题阅读量超1.6亿，1.7万人参与讨论；麻辣财经融媒体工作室推出《专访林毅夫，辩证看待增速与发展的关系》，权威解读经济热点；蓝蓝天融媒体工作室推出《低碳视角下，环保产业未来在哪里》等，畅谈环境保护；法治头条融媒体工作室推出《最高法：法院受案量持续增长15年后首次下降》等，深入浅出解读"两高"报告；零时差融媒体工作室推出《外国留学生眼中的两会》等，反映外方各界积极评价；大江东融媒体工作室推出《东方七日谈：挑战面前，改革开放仍是"关键一招"》等，凸显地域特色。人民网2021年全国两会专题页面见图9-12。①

---

① 佚名. 两会融传播 出新更出彩（融看台）[EB/OL].（2021-03-11）[2025-02-22]. https://baijiahao.baidu.com/s？id=1693896039811471041&wfr=spider&for=pc.

图9-12　人民网2021年全国两会专题页面

资料来源：作者根据相关资料整理。

二、媒介融合前后的管理方式之比较

国内转型期各项改革的不断推进，加上各种新技术手段的介入，一方面推动了媒介融合的程度加深与拓展，另一方面也带来融合前后的管理方式呈现很大的差别。

（一）管理内容更为复杂多变

媒介融合多媒体、跨媒体、融媒体的特征使媒体在实施管理时所面向的对象日益复杂化、多样化，随之管理内容也变得纷繁复杂。在媒介融合之前，管理内容大多按照不同业务环节和部门加以区分，比如对采访的管理、对写稿与编辑的管理、对新闻发布的管理等；而在媒介融合之后，业务环节与部门的整合带来的是管理对象和内容的彼此交织、重叠，给媒体管理带来一系列前所未有的新变化及新挑战，要求对管理方式作出相应调整。

2014年，湖北广播电视台探索组建新媒体集团，借助集团先进技术，推出了"区域性生态型融媒体平台"——湖北新媒体云平台，这是一个集"新闻+政务+服务"为一体的融媒体传播平台。2016年2月29日，湖北长江云新媒体集团在新媒体云平台的基础上建设"功能完备、运行通畅、覆盖全省、互联互通"的长江云平台。2019年获得全国广播电视系统先进集体等多项荣誉。其与湖北省委网信办合作，在平台中加入内容集控、舆情预警、管理协调等功能，对权威信息可以"一键推送"，对不良信息能够"一键撤稿"，通过对复杂多变的网络信息进行有效筛选和管控，确定了"媒体云+政务云+行业云+产业云"的发展路径。

长江云平台拥有三大创新功能：一是后台打通，亿级用户、万级产品共用一个生产平台。二是快速复制，快速生成终端，实现大规模低成本复制。三是一键部署，一键推送，一键删除。长江云平台的三大创新功能在湖北广播电视台整合传播方式、有效提升新闻传播覆盖面上起到了积极的推动作用。目前，湖北省包括17个市州及所辖县（市）在内的121个以"云上"系列命名的官方客户端，汇聚"两微"账号3 985个，其中微信账号1 412个，微博账号2 573个，汇聚新媒体产品8 112个，平台综合用户约9 500万。

长江云通过云计算、大数据等技术，着力推进平台、流程、体制机制再造，坚持推进媒体融合向纵深发展，构建多元化平台生态。

启智增慧9-4

丝栖云案例100讲｜湖北"长江云"省级融媒体技术平台

一是政务融合，打造长江云"政务大厅"。向老百姓及时公开政务信息，借助"问政"栏目的品牌影响力、采编队伍、运行机制等资源优势，将省市县三级客户端后台与各地政府部门工作平台、服务后台联通。基于长江云平台上汇聚省市县三级融合媒体、两千多人的报道团队这一优势，编辑记者可以通过共享平台"一键上报"，再利用大数据平台设定关键词分析研判。

二是服务融合，建成网民口袋里的"办事窗口"。在服务群众上，推进多样化民生服务融合发展，与湖北省政务服务平台"鄂汇办"进行互联互通，将652项政务民生服务接入全省121个云上系列移动政务客户端，助力各地县融媒体中心建成"综合服务平台"。

三是生态融合，激活区域性运营强链接。积极打造长江云生态圈，成立了长江云平台运营合作体，试行直播积分制、广告联合招商代理制、技术联盟合作制等。此外，长江云还与湖北广电网络在县融建设、电视版长江云、互动电视业务合作等多领域开展战略合作，推出"两个中心进万家"业务，创新"明厨亮灶进小屏"模式，持续探索产业生态的融合。长江云不断发挥平台优势，持续推动省内媒体融合工作向纵深发展提供动力。图9-13为长江云与"鄂汇办"互联互通。

图9-13　长江云与"鄂汇办"互联互通

（二）管理手段更加具体而精细

从表面上看，媒介融合实现了不同类型媒介、不同事务部门之间从"割据"到"抱团"的转变，但并不意味着媒体管理由此将变得大而化之。恰恰相反，这"抱团"之中所蕴含的千丝万缕、盘根错节的关系，使得管理手段非但不能变得模糊粗糙，反而应当更加具体细微地深入到媒介融合的细节之中，成为连接每个环节的有机链条，将不同类型媒介、不同事务部门、不同职责的人员这些分散的"点"结合成动态而统一的"面"，共同完成媒介融合的预期目标。

比如，一批县级融媒体中心在服务基层、服务群众方面作出积极探索，通过"具体而微"的管理和服务手段赢得民心与市场。成都市双流区融媒体中心就是典型例子。其先后入选 2020 年全国县级融媒体中心舆论引导能力建设突出案例、2021 年全国县级融媒体中心能力建设十大典型案例，所属的政务微博位居"全国十大党政新闻发布微博影响力排行榜"第三名，政务微信长期位居全国百强。双流区融媒体中心打造的"双流号"信息发布平台构建起本地最大的市民网络社交圈，打造的"市民茶话吧""社区网格员""双双帮忙"等市民诉求平台，通过打线上线下政民互动服务，构建起本地舆情社情"蓄水池"。图 9-14 为成都市双流区融媒体中心。

图9-14　成都市双流区融媒体中心

（三）特殊管理的常态化成为新问题

常态化管理是媒体日常管理的自然状态，是媒体实现顺利运转的有力保障。媒介融合固然缺少不了常态化管理，但目前的现实却是特殊管理开始在媒体管理中占据越来越重要的地位。这一点是和当前媒体生态与市场竞争密切相关的。媒体生态指媒体是始终处于运动状态的有机体，"与社会系统中的其他部分产生互动，达到一种相对的平衡及和谐"。[①]我国媒体处于社会急剧变动的时期，在自身不断探索改革突破口

---

① 郑瑜.媒介生态与科学发展［J］.当代传播，2008（6）.

的同时，会与社会有机体的其他子系统产生联系。从我国社会的发展阶段来看，目前正处于转型期，这是一个渐进而非突变的过程，其中可能伴随很长时间内旧有形态的碎片化残留以及新形态的逐步建立。在这样的一段时期，旧体制与新体制之间的冲突与磨合不断，随之产生各种让人目不暇接的新现象、新问题、新事件，对于新闻业来说，要参与到对这些事件的报道、传递甚至"制作"中来。那么，对这些事件的新闻化、媒介化，从媒介融合的角度看就是一种特殊管理。社会事件、新闻事件层出不穷的现状使特殊管理不再"特殊"，成为渐趋常态化的管理方式与手段，如何实现"特殊→常态"的转变就成为媒介融合管理中需要面对的新问题。

三、媒介融合前后的业务分工之比较

媒介融合旨在实现不同类型媒介之间的互补和协作，反映到媒体的日常运作中，所涉及的就是业务分工的问题。传统上一般将媒体的业务流程概括为"采写编评"等环节，如果说以往媒体在业务分工上主要呈现出各司其职、各自为政的局面，那么媒介融合所具有的打通不同媒介、不同工作环节的特点，使得它在具体操作时的业务分工上具有了很大的特殊性，主要体现在如下方面：

（一）业务分工的矛盾性急剧增加

当旧的业务流程被打乱从而"重新洗牌"进入新的媒介融合体系中时，原有的工作模式、方法和规则等很可能与媒介融合所要求的统一、协调与通畅相冲突，并随之引发一系列新的问题。以采访这一业务环节为例，以往记者外出采访，可能只需要携带采访本、通讯录（顶多再带上摄影记者或自己兼任），而在媒介融合已成大势所趋的背景下，只作采访、记录的单一行为远远难以应对新闻业发展和媒体竞争的压力。记者必须成为身兼数职的"多面手"，即近年来国际上通称的"背包记者"（这样一类记者掌握了全面的多媒体技能，能单凭一己之力出色地完成文字、图片、音频、视频等报道任务。这类记者在重大活动、赛事或突发事件中能发挥特殊作用）。

但是，"背包记者"所集中体现的新闻实践环节的整合与贯通其与原有的分环节、分条块的业务链条之间不可避免地存在着一定的矛盾，如每段具备不同功能的环节如何连接成顺畅而协调的"一条龙"，又如何从普通的文字记者、摄影记者、编辑之中培养出集十八般武艺于一身的"全能记者"，以及如何平衡熟稔专长的"单项冠军"和多点开花的"全能冠军"的关系，都是需要面对的难题。

（二）业务分工的协调性有待提高

尽管媒介融合在业务分工上存在着一些纠葛和困难，但是从总体上而言，新闻业务的一致与融通是媒介融合发展的基本态势。媒介融合的题中之义不是媒介之间"1+1=2"的简单相加，而应当是"1+1>2"的有机组合，而各业务环节和板块之间的互补、协调正是实现这种放大效应的有力保障。从当前众多国内传媒集团的媒介融合实践可以得出这样的结论：凡是做得好的传媒集团，它们基本上都通过摸索出适合自身的一套方式，在新闻业务的分工上实现了较深层次的协调与合作，从而产生了强大的集聚效应；反之亦然。

例如，南方报业传媒集团在深耕《南方周末》《南方都市报》《21世纪经济报道》

等传统知名平面媒体的同时，致力于实施新媒体挺进战略，加快网络媒体和手机媒体的发展速度，致力于开拓可发展媒体优势的相关产业，实现跨媒体、跨地区、跨行业经营的突破性发展，以提升传播力为首要任务，推动报业集团向具有强大传播效能和综合竞争实力的全媒体集团转型。目前，集团成功构筑报纸、期刊和图书、网络三大平台的立体化组合，逐渐往传媒业品牌集团的方向延伸，沿着打造国际文化传播业品牌的战略目标，以"品牌媒体创新力量"为轴，以平面媒体、网络媒体、移动媒体、图书出版、文化会展、文化实业和传媒的社会公益活动为"七大舰队"，呈现出更加丰富的品牌群体架构。目前，集团构建了以《南方日报》为龙头，报、刊、网、端、微、屏等多元传播矩阵，包括5家报纸、8种刊物、1家出版社、16个网站、6个手机客户端，还拥有370个微博、微信、抖音、头条号等第三方平台账号，3 000块互动触控屏，1万平方米户外 LED 大屏。其已从原来"纸媒时代"的一纸风行，到现在"纸"与"网"两大传播介质并存共生，初步建成内容结构合理、传播实力雄厚的全媒体集团。原来办得很好的纸媒，现在依然办得不错；集中资源办的自主可控移动平台发展良好，南方+客户端已成长为高传播力、高影响力、高营收力的新型主流媒体，可谓"旧业还在，新业初成""此长彼长、此优彼优"。[①]南方报业体制机制创新举措如图9-15所示。

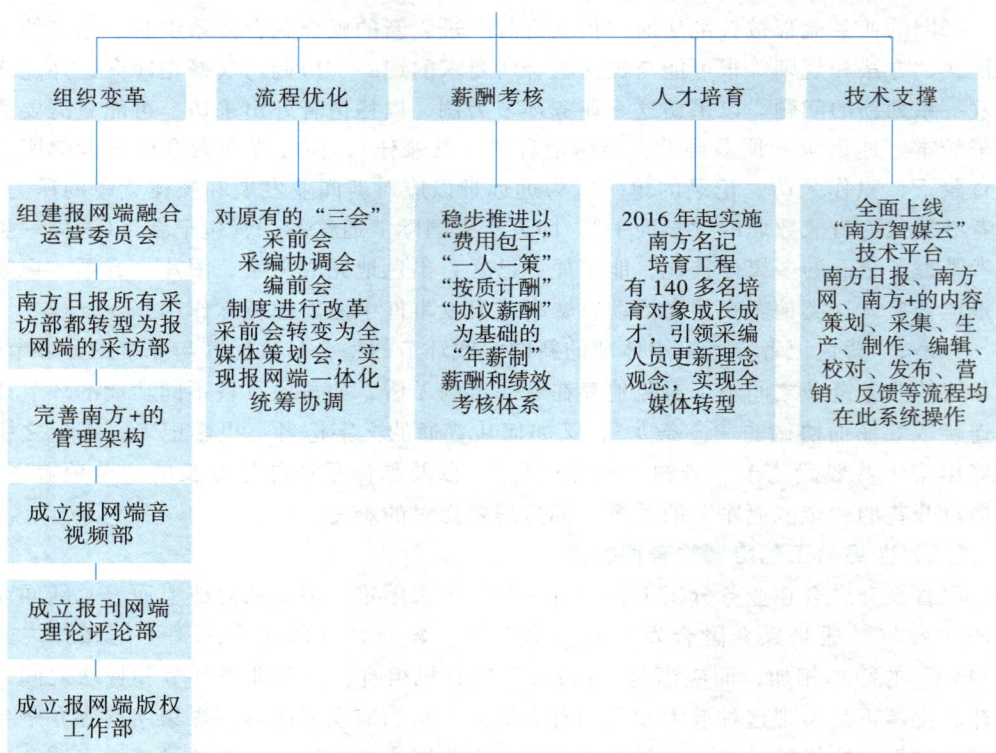

组织变革	流程优化	薪酬考核	人才培育	技术支撑
组建报网端融合运营委员会	对原有的"三会"采前会采编协调会编前会制度进行改革采前会转变为全媒体策划会，实现报网端一体化统筹协调	稳步推进以南方名记培育工程有140多名培育对象成长成才，引领采编人员更新理念观念，实现全媒体转型	2016年起实施南方名记培育工程有140多名培育对象成长成才，引领采编人员更新理念观念，实现全媒体转型	全面上线"南方智媒云"技术平台南方日报、南方网、南方+的内容策划、采集、生产、制作、编辑、校对、发布、营销、反馈等流程均在此系统操作
南方日报所有采访部都转型为报网端的采访部				
完善南方+的管理架构				
成立报网端音视频部				
成立报刊网端理论评论部				
成立报网端版权工作部				

图9-15 南方报业体制机制创新举措

① 佚名. 传播力重建，融合转型转出新格局［EB/OL］. （2022-11-07）［2025-02-22］. https：//baijiahao. baidu.com/s？id=1748810232158500054&wfr=spider&for=pc.

第三节　媒介融合的组织绩效测评

绩效指的是成绩和效益，是某一组织或个人在一定时期内的投入、产出情况，投入是指人力、物力、财力、时间等，产出是指工作任务在数量、质量及效率等方面的完成情况。其对组织和个人的发展都至关重要。随着近年来众多公司、企业对绩效的日益重视，新闻传播业界也开始在改革旧有评价制度的基础上，逐步建立现代化的绩效测评机制。对于旨在促进组织效能最大化的媒介融合组织结构改革而言，绩效测评无疑是其中的一把"金钥匙"，运用得当的话，将极大促进媒介融合的发展。

一、媒介融合组织绩效测评的意义

有学者提出，绩效测评是一门科学，更是一门艺术。对于当前国内的媒介融合实践来说，绩效测评具有以下几方面的重要意义：

（一）通过组织绩效测评，有助于提高媒介融合的深度和实效

媒介融合绩效评定集中考察新闻工作者在媒介融合实践中的态度、行为、技能、业绩等多方面要素，并细化为具体的指标和数据，既能非常直观而详细地了解新闻工作者的工作效率与质量，又可以避免组织中经常容易出现的人浮于事、相互推诿等现象，为媒介融合的深度化和实效化提供必要的制度保证。其中，"媒介融合度"是值得参考的指标之一。其包括两个深度、四个支撑、三个效果：两个深度指生产流程再造的新闻融合与集信息、产品、服务于一体的深度融合；四个支撑包括数字资源存储库、融合型人才体系支撑层、管理组织架构支撑层和考核体系导向层；三个效果指向互联网转型的数字化有效用户、产生的社会影响和新的盈利模式的探索。[①]

（二）通过组织绩效测评，有助于促进现代媒体管理的健康发展

媒介融合作为当前媒体运作的重点领域和突破方向，同样是媒体实施管理时的关键"着力点"。作为一项综合性的复杂工程，媒介融合管理中存在着不少亟待解决的难题，运用绩效评定这根"指挥棒"，在"大智移云"技术的加持之下，能够有效协调与控制媒介融合管理，使之不仅成为推进媒介融合的坚实保障，更能作为媒体管理的组成部分之一，实现整个媒体管理的健康和有序发展。比如，对媒介融合背景下版权机制绩效进行评估，不仅是对其中涉及的版权问题进行检验，同时也是一种战略管理手段。在讲究"投入–产出"的当下，对媒介融合背景下版权机制绩效的考察，有着强大的追求效益的动力。[②]

（三）通过组织绩效测评，有助于培养复合型专家型新闻工作者

有学者指出，报业全媒体采编绩效考核有四大趋势，分别是对新旧媒体内容产品统一考核、完善并细化新媒体岗位的考核激励机制、个人绩效与团队绩效考核相结合以及内部专业评价与外部数据评价相结合。[③]在这种需求的驱动下，通过实施行之有效的绩效评定措施，可以在很大程度上激发新闻工作者的积极性与创造性，一方面他

---

①　苏书杰，朱田凤，惠阳．"媒介融合度"综合评价指标的框架分析［J］．青年记者，2018（9月中）：23-24.
②　刘玲武．媒介融合背景下版权机制绩效评估指标体系的构建探究［J］．中国编辑，2018（10）：78.
③　林颖．报业全媒体采编绩效考核四大趋势［J］．中国传媒科技，2015（1）：42-44.

们会以更为主动、参与的姿态投入到媒介融合的实践和探索之中，不断提升自我素能；另一方面，面对媒介融合这一尚未完全定型而存在大量空间的领域，新闻工作者的创造性也具有非常广阔的用武之地，可谓海阔凭鱼跃、天高任鸟飞。此外，经由新闻工作者个人所实现的团队和组织的效率提升，将进一步加快与提高媒介融合的程度及水平。

二、媒介融合组织绩效测评的方式

在实施媒介融合的过程中，采取绩效评定的方式以更好地促进前者的发展，已经成为众多媒体探索的焦点所在。

媒介融合绩效评定的前提是评定指标的确定，即运用什么样的指标来衡量媒介融合组织和个人。

1.绩效指标的确定原则

与其他绩效评定类似，在确定媒介融合绩效指标时，可参考管理学中普遍采用的"SMART"原则："S"即"Special"，是具体指标，指绩效评定要切中特定的工作指标，不能统而化之；"M"即"Measurable"，是可度量指标，指绩效指标是可量化或者行为化的，验证这些绩效指标的数据或信息是可以获得的；"A"即"Attainable"，是可实现指标，指绩效指标在付诸努力的情况下具有实现的可能性与可行性，避免设立过高或过低的目标；"R"即"Realistic"，是现实性指标，指绩效指标是实际存在、可以证明和观察的；"T"即"Timebound"，是时限性指标，指绩效指标是具有特定期限的。

此外，在制定绩效指标时，还应注意如下一些问题：

第一，评定内容要与媒体所倡导的核心文化与管理理念保持一致。实际上，评定内容作为对新闻工作者的行为、态度、业绩等方面的要求和目标，既是工作者的行动导向，也是媒体组织文化和管理理念的具体化、形象化，是媒体对媒介融合的方向性指导。国内众多在媒介融合实践中领先的传媒集团，都制定了切合自身发展的战略规划，如封面传媒打造"智能+智慧+智库"的智媒体、南方报业传媒集团提出"媒体多品牌战略"等，这些就应成为媒介融合绩效评定时的考虑因素。

第二，评定内容不可能包括该岗位的所有工作内容，应有所侧重。以多媒体、跨媒体形态存在的媒介融合，比以往的媒介形态更加具有复杂性和多面性。在这样的形势下，为了提高评定效率、降低评定成本，切实达到绩效评定的目标，就应当选择岗位工作的主要内容进行评定，让新闻工作者明确自身工作的重点和关键点，不可大而全、面面俱到。比如，门户网站对编辑的考核很细致，通常以完成公司阶段性任务为目标，通过页面访问地址（IP）、页面浏览数（PV）、独立访客数（UV）、用户在线数量、新闻专题制作数量、用户关系维护、网站经营收入等诸多指标进行考核。

第三，不要将与岗位工作无关的内容纳入评定之中。这就要求绩效评定只是对新闻工作者在工作领域的表现进行评价，其他领域的行为不应归入其中。比如，新闻工作者在私人领域中表现出来的言行举止、个人癖好、生活习惯等都不宜作为评定内容出现，除非这些方面已经明显影响到相应工作的业绩和成效。

2.绩效指标的分类

一般将媒介融合的绩效评定指标分为客观指标和主观指标两大类。客观指标是指可以量化和检测的工作指标，其突出优点在于便于观察与测量，但也具有一些缺陷。其最大的缺陷是缺乏信度。信度指"使用相同研究技术重复测量同一个对象时得到相同研究结果的可能性"，[①]也就是说，客观指标难以衡量媒介融合的工作绩效在时间上的稳定性。此外，客观指标还容易受到该组织的环境特性影响。

在现实中，包括媒介融合在内的不少绩效评定采取的是主观指标，它有一些优点，也存在固有的不足，如由于太过依赖个体的主观判断，容易出现与判断过程相联系的某些错误，包括评价过松或过严、趋中倾向、光环效应、对比效应、近期效应等。此外，评定者与被评者之间的私人关系也是影响绩效评定的一个因素。

3.绩效评定的方法

绩效评定对于媒介融合的健康发展至关重要，如果想通过绩效评定提高媒介融合的效率与质量，就必须参考和引入具有较强实效性的评定方法，主要包括以下几种方法：

（1）描述法

这一方法在很长一段时间内被运用于我国众多机关和企事业单位，以此对工作者在一定时期内（通常为半年或1年）的工作绩效进行评述。该方法运用到媒介融合实践中就是媒体绩效评定者对新闻工作者行为和绩效的优点、缺点等加以描述。该方法没有固定的格式，通常评定者会从各方面对被评者的绩效进行评定。由于其比较灵活方便，评价内容也比较全面和深入，因而在很大程度上能对改进工作、提高效率起到积极作用。

但是，描述法也具有缺陷，最大的不足在于无法进行不同工作者之间的绩效比较，即便是同一评定指标和内容，所评定的不同工作者之间也难以体现出可比性。为了对该方法进行改进，有学者提出了一种"结构描述法"，也就是在评定中加入若干个"小标题"，使评定能依据一定的绩效内容进行，也使得评定结果对于不同的被评者具有了一定的可比性。

（2）量表评定法

量表评定法已经成为绩效评定中流行的方法，广泛运用于很多行业和组织中。该方法要求评定者对被评价者在一系列与工作相关的特征上做出程度的评定，如工作质量、工作态度、与工作有关的知识技能等。

该方法的优点在于简单明了，使评定者能很高效地完成评定；不足在于评定者自身的主观因素（如趋中倾向、光环效应等）会影响到评定结果。

（3）强迫选择法

该方法使用一些描述高绩效或低绩效的行为特征，要求评定者选出最适合被评者绩效的特征，然后再选出最不适合描述被评者绩效的特征。评定结束后，可以根据工作绩效中最符合和最不符合被评者情况的描述来计算每个被评者的指标值。

---

① 巴比. 社会研究方法［M］. 邱泽奇，译. 10版.北京：华夏出版社，2005.

（4）强迫分布法

在媒介融合绩效评定中，评定者依照事先定好的比例把被评定者分成不同的等级。一般来说，可以将被评价者的绩效分为低绩效、低于平均绩效、平均绩效、高于平均绩效和高绩效五个等级，并按照组织中员工绩效"中间多、两头少"这一假设前提，将各等级的比例分配如下：低绩效者占10%，低于平均绩效者占20%，平均绩效者占40%，高于平均绩效者占20%，高绩效者占10%。

强迫分布法的优点在于可以控制出现标准过宽或过严、趋中倾向等评定偏差；缺点则在于，由于事先分配好被评价者的等级比例，必然要求有一定数量的被评价者，使每类保证有一定数量的人员并占到相应的比例，而当某一组被评价者的绩效不符合这一分布状态时，可能产生评定者将某些被评价者强行归入不适当类别中的情况。

（5）等级排列法

等级排列法作为最简单的绩效评定方法之一，在媒介融合绩效评定中也同样可以被运用。此该方法要求评定者把被评者按照某种要素从高到低排列，通常被用来评定总体绩效。其显著优点在于简单明了，不足则是当被评者人数较多时（超过20人），要准确将他们按等级排列不仅费时费力，而且效果也未必好。同时，当许多工作者的绩效水平差距并不大时，人为地加以等级区分反而容易导致新的误差。另外，该方法尚不能反映处于不同等级的被评者之间的差距大小，跨部门、跨企业的绩效评定就更难以比较。

等级排列法有两种形式，即简单排列法和交替排列法。后者要求评定者首先将所有被评者的名单列在一张纸上，然后从该名单中选出最优者和最差者，接着再选出次优者与次差者，以此类推，直至把整个名单排选完毕。因为从某一群体中区分最优者和最差者相对而言比较容易，所以在实际中交替排列法应用更为广泛。

（6）关键事件法

关键事件法的核心思想在于"从个别看一般"，就是通过分析与评价被评者在工作中极成功或极失败的事件来考察被评者的工作绩效。虽然单一事件并不能代表被评者的全部行为，但至少是在有效工作和无效工作之间造成差别的行为。特别在当前社会事件、新闻事件层出不穷的情况下，媒介融合的众多实践都是经由一件件"关键事件"和重大活动得以体现的，因此这一方法对于媒介融合的绩效评定非常适用。因为不同被评者所实施的关键事件并不一定能进行直接比较，所以事先应当按照一定的标准对关键事件作出恰当分类，然后由媒体管理者将新闻工作者从事这些关键事件的行为记录备案，在同一段时期内来集中考察被评者的绩效。

（7）行为定位评定量表法

该方法将上述关键事件法与其他量化评定方法相结合，并运用一个体现好绩效和差绩效的特殊行为说明量表使评定更为客观有效。该方法的缺点在于比较费时费力，而且对于不同的工作必须采用不同的行为定位量表，由此使得它的应用受到一定的限制。

（8）工作样本和情境测验法

工作样本和情境测验法是一种特殊的绩效评定方法。工作样本指的是工作内容的有代表性取样，包括工作中的重要内容和工作难点；情境测验则主要用于对管理人员的评定，如文件框测验、无领导小组讨论等。该方法能在很短的时间内较成功地测量出某一位工作者的实际工作能力，但不足之处在于无法反映人们的工作动机。

第四节　数智传播背景下媒介融合组织结构现存的问题及解决对策

从前文可以看出，当前我国媒介融合在组织结构上已经探索出一套行之有效的方法。但是，媒介融合在我国发展得还不够成熟，媒介融合组织结构还存在问题，必须从多方面加以改进。同时，数智传播既为媒介融合组织结构的优化完善提供了新的机遇，也带来了新的挑战，需要全盘考虑、稳步推进。

一、媒介融合组织结构的现存问题

可以说，当前国内媒介融合在"中央—省市—县"三级已形成宏观组织结构，在内部也通过各级融媒体中心或相应部门形成基本架构。但是，从微观层面即机构内部的规范运行和长效化机制等方面来看，尚存在一定的问题，主要包括如下方面：

（一）媒介融合的组织内部壁垒尚需进一步打通

我国媒介融合发展的大背景是社会转型期和新闻事业改革，实际上，体制壁垒同样也是后者在推进过程中所面临的掣肘。经由新闻改革，许多媒体已全面确立"事业单位、企业化管理"的运行方式，这一运行方式看上去清晰易懂，但在具体实践中却经常遭遇"瓶颈"，其中最突出的表现就是产权关系不明。目前，大多数报业集团已经向现代企业制度转型，但长期事业体制的行政积弊，没有建立真正的现代企业制度和规范的法人治理结构，导致集团管控不畅，协调无力，产权归属不清晰，组织内部缺乏完善的绩效评价机制和动力支持机制；没有形成资本运作的合理架构，导致集团子公司运作动力不足，各自为营；采编和经营部门由于利益冲突而矛盾突出，阻碍了社会效益和经济效益的双向平衡。①

（二）媒介融合的管理模式亟待继续优化

国内媒体在媒介融合方面已经进行了不少探索，但从管理体制、方式和手段上而言，依然存在很多不够规范之处。加之媒介融合涉及的子媒体、业务部门、新闻工作者之间错综复杂的关系，导致一方面管理上有很大难度；另一方面则由于媒介融合管理经验和技术尚未成型，子媒体在协作上碰到重重障碍，无疑将影响到媒介融合的纵深发展。尤其是从媒介融合集团的自身管理来看，各媒体、各部门之间要实现真正意义上的深度融合，并不是一件容易的事。组织架构上的转变在一定程度上完成了扁平化运作方式的搭建，激发了内容生产的积极性与主动性，但实际操作过程中各部门空间布局的不合理和审稿流程的复杂，使得媒介运行效率低下，资源配置不彻底等问题仍然没有得到解决。②

①　陈薇，吕尚彬. 媒介融合背景下中国报业组织结构的创新路径［J］. 当代传播，2014（4）：60.
②　王嵚欣，俞宏浩，许凯豪. 试论媒介融合的组织框架建构——以解放日报·上观新闻的媒介融合实践为例［EB/OL］.（2019-12-26）［2025-02-22］. http://media.people.com.cn/n1/2019/1226/c431261-31524402. html.

（三）媒介融合的组织激励机制还应进一步健全

国内媒介融合中亟待解决的另一个重要问题是绩效评定即激励机制。随着市场经济的不断发展，激励机制被引入企业和组织之中并得到广泛运用。从整体上来看，国内传媒集团开始将激励机制及相关举措引入媒介融合实践中，但多媒体、跨部门以及不同岗位之间的差异，导致系统化、精细化的激励机制未能完全建立。有的新闻媒体由于资金有限，在新媒体人才培养、引进等方面投入不足；相对于新媒体岗位技能要求高、劳动强度大等特点，有的新闻媒体对新媒体岗位的薪酬待遇与其他岗位没有拉开应有的差距，新媒体编辑记者获得感不强；有的新闻媒体鼓励采编人员优先为新媒体供稿，但又属于"业余"，还在一定程度上影响了其本职岗位的工作。[①]如此一来，从组织层面而言，难以形成权责清晰、奖惩分明的制度和氛围，不利于媒介融合组织的健康有序运转；从个人层面而言，既让媒体"存量"从业者缺乏足够动力和勇气去应对媒介融合带来的工作压力与挑战，又无助于培养"增量"人才，无法更好地适应融合新闻生产的现实需要。

二、媒介融合组织结构的解决对策

国内媒体在媒介融合组织结构的建设和改革中已取得很大成效，同时也面临着一些问题，结合数智传播背景，参考国外经验并结合国内实际，本书提出如下解决对策：

（一）善用新闻事业改革利好政策，推进组织结构深度融合

媒介融合正式上升为国家战略以来，一系列利好政策相继出台。有机构对近年来媒介融合重要政策文件进行了梳理，指出融合发展要尽快从相"加"迈向相"融"，形成新型传播模式；明确不同类型、不同层级媒体定位，统筹推进媒体结构调整和融合发展，打造一批新型主流媒体和媒体集团；县级融媒体中心应整合县级媒体资源等。许多政策均明确提出跨媒体资源融合、发展文化产业的主张，为媒介融合组织结构的深入改革提供了政策扶持与保证。对于传媒集团来说，应积极抓住有利契机，充分利用政策给予的空间和条件，通过优化外部环境、理顺内部机制、完善产权归属等多方举措加快组织结构的深度融合。

（二）引入数智技术和现代管理手段，优化媒介融合的组织管理水平

媒体作为一种特殊的社会组织，在我国长期被赋予宣传工具的单一角色。随着近年来媒介融合的发展，传媒集团的经济属性已经显现。从作为组织的媒体来看，运用现代管理理念和方法加以管理，是一家媒体成功发展的必备条件，这里当然也包括被作为媒体重要发展战略之一的媒介融合。在媒介融合继续推进的过程中，应当引入各种先进的现代管理理念和手段，以大数据、人工智能等技术手段加持，使之成为其组织管理水平的推进器与强心剂。具体而言，可以合理统筹和规划各类媒介、组织、个体，充分节约人力、物力及财力，使同一媒介资源的用途多样化，并实现不同资源之间的交叉共享与协同作用，而且还可以相互借力、协同提升子媒体的品牌效应。南方报业传媒集团在这方面进行了积极探索。其提出"媒体多品牌战略"，首先是培育出品牌报纸，以品牌报纸为龙头，除主报《南方日报》外，形成3个子报系列即南方周末

---

① 佚名. 中国记协：加强新媒体队伍建设调研报告［EB/OL］.（2020-06-02）［2025-02-22］. https：//m. thepaper.cn/baijiahao_7664370.

报系、南方都市报报系、21世纪报系。在形成品牌和报系的过程中，采取"龙生龙，凤生凤"的媒体多品牌滚动发展路径，用优质品牌为龙头的报系来孵化新的子报子刊。

（三）健全绩效测评和激励机制，培养适合媒介融合需求的"全能记者"

在媒介融合的组织结构建设中，绩效评定是激发新闻工作者积极性与创造性的推动力。不少媒体采取有效举措，形成示范效应。例如，中国青年报社出台《关于移动主战场采编绩效考核指标及考评办法的修订意见（试行）》，全社"一盘棋"，明确了"移动优先"的全媒体稿件评价体系，以及"融合精品"奖等加权奖项，引导激励采编人员加快向全媒体编辑记者转型。中国日报社优化全媒体绩效考核激励政策，进一步激发采编人员在客户端、网站和社交媒体等平台发稿的积极性。

本章要点

1.深化机构改革、优化组织结构，是媒体真正实现"融合"从而发挥其协同作用的组织保障，也是破解媒体"合而不融"的关键之举。

2.在媒介融合组织结构改革早期，主要体现为集团内部（"集团领导"的宽泛模式，"部门负责"的集中模式，以栏目、节目或报道为单元的松散模式），集团与外界的关系（"集团—外部"的松散模式）和非集团媒体（"单一媒体—外部"的松散模式）三种形态。

3.媒介融合组织结构的"中心"模式即"中央—省市—县"三级为基本模式的格局。其典型表现是各级融媒体中心。

4.在数智传播背景下，媒介融合给媒体带来的变化如下：（1）组织模式逐渐走向"中心化"；（2）新技术在体系架构中的引领效应日益突出；（3）融合新闻的协同流程更加灵活而通畅。

5.媒介融合组织绩效测评的重要意义如下：（1）通过组织绩效测评，有助于提高媒介融合的深度和实效；（2）通过组织绩效测评，有助于促进现代媒体管理的健康发展；（3）通过组织绩效测评，有助于培养复合型、专家型新闻工作者。

6.数智传播背景下媒介融合组织结构的解决对策如下：（1）善用新闻事业改革利好政策，推进组织结构深度融合；（2）引入数智技术和现代管理手段，优化媒介融合的组织管理水平；（3）健全绩效测评和激励机制，培养适合媒介融合需求的"全能记者"。

关键概念

组织结构　媒介组织融合　"中心"模式　县级融媒体中心　组织绩效测评

综合训练

1.试述县级融媒体中心建设的现状，面对的挑战，应采取的对策。

2.在数智传播背景下，如何更好地促进媒介融合，构建新型媒体集团？

3.通过分析本章案例，试论述以人工智能、大数据为代表的数智技术给媒介融合纵深发展带来了哪些机遇和挑战。

即测即评9

第十章
数智传播背景下融合新闻生产的社会思考

■ **学习目标**

【价值塑造】

理解数智时代新闻生产的社会责任与人文关怀，树立以公共利益为核心、以人为本的新闻价值观，强化主流媒体的舆论引导使命，培养对技术伦理与媒介公共性的批判性思考能力。

【知识传授】

掌握融合新闻生产中的人本主义内涵、公共利益维护机制及全能记者的核心素养；理解"选择的或然率""媒介公共属性"等关键概念；熟悉 AI、5G、VR 等技术在新闻实践中的应用案例，分析无组织新闻生产的角色分工与社会影响。

【能力培养】

提升跨媒介内容生产与团队协作能力，学会平衡流量与内容质量；培养对多元舆论场的敏感性与引导技巧，提高深度报道策划与公共议题分析能力。

随着数智技术的飞速发展，融合新闻生产已成为新闻传播领域的趋势。本章将深入探讨融合新闻生产的社会思考，特别关注人本主义、公共利益以及全能记者的培养等方面，旨在为新闻从业者提供有益的参考和启示。

第一节　融合新闻生产与人本主义

本节内容分为三个部分：一是人本主义与融合媒介的发展，二是融合新闻生产中的人本主义，三是人本主义透视融合媒介。

人本主义强调关注人的价值和生存状态，认为人的一切活动的出发点和目的都应当是以人为中心的，一切活动以人的需求为中心和衡量标准。延伸到传播学里是指，人既是信息的生产者与传播者，又是信息的接受者，因此媒介与传播的发展必然要围绕着人的需要而展开。

一、人本主义与融合媒介的发展

融合媒介的发展本就是由受众需求所推动的，在融合媒介的发展中践行人本主义，就要想办法不断满足受众需求。受众从来不是被动的，他们会主动寻求信息，受众欢迎的新闻产品和媒介品牌证明其践行了人本主义。那么，怎样才能增加被受众选择和喜爱的可能性呢？

如果将被受众选择的概率称为选择的或然率，那么影响它的有两个因素——报偿的保证和费力的程度，通常要提高报偿的保证并降低费力的程度才能增加选择的或然率。

1.报偿的保证

报偿的保证与选择的或然率成正比，因此媒体人要想办法提升报偿的保证，也就是当受众选择你的时候，你能够给予足够的、丰富的、多样化的信息。

首先，要把握受众需求，可以通过增加人情味、趣味性和故事性来吸引受众。其次，一定要走上媒介融合的道路，打破时间、空间、渠道等的局限，为受众需求服务，这就是人本主义的思想，要始终以人为本。打消媒介隔阂、丰富媒介元素、实现硬界面和软界面的转换等，都可以增加受众选择的可能性。

为庆祝建党百年，央视新闻推出大型融媒体AI修复节目《彩绘中国·觉醒》（如图10-1所示），首次使用4K电影级技术，修复上色历史纪录胶片，用最先进的影像技术，让人们以彩色的形式看到了那个时代的真实场景，带人们感受一百年前的峥嵘岁月。该节目的执行编导揭示了视频制作的大致步骤：找到有价值的原始胶片；对影像进行4K扫描，对胶片的脏点及划痕进行修复；用AI的方式进行初级上色后，人工进行逐帧上色；AI补帧和超分辨率处理。采用传统的人工修复技术要求技师手工逐帧修复、合成，所耗的成本是非常高的。有了AI技术的加入，就可以先通过机器学习和模型训练来填充细节，提高老电影的画质，再利用深层神经网络为老电影"上色"，最后进行转录和人脸识别，大大提高了效率。该节目不仅仅是一次对历史的回顾，更是对中国共产党百年征程的热烈致敬。节目在线上平台播出后受到一致好评，被全国各地网友转发点赞，激发了广大受众的爱国热情。

启智增慧 10-1

百年历史影像首次 4K+AI 上色修复！看彩色五四运动现场！

图10-1 央视新闻节目《彩绘中国·觉醒》

2.费力的程度

费力的程度和受众选择的或然率成反比，也就是说必须帮助受众降低信息获取的费力程度，才能提高被受众选择的可能性。具体而言，就是要让信息更容易获取和传播，降低受众获取信息的物质成本和时间成本。

首先，从融合媒体获取信息是需要物质成本的。比如，一个可以接入网络的智能终端就需要可以接入互联网的网络光纤等，这些都是需要付费的，即物质成本。当然，随着国家基础设施建设的不断完善，尤其是网络基础服务的普及，这类费用是越来越低了，能获取的网络服务质量和水平也越来越高，但这依然是需要实际支出的物质成本。

其次，最容易被大家忽略的，就是受众获取信息时付出的时间成本。如果说物质成本是获取信息的显性付出，那时间成本就是受众获取信息的隐性付出。比如，受众搜索到自己所需信息的时间，这关系到媒介的页面设计是否清晰，还关系到支撑搜索功能的大数据算法是否能精确匹配用户的需求。另外，受众对信息的解读和理解速度也属于时间成本，这当然与受众自身的知识储备和媒介素养相关，但更重要的是，新闻生产者对受众的认知是否清晰，是否能在此基础上制作出受众能够迅速理解和接纳的新闻内容。

帮助受众降低获取信息的时间成本是媒体的主要工作。比如，可以把长内容变成短内容甚至做成视频，或者把复杂的内容深入浅出地进行讲解，抑或调整信息的表达方式、引起受众的兴趣等。

如今，各级媒体逐渐开始借助网络力量、数据力量和技术力量扩大新闻生产与传播。从最早的口语传播时代到现如今的数智传播时代，媒介技术推动着社会的发展与变革。技术赋能使得媒体传播矩阵出现了新的变化。

相较于传统的图文传播模式，当下的受众越来越多地将注意力集中于短视频和长视频的传播方式之上，5G技术的发展恰恰为视频传播提供了契机。基于5G技术的加持，媒体不仅努力构建万物互联的智能世界，更努力将"地球村"中的社会互动由高速转为实时。

例如，2021年全国两会期间，新华社首次推出"全球5G沉浸式多地跨屏访谈"，利用5G的传输特性和成像技术让远在千里之外的采访对象和现场记者能够实现面对面沟通交流，进行了一场跨屏幕的人际互动。还有近年来兴起的VR技术，其叙事方式独特且新颖，能迅速抓住受众眼球，并提供一种在场感，让受众身临其境。在新中国成立70周年的阅兵仪式上，央视新闻与人民网、新华网利用VR技术，采用多视角直播的方式，在北京天安门广场周围设置了观礼台视角和长安街高点视角等七种独家特殊视角，观众可以选择不同的视角进行观礼，这样的呈现方式与传统的电视大屏截然不同。产品一经上线迅速爆火，70小时内共有12.65亿人次访问观看，成为国庆期间的现象级新闻产品。

启智增慧 10-2

全球5G沉浸式多地跨屏访谈：两会期间的新媒体创新

二、融合新闻生产中的人本主义

融合新闻生产中的人本主义是指人人参与的新闻生产、新闻互动和新闻传播。

人人参与的新闻生产其实就是融合新闻生产中的生产者弱化、生产地点改变等现象，任何接近信息源并进行信息分享的人，都可以是新闻生产者。

这种新闻分享或新闻生产会带来人人参与的新闻互动，呈现出一种有别于专业化组织的新闻生产模式，包括爆料人、追踪者、评论者和围观者几个角色。

人人参与的新闻生产与新闻互动，就是人人都参与的新闻传播的具体呈现。

在以人为本的新闻生产理念中，受众参与新闻生产的热情是需要被尊重的，但是，这种有别于专业化组织的新闻生产会带来怎样的社会效应是难以预料的。尤其是面对一些重大新闻事件的时候，媒体的报道需要有全局观、整体观和历史观，要谨慎选择报道角度，注意舆论走向。在这样的新闻生产环境中，主流媒体的引导作用就十分关键，既要保护受众参与新闻生产与互动的积极性，又要想办法规避负面的社会效应，在这两者之间不断寻找平衡点。

三、融合新闻生产中的人本主义危机

主流媒体在当下的新闻生产环境中肩负着重要的使命和职责，但是总有一些媒体打着以人为本的旗号，对自己应负的责任不断推诿，这是对人本主义的曲解和滥用。具体而言有两种表现，一是融合媒介沦为平台或中介，二是融合媒介置身漩涡。

融合媒介沦为平台或中介是指对于自媒体时代民众自发参与新闻生产的热潮，融合媒体几乎敞开双臂表示热烈欢迎，甚至退出了自己的领地，放弃了作为媒体应尽的职责，对内容的把关标准日渐宽松，让许多低级媚俗、粗制滥造和色情炒作的内容不断出现。而这样的现象就会导致融合媒体置身漩涡。媒介越是发达，信息越是多样，受众反而越发无从选择，就会被简单低俗的内容所吸引，而低俗化是一个可怕的"漩涡"，如果低俗是大多数受众的需求和选择，那么背离受众的需求就将无法继续生存；如果屈从于多数受众的需求，那就会在这个漩涡中越陷越深，最终也难逃覆没的命运。

很多自媒体的主办者和自办者可能就是网络中的一些所谓"大V"或"意见领袖"，经过多年的经营，已经拥有众多的粉丝和一大批铁杆拥趸，常常在网络上呼风唤雨，制造舆情，影响力甚大。然而，他们往往习惯于主观先行，先声夺人，大造舆论，超越和违背常识，过度阐释与解读，故意挖坑埋雷，盲目自嗨，经常推出一些无稽之谈以骗取流量，造成民间舆情汹涌。在网络舆论场上，由于自媒体在舆论传播中具有非理性化趋势，主流媒体要善于采取应对策略，当仁不让地承担起舆论引导职责。作为媒体人在新闻生产中要谨记自己的媒介使命和社会职责，坚守底线。

主流媒体应当从以下方面起到引导作用：

第一，主流媒体要勇做"领头雁"。不能有所谓的"鸵鸟"心态，假装看不见，逃避棘手的现实问题，任凭网络谣言不负责任地我行我素，天马行空，虚假信息泛滥成灾。要打破"沉默的螺旋"假说魔咒，履行融媒体时代新型主流媒体的神圣职责。

第二，面对网络"喷子"的不良舆论和社会不良舆情，主流媒体要勇当"啄木鸟"。不回避矛盾，不惧风险，该出手时就出手，敢于亮剑，进行精准化干预，实施"看得见""有实效"的舆论监督。

第三，主流媒体出手干预要做到稳、准、狠，击中要害和关键命门。勇于与自媒体拼抢时效，拉住自媒体疯狂的"缰绳"，把自媒体不良舆论截堵在狂奔的路上。

第四，主流媒体要勇于站在社会不确定性因素出现的舆情"风口"，开展积极的舆论引导。要防患于未然，做党和人民信赖的新闻工作者，忠实履行党和人民赋予主流媒体的光荣使命和神圣职责。

【案例撷珍】

第34届中国新闻奖典型报道三等奖作品《"大侠"朋友圈》通过讲述浙江金华义乌后宅街道李祖村运营团队"CEO"金靖的故事，展现了乡村振兴的生动实践。报道从金靖的视角出发，通过其朋友圈的内容，生动再现了李祖村在乡村振兴中的创新举措和取得的显著成效。报道发布后，受到了社会各界的广泛关注和好评，激发了公众对乡村振兴事业的热情和支持。

在这一过程中，主流媒体充分发挥了对自媒体的舆论引导作用。一方面，媒体通过深入挖掘和报道乡村振兴的典型案例，为自媒体提供了丰富的素材和报道方向，引导自媒体关注正能量内容。另一方面，主流媒体通过客观、准确的报道，避免了自媒体可能带来的负面炒作，增强了公众对乡村振兴的信心和认同感。这种积极的舆论引导，不仅满足了大众对主流媒体的角色期待，也进一步巩固了主流媒体在网络舆论场中的话语权。通过这样的报道，主流媒体展现了其在舆论引导中的重要作用，既弘扬了主旋律，又传播了正能量，避免了自媒体可能带来的负面影响，实现了社会大众对主流媒体的价值认同。

资料来源：作者根据相关资料整理。

主流媒体要在网络新闻事件传播中掌握话语权，弘扬主旋律，传播正能量，尽量避免或减少自媒体的新闻炒作现象，满足社会大众尤其是新媒体受众对主流媒体的角色期待与价值认同[①]。

第二节　融合新闻生产与公共利益

本节阐述在媒介融合的环境中，媒介公共利益视角的缺失会带来的社会问题及应当如何应对，包括如下知识点：新闻生产与公共利益、融合新闻生产与公共利益以及新闻生产的繁华与公共利益的隐忧。

一、新闻生产与公共利益

新闻生产的内涵不必赘述，那么公共利益是什么呢？

理解公共利益这个概念，需要将这个词组拆分"公共"和"利益"两个词，分别理解之后再组合。

公共或者公众是指一定区域和空间中的超过半数的大多数人。当然，这个概念并不否认少数人的利益，个体的利益同样重要，但在新闻生产中，与越多的人利益相关的事件就越具备新闻价值，所以本章暂且这样定义公共这个概念。利益是指什么呢？利益不是一成不变的，它随着社会的变革、经济的发展等会有所不同。比如说利益可能是个体收入的增长，也可能是大家对于高品质幸福生活的追求，还可以是社会中绝大多数人的理想和诉求。

那么，新闻生产与公共利益之间的天然联系是什么？为什么新闻生产甚至所有的新闻工作都是为公共利益服务的？

其实，媒介的公共属性正是这种联系的基础。媒介公共属性的三个方面分别是媒介权力的公共性、媒介产品的公共性和媒介资源的公共性。媒介权力包括采访权、表达权、舆论监督权等，而这些权力都是受众让渡给媒介的，因此事实上媒介的权力就是公众的权力，自然是要为公众服务的。媒介产品的公共性是指大众媒介的新闻产品是面对最广大受众的，为公众提供信息、引导公众、教育公众、提供娱乐等，这是社会责任。媒介资源的公共性是指媒介资源包括频道频率、刊号书号资源、网络流量，这些与新闻生产息息相关的基础资源属于公共资源，运用公共资源的媒介自然要为公众利益考量。

因此，新闻生产要守护公共利益，要为公众权利负责。

二、融合新闻生产与公共利益

融合新闻生产实践公共利益主要应扮演好如下角色：

1.公共信息的提供者

融合新闻生产在新闻信息提供的速度、丰富度上都远超传统媒体，要扮演好公共信息的提供者，就必须纵深推进媒介融合，不断拓宽传播渠道，尤其是传统主流媒体，如人民日报、新华社、中央电视台以及各级党媒，要坚守信息传播阵地，争做有权威性和公信力的信息提供者。

启智增慧 10-3

未来已来！正观新闻，我们将这么办

---

①　袁华，沈正赋. 自媒体的新闻炒作与主流媒体的舆论引导关系辨析——以网络典型事件报道为中心的考察〔J〕. 新闻爱好者，2023（9）：28-33.

以央视为例，截至2025年3月：央视新闻客户端的累计下载量近2.2亿次，全网矩阵用户规模超10亿，活跃度稳居中央媒体前列，定位为"源新闻首发第一平台"，覆盖直播、短视频等全媒体形式，直播业务为行业标杆；作为国家级5G新媒体平台央视频客户端，累计下载量超6.4亿次，激活用户数超3亿，用户规模居中央媒体首位。

2.公共利益的维护者

融合媒介作为公共利益的维护者有着很多优势：首先，融合媒介打造了一个人人都能参与的公共空间；其次，依靠互联网和融合媒介，突破了时间和空间的限制，最重要且迫切的利益诉求可以直接传递到决策中心，提高了表达的有效性。

2023年7月底，京津冀遭遇历史罕见的连续强降雨，防汛形势非常严峻。北京日报监测到众多网民留言求助，反馈因雨情汛情所造成的困难。民有所呼，我有所应，北京日报随即策划上线了"京津冀暴雨互助"服务，通过在微博、微信公众号平台开设"京津冀暴雨互助"话题、上线互助微信小程序，汇总收集京津冀居民的具体困难，并通过志愿者及时把信息同步给一线搜救队伍，为京津冀三地居民互助搭建了平台，也为一线救援队伍收集线索提供了渠道。以服务反哺新闻，以新闻推进服务，聚合新闻和暖心故事，展现京津冀三地人民互帮互助、齐心协力、共克时艰的精神。该服务上线24小时内，阅读量迅速破亿，汇集网民留言互助25.2万条。根据雨情汛情的变化，因时而变，顺势而为，北京日报多次升级服务，扩大服务范围，增加新功能，不断提高影响力，获得了应急管理部的认可。

3.公共利益的协调者和引导者

开辟公共空间并不意味着媒介要放弃自身的职责，公共利益协调者和舆论引导者的角色依旧重要。媒体通过议程设置、内容选取和适时评论等方式，能够有效引导公众关注社会热点问题，凝聚共识，推动社会进步。

启智增慧 10-4

"京津冀暴雨
互助"上线！
有事儿您说→

【案例撷珍】

第34届中国新闻奖典型报道三等奖作品《"陈祥榕，到！"——来自喀喇昆仑的回响》聚焦戍边烈士陈祥榕的事迹，展现了他"清澈的爱，只为中国"的崇高精神。报道通过深入挖掘陈祥榕生前的战斗宣言、牺牲经过以及战友们对他的思念，激发了公众的爱国情感和对英雄的敬仰之情。

在报道中，媒体充分发挥了舆论引导作用。一方面，通过讲述陈祥榕在边境斗争中英勇牺牲的细节，如他在战斗中为保护战友冲入敌群的壮举，提高了公众对英雄精神的认同感。另一方面，报道通过展现战友们对陈祥榕的思念和清明祭奠仪式，唤醒了公众的情感共鸣，进一步凝聚了社会共识。

此外，报道还通过议程设置，将英雄事迹与爱国主义教育相结合，引导公众关注戍边官兵的奉献精神，激发了社会对国家安全和民族团结的关注。例如，报道中提到的"每天点名陈祥榕，战士们齐声回应'到'"的场景，生动展现了英雄精神的传承，增强了公众的情感认同。

资料来源：作者根据相关资料整理。

三、新闻生产的繁华与公共利益的隐忧

随着数智技术的不断进步、公众媒介素养的不断提升、公民批判意识的觉醒，新闻生产变得十分繁华，但在这种热闹的新闻生产和多样化的新闻内容中，新闻生产者是否坚守了为公共利益代言的使命呢？可以从以下几个问题中得到答案：

第一个问题，当下的公共利益代言人是谁？媒介的公共属性决定了媒介要为公共利益代言，要维护公共利益，但当下的新闻生产是生产者弱化、生产地点改变、传播范围扩展和传播效果泛化，所以当下的公共利益代言人还包括一些自媒体人、意见领袖，同时也包括普通网民。那么这个群体的特征有哪些呢？

图10-2是中国互联网络信息中心发布的《第55次中国互联网络发展状况统计报告》中的数据：

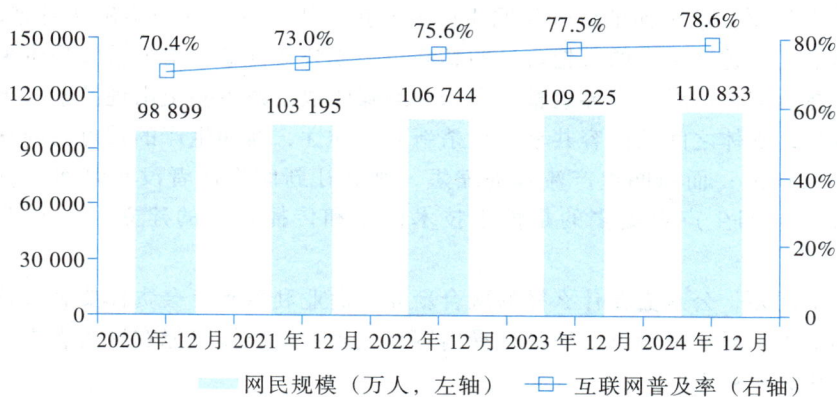

图10-2　中国网民规模和互联网普及率

资料来源：CNNIC中国互联网络发展状况统计调查表。

从图10-2中可以看到，中国的互联网普及率虽高，但仍有超过20%的人没有接入互联网。

从图10-3中可以看到，城镇网民远多于农村网民。

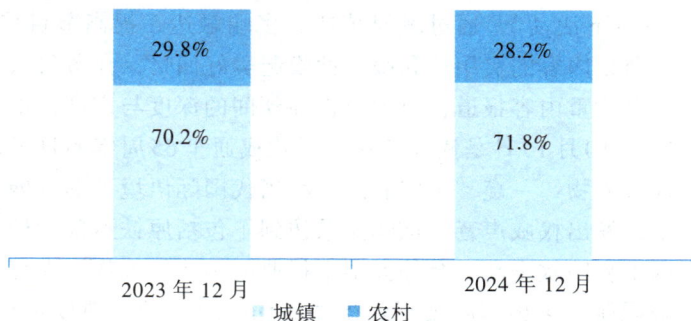

图10-3　中国网民城乡结构

资料来源：CNNIC中国互联网络发展状况统计调查表。

从图10-4中可以看到，网民的年龄结构偏低。

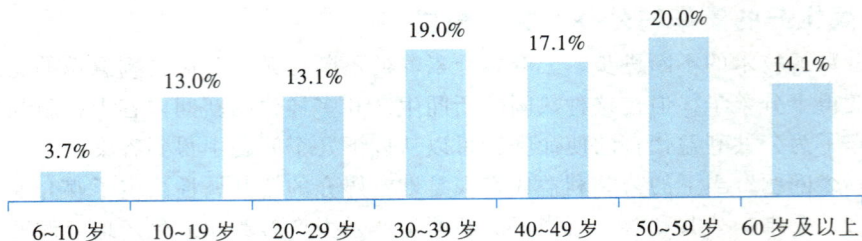

图10-4　网民年龄结构

从上面几张图中可以看出，网民中的大多数人是年轻化的城镇人口，他们是互联网上发声最多的人，他们多半会为自己的切身利益发声，那么其他人的利益呢？比如，大量触网不深的老年人，他们的利益由谁来代表呢？

第二个问题，谁来保证融合新闻生产的质量？当下的媒介内容确实越来越丰富，但质量却堪忧。越来越多的人把自己的私利包装成公共利益，给公益实现带来阻碍。

跨媒体所有权的融合会导致整个市场中的媒体数量减少甚至出现垄断，出现无人监管的现象；媒体之间的内容共享会扼杀新闻多样性，新闻生产的重点已经从丰富内容转向扩张渠道；而新闻生产流程的缩短，则会让新闻生产者没有时间去思考和分析，现在的新闻生产者更多的是忙于技术操作和传播渠道的建立，无心进行深度报道。

第三个问题，公众需要什么样的融合新闻？商业利益和社会责任要怎么选？怎么才能达到平衡？是选择流量，还是选择内容？大多数的媒体只能在这两者之间的选择之中勉强找到平衡点。

例如，全国各地不少媒体都十分注重老年人的利益诉求，设立《老年报》等专业报纸。浙江电台民生资讯广播开办了为50+退休人士定制的节目《清晨阳光》，每天晨间6：00—7：00播出。节目的愿景是为银发一族提供符合他们精神文化需求的节目和活动，共建共享积极健康的退休新生活。在传播内容上，聚焦积极老龄观，向银发一族介绍全新的理念、倡导乐观的心态、分享快乐的人生。进行"线上广播+互联网传播+智能音箱+线下活动"，通过融媒传播、多端触达，提高节目传播的影响力。在传播技巧上，以节目内容的实用性和服务性唤起美好回忆，让节目入耳入心。

湖北广播电视台注重内容报道，致力于提高新闻的深度与广度，不间断地组织新闻专题报道。2022年10月15日是武汉长江大桥建成通车65周年的日子，湖北之声遍访中国桥梁界的代表人物，一窥"中国制造"在当代国际语境下的发展路径。一是汇聚桥梁界专业人士，发出权威声音。该作品采访到了包括原铁道部大桥工程局副总工程师刘长元、中国工程院院士高宗余等大半个行业的泰斗级人物，内容权威、掷地有声。二是跳出地域限制，突出国际视野。稿件从Quora①上两个热度很高的话题入手，从国际网络视域探讨"中国建桥技术的国际水平"，同时也从他者视角客观评价中国建桥技术，佐证中国建桥企业如何闯进国际建桥的"第一梯队"。三是既有历史纵深，又有行业前沿。该新闻专题以浓墨重彩的笔触，勾勒出中国建桥从建成学会到不

---

①　其是在线问答平台，以高质量内容、用户互动和实名社区为特色，常被称为"美版知乎"，覆盖科技、文化等多领域，月活用户超4亿。

断超越，再到突破"卡脖子"难题的发展过程。同时，稿件探讨的话题也在不断深入，诸如"中国桥梁真的是世界领先吗？"的发问越来越迫切，深入行业的前沿领域。

互联网技术的飞速发展，改变了传统媒体的新闻传播生态。"转发量""浏览量""点赞量"等流量数据成为媒体人一项项重要考核指标，为破除"流量为王"的误区，中国新闻培训网系统地研究了流量视野下的新闻采编播对策。新闻媒体需要更加聚焦主责主业，始终坚持内容至上，正确引导社会舆论，才能实现新闻价值的流量变现，发挥主流媒体主力军、主阵地的作用。流量与内容并不冲突，媒体应当正确解读"流量密码"，以正能量获取大流量。

【案例撷珍】

2023年6月13日，31岁的彭清林从12米高的杭州西兴大桥上一跃而下，救起落入钱塘江中的一名轻生女子。这惊人一跳让无数读者和观众记住了这个清瘦的身影，也让他成为当之无愧的"平民英雄"。不到24小时，省内外数十家媒体纷纷跟进这一正能量之举，此事引发广泛关注，全国网友的目光与关心汇聚到杭州，聚焦到这位普通的外卖小哥身上，"彭清林救人"一度霸屏微博热搜。浙江广电集团整合全集团力量，中国蓝新闻视频号第一时间推出《杭州跳江救人外卖小哥》合集，多角度、全方位动态报道彭清林救人事件，共发布21条原创视频，其中点赞量、热度值超10万+的视频1条，点赞量破万的视频近10条，此外还有多条原创视频获得网友互动评论和积极转发。而彭清林的英勇事迹也得到了央媒的关注，央视"面对面"栏目走进病房专访彭清林，进一步扩大正能量事迹在全国的传播力和影响力，彭清林也获得了"杭州市见义勇为积极分子"荣誉称号。当人们点开人民日报、央视新闻等官方新媒体公众号，不难发现，众多阅读量10万+且点赞留言量相当可观的图文和视频报道都有一个共同点，那就是抓住了"传播正能量"这个流量密码。

资料来源：作者根据相关资料整理。

第三节　数智时代的全能记者

在前面的内容中，阐述了很多融合新闻生产的方法和策略，那么什么样的记者可以完成这些工作呢？融合新闻生产给记者带来了怎样的挑战呢？本节将予以解答。

一、全能记者的内涵

在传统新闻生产时期，全能记者就是指新闻达人、行业翘楚，没有他们完不成的稿子，没有他们写不出的报道；但在当下新闻生产的过程当中，对全能记者的要求是有涵盖多传播渠道的内容采集与新闻生产的能力。值得注意的是，虽然强调个人能力的全面性，但多平台的融合新闻生产依然要依靠团队的力量才能完成。

比如，人民网在2019年第一次进行全国两会的网络直播，每天至少直播4小时，时间跨度覆盖整个两会期间，许多记者编辑在这期间都要学习如何做好网络主播。整个团队有五六十人，用人民网编辑自己的话说就是"这是一次团队协作的大练兵，前后方连线的默契配合，不同岗位之间的互相比对，每一次直播任务能顺利完成，背后都凝聚着整个团队的力量"。

再比如,全国两会报道中,湖北广播电视台紧扣两会主题,在"中央厨房"平台融合先发优势的基础上,突出融媒体产品的创新,以"全台一盘棋"思维开展策划报道。在北京搭建前方演播室,70人全媒体报道团队由台长、总编辑带队,集全媒体直播、新闻采集、远程传输、视频访谈、融媒制作等多功能于一体,后方整合各频道资源及市州县宣传资源,组成湖北报道团队。融媒体新闻指挥调度系统与后方"中央厨房"密切协作,实现全台宣传资源的统一指挥调度和一体化运作。湖北广播电视台以融媒体新闻中心为作战指挥平台,实现信源共享共用、人员协同作战、多屏联动播发的大融合报道格局。全方位聚焦全国两会报道,进行图文、音频、视频、直播等多位一体的融媒体产品生产,进一步提升融合产品的质量和效率,打造多形态采集、多渠道同步分发的传播格局,形成平台化全媒生产"1+1+1>3"的内容聚合增量和传播合力。

那么"背包记者"又是什么呢?其实这是全能记者的另一个名字,之所以这样去称谓,主要是因为在当下,媒体人可能需要携带更多的设备、利用更多样化的技术手段,去完成新闻素材的采集和新闻内容的制作,所以"背包"里的东西,决定了是否能扮演好全能记者。那么优秀的全能记者的背包里究竟装着什么呢?

从业十余年的新京报摄影记者陶冉表示,出差的行李箱基本会被相机和镜头占满。遇到例如地震、水灾等突发新闻时,还会准备头盔、救生衣等装备,手电筒也会随身携带。当然,不同类型记者所带的"装备"有所不同,经常采访的记者除记者证、相机和电脑之外,还要带上记事本、录音笔、麦克风、反光板、充电宝等工具,如图10-5所示。

图10-5 新京报传媒研究展示的记者背包

作为一个全媒体记者,需要学会使用和操作的设备是非常多的,当然也不是每一次外出采访都需要带这么多东西,而是可以根据经验或是采访的主题来判断可能会使用到的设备。学会并熟练使用这些设备,就是新闻业务学习的重要内容。

除了背包,还有什么能区分记者的能力呢?那就是记者自身的知识储备。受众力量的崛起、舆论环境的复杂、国际局势的多变，都增加了新闻报道的难度。前面讲到媒体的职责不仅仅是报道事件本身，更重要的是解释事件发生的原因和预测事件可能带来的影响，给受众提供多元化、多角度的丰富的信息内容，帮助他们更好地认知这个世界。要做到这些，就需要扎实的知识储备作为基础，媒体人自己的视野和对这个世界的认识与理解，都会体现在新闻成品中。所以，即便背着一样的背包出门，最后得到的新闻素材和成品依然会因人而异。

【案例撷珍】

王娴，浙江义乌人，浙江广播电视集团浙江之声主任记者。毕业于浙江大学汉语言文学专业，采写的《全国首个！浙江为数字经济立法》获得第三十一届中国新闻奖一等奖，采写的《决胜未来的科创走廊》《寻找杭州的文明基因》《杭州出租车呼唤改革》等作品获得浙江新闻奖一等奖。2007年她刚加入新闻队伍，超强台风"罗莎"一路横穿杭州，带来的大暴雨让留下小和山一带积水严重，停水停电交通中断，校园被洪水围成孤岛。当她蹚着齐腰的水挺进"围困区"，看着人民子弟兵开着冲锋舟一趟趟转移群众，看着他们用"人肉墙"护一方百姓安全，似乎瞬间懂了她的职责是什么：除了第一时间记录正在发生的事，更应善于用眼、心、笔、采访机记录并发现这时代的感动与壮美。事物总是从量变到质变的。从抗台、"钱江三桥引桥坍塌"到"最美妈妈吴菊萍""最美司机吴斌"、良渚申遗，正是一次次的采访、一次次地冲入一线，才让王娴明白了作为现场记录者最该做的是什么，又该如何挖掘新闻故事的内在。在她看来，每一次的采访经历都如同一次学习。不同的新闻现场、新闻人物让她体验人生百态，不知不觉中也练就了捕捉新闻的敏感性。

资料来源：作者根据相关资料整理。

知识储备要通过大量的阅读而来，这也是众多优秀从业者一直强调的。在知识越来越碎片化和浅层化的趋势下，养成读书的习惯能够培养专注力和逻辑思维，同时也可以丰富知识储备。除积累书本知识外，还要掌握社会动态，比如国家大政方针和重要言论。新闻舆论场地是党同人民群众的喉舌，作为一名新闻记者，首先要掌握、学习和积累新时期党的方针政策、工作任务和目标。要不断学习马列主义经典著作中的重要论述、领导人的重要讲话、报刊上的重要言论、工作的规范性提法等。还要积累地方基本情况和工作运行情况。基本情况指的是一个地方的历史沿革、行政区划、土地面积、地理特点、人口、资源、机构编制、风俗习惯、发展水平等方面的情况；工作运行情况指的是一定时期内各项工作进展到什么程度，有哪些成绩，还存在什么问题，有什么经验和教训等方面的情况。这两方面的情况都是新闻报道经常要用到的，其中还有大量的数据需要熟记。作为一名优秀的新闻记者，理应熟悉全面情况，紧贴改革与发展的脉搏，做好宣传报道工作[1]。

二、全能记者的能力和素质

应对数智时代挑战的全能记者，装备的提升只是表面的，融合新闻生产中记者能

---

① 王树家. 浅谈新时代新闻记者如何做好知识储备［J］. 记者摇篮，2018（12）：111-112.

力和素质的提升才是生产精彩新闻的根本，包括技术全能、意识全能和风格全能。

技术全能很好理解，这是新闻业务能力的一个重要组成部分，包括素材的采集、图片的制作、视频的剪辑等。

意识全能是指要具备融合新闻生产的意识，这种意识其实是业界常说的"新闻敏感"的升级。传统的"新闻敏感"是指对新闻价值能否进行迅速判断，但在当下，融合新闻生产的意识更加复杂，渠道更加丰富、信息呈现方式更加多元化，从素材采集开始，就要考虑全媒体的内容覆盖。比如，哪些素材可以被用在社交媒体，哪些素材可以用来制作3D图像，完成一段短视频需要采集哪些内容等。这种意识需要在大量的实践工作中逐渐培养起来。

最后一个是风格全能。每一个媒介组织都有自己的风格，每一种媒介渠道也会有独特的风格，作为覆盖全媒体平台的新闻生产者，需要对每种风格都了如指掌，并能够根据渠道和受众的不同，制作出各具风格的新闻成品。媒介渠道的转换必然伴随表达方式和媒介符号的转变，也就是要转换风格。

不同新媒体平台有不同的传播特点，要善于针对不同受众"量体裁衣"、差异化设计不同形态的评论产品，多点开花有效抢占信息传播高地，把握舆论引导的主动权。北京日报就差异化设计了不同形态的新闻评论栏目，与读者进行互动，多形式引导舆论。比如，北京日报打通发布端与生产端之间的壁垒，建立"天天锐评"合作机制，新媒体发布端监测汇总热点问题，为生产端提供线索，紧跟热点，以快评、精深评论等多种形式发声，主动设置舆论议题，及时传递党报声音。随着"读图时代"的到来，受众对新闻产品可视化的需求日益强烈，评论产品也不例外。北京日报开发了"今日有画说"栏目，用条漫形式解读、呈现社会热点新闻，兼具"漫评"功能。这种生动的评论形式一经推出，迅速受到好评，吸引了大批受众，取得了良好的传播效果。在当下的舆论生态中，媒体与受众已不是"我说你听"的单向传播关系。北京日报在微博上开设的"新闻麻辣谈"栏目专门制作议题投票，科学设置互动话题、投票选项，在互动中实现引导，逐渐弥合多元利益冲突。"今日下午察"用网言网语、最热"梗"点评当日最热新闻，展现党报微博"反差萌""接地气"的一面，与网民互动共情[①]。

以上所述并不能完全涵盖当下对全能记者的要求，但这些都是基本要求，其他素质和要求要在融合新闻生产的实践中不断探索积累。

🔹 本章要点

1.媒介与传播的发展必然要围绕着人的需要而展开，增加被受众选择和喜爱的可能性，降低受众信息获取的费力程度。

2.面对一些重大新闻事件的时候，媒体的报道需要有全局观、整体观和历史观，要谨慎选择报道角度，注意舆论走向。主流媒体的引导作用十分关键，既要保护受众参与新闻生产与互动的积极性，又要想办法规避负面的社会效应。

---

① 张力. 探析主流媒体舆论引导新路径，塑造舆论生态新格局 [J]. 新闻战线，2023（24）：25-28.

3.媒介公共属性的三个方面分别是媒介权力的公共性、媒介产品的公共性和媒介资源的公共性。媒体要利用融合新闻生产实践公共利益，主要需要扮演好如下角色：公共信息的提供者，公共利益的维护者，公共利益的协调者和引导者。

4.数智时代的全能记者包括技术全能、意识全能和风格全能，需要有丰富的知识储备。

关键概念

人本主义　融合媒介　公共利益　全能记者

综合训练

1.请举例分析无组织新闻生产中每个角色的扮演者都是什么人或什么媒介组织。

2.人人参与同无组织的新闻生产、互动和传播相比，有什么利弊？

3.媒体人在新闻生产中要谨记自己的媒介使命和社会职责，坚守底线，具体有哪些做法？

即测即评10

4.当下的媒体如何在流量和内容中实现平衡？

5.你认为记者还需要具备什么重要的能力素质？

第十一章
数智传播背景下融合新闻的未来趋势

■ **学习目标**

【价值塑造】

树立对数智传播背景下融合新闻发展的前瞻性思维，理解技术迭代与人文关怀的共生关系，以及在算法推荐、数据主导等新场景中坚守新闻专业主义、维护公共价值的判断力和职业信念。

【知识传授】

知晓数智传播背景下融合新闻的制约因素、潜在矛盾和发展走向，尤其是观念因素、组织因素、技术因素、人才因素的影响，掌握融合新闻发展中应当重点关注的方面，理解其发展的基本趋势与方向。

【能力培养】

学会关注和思考融合新闻发展演进中的典型案例，领会数智技术在融合新闻发展中的地位功能和"双刃剑"效应，善于分析并解决融合新闻发展中的潜在矛盾，提升对融合新闻未来发展趋势和方向的观察与研判能力。

如前所述，融合新闻作为媒介融合的核心产品，其生产与传播已成为全世界范围内媒介大整合之下的基本作业模式，展现出新闻传播界的崭新生态图景，标志着整个社会已然进入"融媒时代"甚至"泛媒时代"。与此同时，人工智能、大数据等新技术成为媒介融合纵深发展的加速器。在全面梳理了融合新闻生产与传播的"前世今生"之后，不禁要进一步追问：这样一种后劲十足的事物具有怎样的发展趋势？其发展过程中又会遭遇怎样的制约和困难？以融合新闻的演变脉络为参照，能更加清楚地看出媒介融合以及新闻传播实践的未来走向。

第一节　融合新闻的制约因素

媒介融合的发展触角深达诸多方面，深刻影响着社会组织运行方式和人类生活方式。但是，如果理性分析的话，在媒介融合纵深发展过程中，依然受到一些显性或隐性因素的干扰，并在很大程度上阻碍了媒介融合的进一步发展。这些制约因素，同样也影响了融合新闻的继续演变和不断优化。制约包括融合新闻在内的媒介融合发展的主要因素包括如下方面：

启智增慧 11-1

《传媒观察》
｜十年融合，
新闻业的蝶变
与超越

一、观念因素

从更高层次而言，媒介融合是一种各类型媒介在全方位实现融合的理想境界，是一种新闻传播实践的"新发展理念"。国内学者郑瑜指出，媒介融合已经成为新媒体时代的发展观，是指各种媒介呈现出多功能一体化的发展趋势，其目的是通过组织和制度重构，对新闻资源进行优化配置、充分开发。由此要求各媒体特别是决策者、管理者树立"媒介融合观"，坚定媒体发展的必然走向，并在整个媒体组织中推广与强化融合理念。从整体上来看，媒介融合已经作为国家战略推行，并在各地逐步实施，也取得了突出的成果。但是，仍然有一些媒体受制于传统观念和固有认知，或者尚未完全意识到，或者不太愿意也不敢放开手脚推行真正意义上的媒介融合，固守在传统业务的藩篱之中，给媒介融合的长足发展造成较大制约。这一点在基层媒体表现比较突出。以报业为例，一些报纸把媒介融合简单理解为报纸的数字化、等同于多媒体叠加和数字化产品的多向发布；一些报纸认为单一的"报纸+网站"的形式就能实现纸质媒体向数字化转型。可以说，在媒介融合作为国家战略和行业趋势的双重背景之下，对以报纸为代表的平面媒体的冲击是最大的，后者要充分认识到媒介融合时代所面临的新挑战，需要转变观念，以不惧挑战、迎难而上的精神和积极应对、奋力求变的决心改革创新。

观念转变的另一主体来自新闻工作者本身。尽管媒介融合大势已不可阻挡，但并非身处其中的每一位个体都对此心向往之并身体力行。比如，作为国内媒介融合基层试点的重要代表，县级融媒体中心是近年来的建设重点。然而，通过对部分县级融媒体中心的调研后发现，因年龄结构、业务能力、思想观念等原因，有些从业者对媒介融合持观望和逃避的态度，不愿意继续学习融合新闻生产的相关技能，也不愿意投身到媒介融合实践之中。此外，并非所有受众都能认识到媒介融合的积极意义与作用。一方面，作为新闻质量核心体现的新闻价值在媒介融合中如何实现选择与呈现，成为一个棘手又不可忽视的问题；另一方面，从新闻业务操作环节来看，人们普遍根深蒂固的观念是新闻工作者通过勤恳、扎实、细致的采访来获取新闻，是新闻质量的有力保证，而如果新闻工作者同时从事多种工作，无疑将在一定程度上降低新闻质量，从而导致人们对新闻质量的质疑。与此同时，5G、大数据、人工智能、元宇宙等数智技术蜂拥而至，如何在这样"乱花渐欲迷人眼"的浪潮中持续凸显传媒行业的基础性作用和建设性功能，进行规模化应用和产业化布局，协同解决新技术革命带来的一系列社会问题，需要观念认识的进一步提高。

二、组织因素

媒介融合得以顺利实施的基本前提是组织机制保证。政府与媒介规制层面的大力支持，可以有效保证媒体组织与制度的重新组合及配置，并通过媒体之间的整合、并购、协作等，使媒介融合真正实现规模中出效益，融合中见实效。

新闻体制改革已经进行多年，取得了很大突破。但是，我国媒体的双重性质从根本上决定了其必须在社会效益与经济效益之间取得平衡。从主流媒体的角度看，其借助媒介融合，一方面积极布局网、端、屏，丰富传播形式；另一方面主动参与社会治理过程，提升主流价值影响力。但是，主流媒体在社会效益持续提升的同时，经济效益却难有明显改观。对于大多数主流媒体来说，主要收入来源还是广告业务；而广告业务中，非商业广告如政务广告、公告等占据较大比例。新媒体营收增速很快，但还无法取代广告业务的地位；财政拨款也是某些主流媒体的经济支柱[①]。因此，主流媒体要通过媒介融合成为"新型主流媒体"，就必须进行组织机制再造，深度变革其内容生产传播、技术支撑和市场运营等领域的组织机制，有效满足对其社会效益与经济效益目标的新要求。

三、技术因素

媒介融合本身就是传播技术、新技术飞速发展的产物，同时也在推动后者的不断创新和变革。技术是媒介融合的先导，作为一项综合性工程，媒介融合的推进离不开先进技术的支撑，在数智技术快速发展的当下尤其如此。很多研究者都认为，媒介融合的首要或关键内容是技术融合，即两种或多种技术融合后产生新的传播技术，而且所产生的传播技术与新媒介的功能大于原有各部分的总和。由此才能打破媒介的介质壁垒，使同一内容的多介质化成为可能。

从目前国内媒介融合实践来看，很多传媒集团都在依托数智技术创新建立智能编辑部，推动新闻生产流程的革新和采写编发的智能化。但是，从实现效果特别是用户体验的角度看，在全方位、多层次实现媒介融合的过程中，尽管表面上新技术的发展蓬勃兴盛，其实在核心支撑技术上仍旧存在不足与滞后问题，与融合新闻内容生产相适应的一体化集成化技术平台仍然欠缺。比如，集文字、图片、音频和视频于一体的新型报纸还没有完全实现技术上的成功，传统报业如何实现报网真正互动尚待解决。有报业集团负责人提出，传媒技术自身还要提高精度，赋能采编生产这个根本需求，要更好用，进而拓展"传媒+"的技术宽度，在更大领域中更有用。媒体对技术也要更有态度，促进科技向善、内容向善[②]。

启智增慧 11-2

"AI+报纸"，
拥抱媒体融合
的新机遇

---

① 陈国权. 主流媒体经济支持体系的新构成——基于136家媒体的调研报告 [J]. 现代传播（中国传媒大学学报），2022（4）：1-10.

② 佚名. 技术创新如何赋能媒体融合？业内：不断通过传播实践推动高质量发展 [EB/OL].（2023-04-23）[2025-02-22]. https://baijiahao.baidu.com/s? id=1763930696237112503&wfr=spider&for=pc.

四、人才因素

媒介融合的最关键因素是人，即新闻工作者，也可以说是融合新闻生产与传播者。媒介技术的发展，带来媒介生态的深刻变革，不断推动媒介融合的深化，也对能胜任媒介融合发展的新闻传播人才培养提出了更高层次的要求。这类新闻工作者不同于以往的新闻工作者，而应该是身兼十八般武艺、既广博又专深的"全能记者"。有学者认为，这种"全能记者"应当具备超越传播的研究力、整合传播的策划力、复合纵深的知识结构和工业标准式的多媒体知识。国外学者进一步提出，新闻编辑部在媒介融合时代将由传统新闻传播管理转为"知识管理"。在多种媒体融合的新闻编辑部中，记者、编辑的主要职能已经不是采集新闻，而是对浩如烟海的新闻和信息进行筛选和重新组合，使这些杂乱的信息呈现出相互联系和深刻意义，并使其转化为知识。新闻从业者的工作也因此在某种意义上成为知识生产与管理的工作。

从目前国内媒介融合实践来看，人才缺乏是一大难题。究其原因，一方面是增量不足，新闻传播院校的人才培养尚未完全贴合媒介融合的迫切需求；另一方面是存量有限，由于尚未建立一套行之有效的培训与提升机制，已有从业者的"更新换代"难以实现，使这些传媒集团中呈现一般新闻工作者"过量"和优秀全媒体人才"稀缺"的现象。此外，这种人才缺乏还体现在两个方面：一是绝对性缺乏，即在总量上存在缺口；二是相对性缺乏，即不同地区、不同传媒集团分布上的不平衡，如在我国南部、东部或西部中心城市等发达地区，媒介融合所需的复合型人才较集中，其他地区则很少；再如，在由异质型媒介组成的传媒集团中，复合型人才较多，反之在单一型媒介构成的传媒集团，则多为只擅长某种技能的媒介人才。有学者指出，由于制作视频新闻的人员稀缺，特别是在一线采访、录制视频新闻的人才缺少，使得目前传统媒体通过网络发布的要么是同质新闻，要么是事后对新闻事件的分析，或者是对新闻人物的"嘉宾访谈"，无法实现多元新闻报道样态的同步跟进。可以这样说，如果没有培养出真正意义上的"全能记者""融合记者"，就难以形成真正意义上的媒介融合。

五、经济因素

从当下来看，媒介融合正在由"浅表整合"走向"深度融合"，下一阶段性目标就是建设并发展以内容建设为根本、先进技术为支撑、创新管理为保障的全媒体传播体系。在这个总目标下，一批具有强大影响力、竞争力的新闻主流媒体是桥头堡，四级媒体是生力军，基层动员最关键的"最后一公里"，需要各类媒体明确定位，各类资源共融互通，探索协调发展规则，创新唤醒媒介生态①。媒介融合是一项涵盖各方面的综合工程，需要多方面的协力才能顺利运行。其中的重要方面就是经济成本。事实上，媒介融合既是新闻传播行业的基本发展理念与顶层设计，更是其现实发展的生动样态和丰富实践，经济与物质基础是必不可少的支撑。比如，在媒介融合过程中，某家传媒集团在实现各子媒体之间相融相合时所需要投入的物力和财力、新闻工作者进行融合新闻报道时所使用的设备与工具等。尤其是随着媒介融合的不断拓深、数智技术的全面应用，对新技术、新设施、新工具等方面的需求将日益提高，而相应的经

① 佚名. 2023 年媒体融合发展展望［EB/OL］.（2023-01-12）［2025-02-22］. https://baijiahao.baidu.com/s? id=1754808441886309414&wfr=spider&for=pc.

济成本也会水涨船高。

对应前述几个制约因素，技术支撑是媒介融合的发展基石，技术的更新迭代主要依赖资金投入，而现在很多传统媒体支撑融合发展的关键技术主要靠"服务外包"，自身缺乏新媒体技术人才和研发团队，很容易被别人"卡脖子"。另外，从人才因素来看，目前地市级媒体之所以人才流失严重，很重要的一个原因就是人才薪资待遇难以提高，大量人才流往薪资更高、发展空间更大的中央级媒体和省会城市媒体。有学者指出，没有资金投入就无法真正实现融合发展，"情怀"和行政力量都可以短期起作用，但不能长久依赖于此，也很难形成良性循环。

第二节　融合新闻的潜在矛盾

融合新闻的发展不是一蹴而就的事，需要整个媒介融合环境中各环节和要素的支持。从媒介融合的角度考量，除了以上提到的制约因素之外，在其发展过程中还可能出现一些潜在矛盾，同样也会制约融合新闻的发展走向，对其生产与传播的内容、形式及效果产生影响。

一、媒介融合与社会信息总量

数智时代，信息的重要性更为凸显。与信息海洋、信息过剩相对应的，是信息稀缺、信息贫乏，即信息鸿沟或数字鸿沟，指数字差距或数字分裂，也就是"信息富有者和信息贫困者之间的差异"，包括国家、民族、性别和代际差异，甚至还有阶层、行业、城乡和年龄差异[1]。"由于社会经济地位高者通常能比社会经济地位低者更快地获得信息，因此，大众媒介传送的信息越多，这两者之间的知识鸿沟也就越有扩大的趋势"[2]。而且，数智技术、新媒介技术等层出不穷，更新换代的周期越来越短，其趋势更可能是"老沟"未能填平，而"新沟"又不断出现。可以说，"信息沟"非常显著地体现出信息社会中信息增长与个体信息获取量之间的非正相关关系。"知沟"假说示意图如图11-1所示。

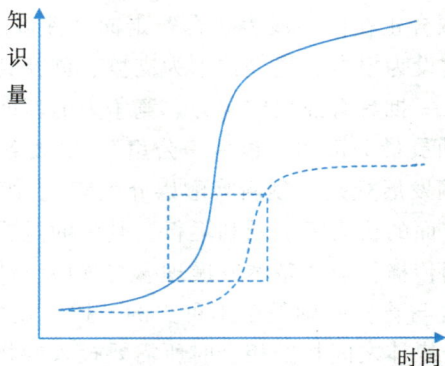

图11-1　"知沟"假说示意图

---

① 刘建明等. 新闻学概论［M］. 北京：中国传媒大学出版社，2007：32.
② TICHENOR P J. Mass communication and differential growth in knowledge［J］. Public Opinion Quarterly，1970（Summer）：158-170.

作为社会信息集散地与传播中枢的媒体，自然处于信息流通与发布的核心地位，而旨在促进各类媒介之间融合互通的媒介融合，同样与信息具有天然而紧密的关联。有关调查结果显示，互联网用户在线阅读新闻的时间迅速增加，现代媒介的数字化生态正在形成。那么，当媒介融合不断推进着这种数字化生态的同时，社会信息总量是增多了还是减少了？媒介融合的发展之于"信息沟"的弥合起到的是积极作用还是负面作用？媒介融合实践是否有助于个体信息保有量和使用率的改善与提高？这一系列问题折射出媒介融合与信息总量之间错综复杂的关系。尤为值得关注的是，以人工智能、大数据等为代表的数智技术正成为信息技术的"2.0"版本，迅速覆盖社会生产生活的诸多领域，由此可能带来的"智能鸿沟"问题更加令人深思。

启智增慧 11-3

重访经典传播
理论：21世纪
的知沟假说

二、媒介融合与知识产权

与媒介融合紧密相联的另外一个问题是知识产权。根据《建立世界知识产权组织公约》的规定，知识产权包括对下列各项知识财产的权利：文学、艺术和科学作品；表演艺术家的表演及唱片和广播节目；人类一切活动领域的发明；科学发现；工业品外观设计；商标、服务标记以及商业名称和标志；制止不正当竞争以及在工业、科学、文学或艺术领域内由于智力活动而产生的一切其他权利。总之，知识产权涉及人类一切智力创造的成果。在信息发布、获取和交流日益频繁的今天，特别是人工智能技术全面应用之后，知识产权纠纷也随之逐渐增多。2024年11月，加拿大多家主流媒体以侵犯版权为由，对开发人工智能应用 ChatGPT 的美国科技公司 OpenAI 联合提起诉讼，各媒体认为，OpenAI 利用其他公司的新闻报道为自己谋取商业利益的做法不符合公共利益，且是非法的[①]。有学者指出，专有性是知识产权的本质特征，如何保证网络信息环境知识产权的专有性不被削弱，如何保证专有权的实现，不仅是理论问题和网络立法问题，而且是从理论到实践的涉及立法、司法、执法的综合问题。

从媒介融合的角度看，可以说知识产权所具有的独占性、专有性这一本质特征与媒介融合的互通、共融要求之间具有某种程度的固有矛盾，这也是在融合新闻生产与传播过程中经常容易出现的问题。滚动新闻和网络的版权维护问题逐渐凸显，并成为媒介融合中不得不正视的严肃问题。"在当今媒体竞争激烈的形势下，滚动新闻上网以后，如何保证传统报纸的独家采访特点，是一个非常具体的问题。滚动新闻以快制胜，克服了报纸的出版时限问题，抢得了新闻的第一发布权，这对报纸的独家采访特点造成了一定的威胁。有时记者跑了一天的新闻，瞬间就被其他网站转走，前后不过几分钟，等于"为他人做了嫁衣"[②]。也就是说，媒介融合中的知识产权问题，在融合新闻生产与传播中变得日益复杂，并常易引发新闻纠纷甚至法律问题，这些问题若不解决，势必影响到媒介融合的健康发展。

三、媒介融合与新闻自由

作为新闻传播行业一直以来信奉的圭臬与目标，新闻自由是言论、出版自由在新闻活动中的体现。新闻自由既包括公民有通过报纸和新闻期刊等出版物表达思想见解

---

① 佚名. 加拿大多家主流媒体联合起诉 OpenAI 侵犯版权［EB/OL］.（2024-12-02）［2025-02-22］. https://guancha.gmw.cn/2024-12/02/content_37714351.htm.
② 申凡，谢亮辉. 我国媒介融合发展的问题与对策——以《广州日报》滚动新闻部为例［J］. 新闻前哨，2009（4）：41.

的权利，也包括公民通过广播、电视等出版手段发表意见的权利，还包括公民通过新闻媒介了解国内外大事，获得各种信息，表达并传播各种思想和见解，参与国家生活和社会生活的政治权利①。媒介融合的纵深推进为新闻自由提供了更大的舞台，网络新媒体极大拓展和延伸了新闻自由的广度与深度，人工智能等新技术则让新闻自由的外延进一步扩大，网络新媒体空间作为思想文化信息集散地和社会舆论放大器的功能持续增强。

　　以网络为必备支撑得以连接和实现的媒介融合，自然或多或少被承载了践行新闻自由的期待。有人说，媒介融合使新闻自由度提高了；有人则认为，媒介融合让新闻自由面临更为复杂的情况。应该说，从法律规定与实践需要两方面来说，新闻自由都具有合理性，但在实现过程中，它依然遭遇一定程度的困境②。如果再考察融合新闻的具体表现，可以说它尚未达到理想境界，之于新闻自由的作用也尚未发挥到应有程度，甚至在某些时候、某些方面，由于新闻资源的配置、新闻信息的发布等环节未能理顺，很容易导致对新闻自由的负面影响。因此，如何恰当处理好媒介融合与新闻自由之间的协调和平衡，是每一位致力于媒介融合的从业者必须直面的问题。

第三节　融合新闻的发展前瞻

　　如前所述，在融合新闻的生产与传播过程中，受到诸多制约因素的影响，加之其固有的潜在矛盾，导致遭遇这样那样的发展困境。与此同时，不断满足受众与社会需求而变革一直是新闻传播行业的基本规律，媒介融合正是顺应这种规律的显著体现，同时在国家战略的强有力推动下，其正朝着融技术、融产品、融平台、融业务、融市场的方向发展③。可以说，媒介融合往什么方向发展，就为融合新闻往什么方向发展指明了基本路径，主要表现在如下方面：

一、理论和技术层面的"乘胜追击"

　　媒介融合作为一种新鲜活泼的新闻传播实践现象，除了现实层面的推进之外，有关它的理论探讨也在不断进行之中。纵观媒介融合的发展史，众多学者已经从不同角度对它进行了阐释。但是，目前依然缺乏从整体上对媒介融合加以系统考察与深入探讨的著作，也缺乏专门针对融合新闻生产与传播所展开的系统化研究。因此，如何在现有媒介融合理论的基础上"乘胜追击"，与时俱进地从瞬息万变的融合实践中归纳、提炼和总结其理论核心、框架与体系，并与其他学科专业领域相结合，构建完整清晰的媒介融合理论体系，成为媒介融合在理论层面上的突破点。

　　目前，实践层面的主要热点之一是技术的再开发与再成熟。从前文可以看出，媒介融合的关键支撑是技术特别是数智技术，正是依靠新技术包括传播科技的出现和更新，才使得媒介融合成为可能，也才使得融合新闻逐渐向专业化、成熟化的方向发展。媒体融合发展进程中，5G、大数据、云计算、AI等新技术层出不穷，主流媒体

---

①　黄瑚. 新闻法规与职业道德教程［M］. 上海：复旦大学出版社，2006：13.
②　陈奕. 试论新闻自由的合理性及其现实困境［J］. 新闻知识，2007（4）：29.
③　佚名. 媒体融合发展是一个系统性工程 加强合作是必然［EB/OL］.（2023-07-24）［2025-02-22］.
https://baijiahao.baidu.com/s? id=1772294736623991920&wfr=spider&for=pc.

每每洞察先机，通过技术加持，补齐能力短板，提升自我竞争力，打开发展新局面。从打造"中央厨房"到搭建"全媒体平台"，从形成"新媒体矩阵"到构建"全媒体传播体系"，从装上"天线""喇叭"拓展传播声道，到装上"大脑""引擎"开启智能化进化，新技术始终是推动传媒业态深度变革的核心要素和支撑力量[①]。

在数字技术革命的推动下，电信、广播电视和出版业的产业边界日益模糊和收缩，三大产业的内容生产、传输平台和接收终端不断走向融合，传统传媒业纵向一体化的结构逐步裂变为横向一体化的结构，这是一场全新的产业革命，也为媒介融合提供了宽广的发展平台与必要的支撑条件。《新媒体蓝皮书：中国新媒体发展报告No.14（2023）》指出，短视频行业持续发力，技术赋权媒体内容生产流程加速转型，元宇宙等新兴产业阵地成为新媒体争夺要塞[②]。目前，中国新媒体产业已经呈现出融合、创新、合作、替代等特点，传统媒体和新媒体将在竞争的基础上，逐渐走向互动与合作，不断实现技术、资本等方面的深度融合，其中技术方面的融合是关键所在。近年来，《"互联网+"人工智能三年行动实施方案》等政策文件指明了人工智能在开展新型基础设施建设、创造数字经济新业态等方面的重要意义。2023年10月18日，第三届"一带一路"国际合作高峰论坛上，中国发起《全球人工智能治理倡议》，围绕人工智能发展、安全、治理三个方面系统阐述了人工智能治理的中国方案。这些都为推进传媒与人工智能技术深度融合提供了行动指南[③]。

二、媒介生态层面的"融合为王"

融合新闻在媒介融合环境中生发和演进，受到整个媒介生态环境的影响。媒介生态环境是一种社会子系统，是社会的有机组成部分，它的存在与发展与其他子系统（诸如政治、经济、文化）之间存在着密切的关系。这种关系的总和即是媒介的生态环境[④]。简言之，谈及媒介生态这个概念，其中与媒体产生一定互动关系的非物质环境都可以是媒介生态的要素或子系统，包括经济、政治、文化等方面，各子系统之间的互动构成了媒介生态。作为新闻传播工具的媒介，属于社会信息系统，这是媒介系统在总系统中的基本定位[⑤]。

那么，从深层次上看，在"融合为王"的汹涌大潮中，媒介生态将发生持续而渐进的变动。主要表现在：一方面，媒介融合所带来的理念变化与格局转换同时会对与媒介系统相关的其他社会子系统产生或多或少的影响，甚至带来后者在很大程度上的变化。尤其是那些与媒介系统关联度最高的社会子系统，比如文化系统，媒介融合所蕴含的互补、融通、协调等理念将逐渐渗入文化系统之中，内容化为其中的一部分。另一方面，其他子系统的发展成果也能为包括媒介融合在内的媒介系统的发展提供丰富血液和有力支撑，从而更好地推动媒介融合进行。

我国新闻传播行业正经历着"转企改制"的重大变革，很大一部分原来以事业单

①　佚名. 变革与创新：AI引领媒体融合发展新趋势［EB/OL］.（2024-06-28）［2025-02-22］. https：//baijiahao.baidu.com/s？id=1803104317279137452&wfr=spider&for=pc.
②　佚名.《新媒体蓝皮书：中国新媒体发展报告No.14（2023）》发布［EB/OL］.（2023-07-25）［2025-02-22］. https：//baijiahao.baidu.com/s？id=1772343408473810871&wfr=spider&for=pc.
③　佚名. 人工智能技术在媒体融合中的应用场景与创新范式［EB/OL］.（2023-12-12）［2025-02-22］. https：//www.sohu.com/a/743499323_267106.
④　李良荣. 新闻学概论［M］. 上海：复旦大学出版社，2004：134.
⑤　李良荣. 新闻学概论［M］. 上海：复旦大学出版社，2004：137.

位身份存在的媒体变成企业，进而形成事业单位和企业单位并存的"双轨制"，其核心就是实现跨媒体、跨行业、跨区域的重新组合，伴随着淘汰、兼并、联合等一系列过程，小、散、乱的传媒现状将逐渐改变，整个媒介生态会呈现出一种崭新的景观。同时，在媒介生态持续变动的大背景下，推进媒介融合的重要因素就集中到媒体内部管理机制或运作机制的创新上。目前，南方报业传媒集团、广州日报报业集团等都已经对融合之后的媒体组织结构"再造"进行了积极尝试，并随之带动集团内部业务流程的"再造"。也就是说，媒介融合从大的层面来说是产业间的交融、渗透，从小的层面来看则是整个业务流程的重新调整。

三、传播环境层面的"和谐为本"

传播环境也对融合新闻的发展产生重要影响。此处的传播环境指的是作为社会组织的媒介所产生和营造的社会环境。通常意义上的传媒，实际上包括两重含义：一是作为工具和技术手段的传媒，强调的是工具和技术属性；二是作为社会组织的传媒，强调的是其组织属性[1]。

"和谐"这一概念是指组成整体的诸要素配合默契，恰当匀称，形成平稳、互助、共生的最佳状态，这是一个不断运动、变化及升华的过程[2]。媒介融合的内涵是"和谐为本"，实现各媒介、各子部分之间的互通、互补和融通。有学者提出，媒介的和谐发展从空间维度上可分为机制和谐、流程和谐、组织和谐与关系和谐，并认为这一和谐发展状态是一种由媒介内部向外部延伸的体系。从这一体系来看，媒介融合所致力解决的"融合"也不外乎这几个领域，甚至可以这样说，"融合"要达到的正是"和谐"的目标。有学者指出，媒介融合同时也是"文化冲突—融合—认同"的过程。不同媒介组织在相互融合的过程中，由于各自原有文化价值、观念取向不一样或不尽相同，难免产生一些文化冲突与障碍。对于自身而言，往往从已有文化结构出发，对外来文化加以甄别、筛选和提炼，吸收为自身文化的一部分；对于"外来者"而言，则需要努力寻求共同之处，适当地加以自我改造与适应，从而赢得原有文化体系的认同和接纳。经由逐步渗透、演进、交互的过程，不同媒介以文化融合为深层次依托，逐渐实现真正意义上的媒介融合。

四、新闻教育层面的"源头活水"

作为与新闻传播业界相对应的另一端，学界和教育界的作用同样不容小觑。媒介融合人才的培养出自新闻教育，必须依靠新闻教育为媒介融合源源不断地输送新鲜血液，成为促进媒介融合发展的"源头活水"。对融合新闻而言，目前国内很多融媒体中心所缺乏的，正是具有多媒体技能、胜任多岗位工作的融合新闻生产者。国内很多新闻院校从多角度进行"融合新闻"专业的探索，如南京大学金陵学院于2007年在国内新闻院校中率先开设"媒体融合"专业（方向），采用国际流行的模块化课程体系来培养复合型新闻人才。其院系负责人表示，已经投入使用的"媒体融合未来实验室"将结合先进的IT技术平台，以互动和动态化媒体实践为教学基本思路，展现一个开放性、符合中国特色的媒体行业转型的新型实验机构。此外，汕头大学长江新闻

---

① 申凡，陈奕. 和谐社会视域下的传媒发展 [J]. 新闻窗，2007（4）：11.
② 陈奕. 和谐社会视域下的传媒发展 [J]. 新闻窗，2007（4）：11.

与传播学院成立了"媒体融合实验室"，该实验室通过数码平台，兼容图文、视频、音频等多种手段，为媒介融合的教学与科研提供坚实的技术支撑。中国人民大学新闻学院增设"数字新闻传播""跨媒体传播实验"等专业方向和课程，后又设立创意传播实验班、国际新闻全英文项目，不断呼应数智时代对新闻传播人才的需求。华中科技大学新闻与信息传播学院于2018年设立大数据与国家传播战略实验室，2021年，该实验室入选首批教育部哲学社会科学实验室。其立足学校交叉学科资源，发扬交叉学科优势，以新闻与信息传播学院为基础，汇聚新闻传播学、计算机科学、网络空间安全、公共卫生与预防医学等优势学科，围绕"寰球民意大数据与国家形象""云传播与万物互联网管理""智能健康传播与公共卫生""智能新媒体与战略传播"等前沿问题开展跨学科研究及复合型创新型人才培养，取得一系列重要成果。可以看出，国内众多新闻院校都已经或正在着手进行以培养媒介融合人才为核心的新闻教育改革，力争为媒介融合的发展提供充足的人才保障。

除了学校教育之外，在职培训也是提高媒介融合人才储备的重要手段，国内媒体与研究者正在逐步提出相应的可行性方案。另外一种广义的媒介教育方式即媒介素养教育，它在媒介融合的大背景下也将发生很大变化。媒介素养是指受众所具有的获取、分析、评价和传递各种形式信息的能力，或者说受众认识、理解及运用各种形式媒介的能力。其是20世纪下半叶起在欧洲、北美洲和大洋洲以及拉丁美洲、亚洲部分地区逐渐兴进的一种崭新教学项目，是在大众传媒时代针对多种媒介对人的影响而提出的一种教育思想和方法。在媒介融合时代，受众如何在信息海洋中、运用不同媒介来获取自身所需信息，已经成为衡量媒介素养高低的要素之一。2004年，复旦大学建立了国内第一个媒介素养研究网站，对媒介素养现状进行调查研究，是这一领域的开拓者。在数智传播背景下，可基于智能传播环境设置媒介素养课程体系、基于智能传播实践规划媒介素养培育活动、基于智能传播平台营造媒介素养培育氛围，提高大学生对媒介信息的识别、理解、评估和创造能力，使其在复杂的媒介环境中作出明智的选择[1]。数智技术的飞速发展，让媒介素养延展为数智传播素养，后者已成为融媒体新闻传播人才乃至全体公民的基本素养。

从目前国内媒介融合的发展态势来看，面对数字化转型的媒介融合环境，国内外新闻传播院校在适应传媒环境变化的同时，要通过专业之间、学科之间以及实践层面与传播技术的融合，在学界业界的跨界共建、学科交叉的边界突破、媒介素养的开放培育等方面不断进行调整与创新，培养兼具人文与科学素养以及综合运用融合媒体技术的新闻传播类人才[2]。

综上所述，媒介融合作为信息社会发展的必然产物，也是新闻传播实践的重大革新，必将带来新闻传播理念和格局上的一系列深刻调整。媒介融合已经成为席卷全球的时代浪潮，正在对国内新闻业和新闻传播实践产生革命性的影响，并且随着数智技术的全面融入呈现出日新月异的面貌。在融合平台渐趋一统的背景下，传统媒体和新

启智增慧 11-4

新时代传播人才培养应向"智"而行

---

① 徐烨. 智能传播时代提升大学生媒介素养［EB/OL］.（2024-10-17）［2025-02-22］. https://xh.xhby.net/pc/con/202410/17/content_1379177.html.
② 尤红，丁柏铨. 跨界共建、学科交叉与开放趋向——媒介融合背景下新闻传播类人才培养的趋势［J］. 新闻爱好者，2022（11）：10.

媒体的界限日益模糊。刻意区分新旧媒体变得毫无意义，一味地唱衰传统媒体和一味地歌颂新媒体也并非明智之举，真正的应为之道是大力推进各媒体、各产业和各领域的融合。在这个背景之下，融合新闻呈现出与媒介融合一致的发展趋势。同时，与媒介融合的限制因素相伴随，融合新闻的过程中存在不少亟待解决的难点与困境，需要借助各方合力、协同推进、稳步解决。无论是国内业界或学界，都应当积极迎接和面对这一历史机遇与挑战，借数智技术之力，乘媒介融合之东风，展融合新闻之优势，将新闻改革与媒介繁荣推向新的高度。

◆ 本章要点

1.制约包括融合新闻在内的媒介融合发展的主要因素有如下方面：观念因素、组织因素、技术因素、人才因素和经济因素。

2.作为一项综合性工程，媒介融合的推进离不开先进技术的支撑，在数智技术快速发展的当下尤其如此。媒介融合的首要或关键内容是技术融合，即两种或多种技术融合后产生新的传播技术，产生的传播技术与新媒介的功能大于原有各部分的总和。

3.在融合新闻的发展过程中，可能出现一些潜在矛盾，同样也会制约融合新闻的发展走向，对其生产与传播的内容、形式及效果产生影响。从媒介融合的角度考量，主要包括如下方面：媒介融合和社会信息总量、媒介融合和知识产权、媒介融合和新闻自由。

4.媒介融合往什么方向发展，就为融合新闻往什么方向发展指明了基本路径，主要表现在如下方面：一是理论和技术层面的"乘胜追击"，二是媒介生态层面的"融合为王"，三是传播环境层面的"和谐为本"，四是新闻教育层面的"源头活水"。

◆ 关键概念

智能技术　信息鸿沟　数字鸿沟　知识产权　新闻自由　媒介生态　新闻教育

◆ 综合训练

即测即评 11

1.如何正确看待融合新闻的制约因素，以促使其更好地发展？

2.在数智传播背景下，融合新闻的潜在矛盾怎样逐步化解？

3.畅想融合新闻未来发展的几大领域，哪些领域值得期待？

参考文献

（一）学术专著

[1] 曾祥敏. 融合新闻学 [M]. 北京：中国传媒大学出版社，2023.

[2] 陈昌凤，李凌. 算法人文主义：公众智能价值观与科技向善 [M]. 北京：新华出版社，2022.

[3] 陈昌凤. 智能传播：理论、应用与治理 [M]. 北京：中国社会科学出版社，2021.

[4] 陈伟军. 融合新闻学 [M]. 广州：南方日报出版社，2021.

[5] 麦奎尔. 新闻与社会 [M]. 陶文静，译. 北京：中国人民大学出版社，2023.

[6] 宫承波. 新媒体概论 [M]. 北京：中国广播影视出版社，2020.

[7] 勒庞. 乌合之众：大众心理研究 [M]. 张艳华，译. 北京：清华大学出版社，2017.

[8] 郭玉锦，王欢. 网络社会学 [M]. 北京：中国人民大学出版社，2010.

[9] 何芳，罗跃姝. 融合新闻学 [M]. 成都：西南交通大学出版社，2021.

[10] 柯泽. 媒介融合与新闻传播研究 [M]. 北京：中国传媒大学出版社，2021.

[11] 莱特尔. 全能记者必备 [M]. 宋铁军，译. 北京：中国人民大学出版社，2010.

[12] 李兰. 融合新闻写作 [M]. 杭州：浙江大学出版社，2016.

[13] 林语堂. 中国新闻舆论史 [M]. 刘小磊，译. 上海：上海人民出版社，2008.

[14] 刘涛. 融合新闻学 [M]. 北京：高等教育出版社，2021.

[15] 吕尚彬，熊敏，黄荣. 走向在线社会信息传播系统：中国报业的转型之路 [M]. 北京：人民出版社，2018.

[16] 尼葛洛庞帝. 数字化生存 [M]. 胡泳，范海燕，译. 北京：电子工业出版社，2021.

[17] 彭兰. 网络传播概论 [M]. 4版. 北京：中国人民大学出版社，2017.

[18] 彭兰. 智能与涌现：智能传播时代的新媒介、新关系、新生存 [M]. 北京：电子工业出版社，2023.

［19］奎恩．融合新闻报道［M］．张龙，侯娟，曾嵘，译．北京：北京大学出版社，2015.

［20］徐明华．融合新闻报道［M］．武汉：华中科技大学出版社，2019.

［21］杨秀国．新闻报道策划［M］．北京：人民日报出版社，2012.

［22］喻国明，曲慧．网络新媒体导论［M］．北京：人民邮电出版社，2021.

［23］柯罗茨．融合新闻学实务［M］．嵇美云，译．北京：清华大学出版社，2016.

（二）期刊论文

［1］蔡雯．对新闻策划的再思考［J］．新闻战线，1997（9）：28-30.

［2］蔡雯．新闻传播的变化融合了什么——从美国新闻传播的变化谈起［J］．中国记者，2005（9）：70-72.

［3］方浩宇，苑思琪．探析受众视角下新闻短视频的创新发展路径［J］．新闻世界，2022（2）：37-40.

［4］耿旭．新媒体时代短视频制作技术应用探讨［J］．新闻研究导刊，2023，14（21）：92-94.

［5］郭铁成．数据新闻：理论与实践［J］．新闻大学，2018（3），35-41.

［6］广播电视信息编辑部．湖北广播电视台融媒体新闻中心［J］．广播电视信息，2023，30（2）：49-51.

［7］胡宁倩如．新媒体环境下短视频制作与传播路径［J］．新闻传播，2022（22）：45-47.

［8］江海蓉．解构融媒体时代短视频的发展路径［J］．新闻传播，2020（13）：31-32.

［9］柯安民，张瑛．全媒体时代新闻立台发展路径探析——以湖北广播电视台为例［J］．新闻前哨，2021（7）：27-29.

［10］李彩霞，李霞飞．从"用户"到"数字劳工"：社交媒体用户的传播政治经济学研究［J］．现代传播（中国传媒大学学报），2019，41（2）：51-55.

［11］李良荣．数据新闻与新闻生产变革［J］．新闻与传播研究，2016，23（1）：3-17.

［12］刘涛．融合新闻策划：从形态创新到渠道对话［J］．教育传媒研究，2019（5）：20-24.

［13］刘娅，魏超．人工智能时代媒体行业的发展分析［J］．卫星电视与宽带多媒体，2024，21（3）：74-76.

［14］刘昶．新媒体环境下数据新闻的传播特点与影响因素研究［J］．现代传播（中国传媒大学学报），2014，36（2），108-112.

［15］刘煜，张红军．消解产能危机：跨媒体叙事的缘起考察［J］．现代传播，2021，43（11）：101-105.

［16］罗自文，熊庚彤，马娅萌．智能媒体的概念、特征、发展阶段与未来走

向：一种媒介分析的视角［J］. 新闻与传播研究，2021，28（S1）：59-75.

［17］马小帆. 新闻媒体在短视频平台的传播策略探究［J］. 新闻研究导刊，2024，15（8）：12-15.

［18］彭兰. 网络新闻专题编辑系列之二网络新闻专题的内容策划［J］. 中国编辑，2007（5）：31-35.

［19］卿志军. 融媒时代新闻报道的策划与创新——对近三届中国新闻奖媒体融合奖获奖作品分析［J］. 传媒，2020（24）：24-26.

［20］宋建武，冯雯璐. 全媒体时代主流媒体的数据化生存与发展［J］. 湖南大学学报（社会科学版），2019，33（6）：153-160.

［21］王涵宇. 5G时代新型主流媒体短视频平台的创新研究［J］. 新闻研究导刊，2022，13（24）：87-90.

［22］谢新洲，安静. 社交媒体用户自我表露的影响因素分析［J］. 出版科学，2016，24（1）：10-14.

［23］张涛甫. 数据新闻学：一种新的新闻生产方式［J］. 国际新闻界，2015，37（10）：16-31.

［24］张明皓，吕媛媛. 主流媒体布局短视频业务的融合实践与思考［J］. 新闻研究导刊，2024，15（2）：107-109.

［25］赵树清. 深度融合与生态重构——广电媒体转型升级之道与未来趋势［J］. 新闻与写作，2016（10）：4-10.

（三）学位论文

［1］冉玲琳. 智能新闻生产流程中的伦理风险及治理研究——以新华社"媒体大脑"为例［D］. 重庆：重庆大学，2021.

［2］任付鑫. 基于多社交网络融合的用户画像方法研究［D］. 北京：北京邮电大学，2022.